O MITO DA
CRIATIVIDADE

FÁBIO ZUGMAN

O MITO DA CRIATIVIDADE

DESCONSTRUINDO VERDADES E MITOS

ALTA BOOKS
EDITORA
Rio de Janeiro, 2018

O Mito da Criatividade — Desconstruindo Verdades e Mitos
Copyright © 2018 da Starlin Alta Editora e Consultoria Eireli. ISBN: 978-85-508-0346-3

Todos os direitos estão reservados e protegidos por Lei. Nenhuma parte deste livro, sem autorização prévia por escrito da editora, poderá ser reproduzida ou transmitida. A violação dos Direitos Autorais é crime estabelecido na Lei nº 9.610/98 e com punição de acordo com o artigo 184 do Código Penal.

A editora não se responsabiliza pelo conteúdo da obra, formulada exclusivamente pelo(s) autor(es).

Marcas Registradas: Todos os termos mencionados e reconhecidos como Marca Registrada e/ou Comercial são de responsabilidade de seus proprietários. A editora informa não estar associada a nenhum produto e/ou fornecedor apresentado no livro.

Impresso no Brasil.

Obra disponível para venda corporativa e/ou personalizada. Para mais informações, fale com projetos@altabooks.com.br

Copidesque (1ª Edição)
Cláudia Amorim

Editoração Eletrônica (1ª Edição)
Estúdio Castellani

Revisão Gráfica (1ª Edição)
Elizabeth Cordeiro de Melo

Produção Editorial
Elsevier Editora - CNPJ: 42.546.531./0001-24

Diagramação (Atualização)
Lucia Quaresma

Revisão Gramatical (Atualização)
Cibelle Ravaglia
Fernanda Lutfi

Erratas e arquivos de apoio: No site da editora relatamos, com a devida correção, qualquer erro encontrado em nossos livros, bem como disponibilizamos arquivos de apoio se aplicáveis à obra em questão.

Acesse o site www.altabooks.com.br e procure pelo título do livro desejado para ter acesso às erratas, aos arquivos de apoio e/ou a outros conteúdos aplicáveis à obra.

Suporte Técnico: A obra é comercializada na forma em que está, sem direito a suporte técnico ou orientação pessoal/exclusiva ao leitor.

A editora não se responsabiliza pela manutenção, atualização e idioma dos sites referidos pelos autores nesta obra.

CIP-Brasil. Catalogação na fonte
Sindicato Nacional dos Editores de Livros, RJ

Z86m   Zugman, Fábio, 1979 -
O mito da criatividade: desconstruindo verdades e mitos /
Fábio Zugman. — Rio de Janeiro: Alta Books, 2018.

Inclui bibliografia
ISBN: 978-85-508-0346-3

1. Criatividade. 2. Criação (Literária, artística, etc.). 3. Pensamento criativo. I. Título.

07-3603.   CDD: 153.35
CDU: 159.954

Rua Viúva Cláudio, 291 — Bairro Industrial do Jacaré
CEP: 20970-031 — Rio de Janeiro - RJ
Tels.: (21) 3278-8069 / 3278-8419
www.altabooks.com.br — altabooks@altabooks.com.br
www.facebook.com/altabooks

Prefácio

Prefaciar um livro é uma tarefa extremamente difícil, especialmente quando o assunto é criatividade, que não é disciplina de domínio completo de quem o escreve.

Aceitei o desafio, por várias razões: primeira, a longa pesquisa empreendida pelo autor sobre a matéria; segundo, o conhecimento e a ousadia de seu autor ao se aventurar a escrever sobre assunto complexo e sobre o qual muitos tentaram, mas poucos adicionaram à sua discussão; terceiro, a criatividade é uma das competências mais importantes para os profissionais que desejam empreender uma carreira de sucesso, qualquer que seja a natureza de seu ofício ou campo de conhecimento.

Portanto, a sensação que tenho é aquela confidenciada pelo pintor Pablo Picasso a um de seus amigos: "Não sei de antemão o que vou colocar na tela, e também não consigo me decidir antes que cores vou usar... Toda vez que resolvo pintar um quadro, tenho a sensação de estar dando um salto no escuro. Nunca sei aonde meus pés vão cair. Só depois é que começo a avaliar mais exatamente o efeito de meu trabalho."

Em algum lugar na minha mente, após ler o livro três vezes, senti que posso recomendar a leitura desse trabalho. Seu autor é diferente e sua obra certamente contribui para o enriquecimento dos amantes da leitura e para a divulgação de assunto de extrema relevância para nossos dias.

Além disso, como observou Howard Gardner, psicólogo e professor da Universidade de Harvard, "O profissional criativo destaca-se em termos de temperamento, personalidade e postura, estando eternamente insatisfeito com seu trabalho, seus padrões, suas questões, suas respostas. Lança-se em direção desconhecida e desfruta — ou, pelo menos, aceita — ser diferente do pacote".

Asseguro ao leitor desta obra que Fábio Zugman é um jovem escritor diferenciado e sua abordagem é crítica e construtiva. Portanto, recomendo a sua leitura.

GUTEMBERG B. DE MACEDO
Presidente da Gutemberg Consultores S/C Ltda.

Sumário

	Introdução	ix
CAPÍTULO 1	O Mito	1
CAPÍTULO 2	A Criatividade	35
CAPÍTULO 3	A Motivação	165
CAPÍTULO 4	Os Outros	201
CAPÍTULO 5	Conclusão	221
	Epílogo	231
	Referências Bibliográficas	233

Introdução

Este é um livro sobre criatividade. O que significa que é um livro sobre iluminação. Sobre gênios, artistas, empresários e cientistas. Grandes ideias, obras de arte, empresas, invenções, teorias científicas e todas aquelas coisas e pessoas impressionantes em que pensamos sempre que alguém nos fala de criatividade. Mas também é um livro sobre o que há de errado com tudo isso.

Toda essa história começou quando eu buscava um tema para o meu próximo trabalho. Quando você está procurando algo sobre o qual valha a pena escrever, duas coisas acontecem. Em alguns casos, você encontra pela frente algumas obras fantásticas, que o fazem desejar tê-las escrito. Secretamente, você sente uma boa pontada de inveja. Em outros casos, você se vê no meio de uma livraria, ou de uma biblioteca, perguntando-se por que um monte de gente resolveu perder tanto tempo escrevendo tanta porcaria.

Em meio a todos esses sucessos e tentativas fracassadas, surge a pergunta: "Será que existe, afinal, um modo de tornar as coisas mais fáceis?"Você vê todas aquelas pessoas felizes estampadas nas revistas e se pergunta se elas têm a mínima ideia do que as fez chegar até ali.

E é essa a questão que o leva ao estudo da criatividade. Você já escreveu um pouco sobre o assunto e teve até a cara de pau de dar aulas e palestras sobre o tema por aí. Mas, apesar disso, descobre que tudo o que sabia era apenas a ponta de um iceberg gigantesco.

Para falar de criatividade, não basta meia dúzia de palavras bonitas e um punhado de técnicas divertidas. Não me leve a mal. Nada mais popular do que garantir a uma audiência que pode "soltar as amarras que a sociedade colocou em sua mente e tornar-se realmente criativa". Nada como encerrar uma palestra com uma atividade divertida, que o fará ser lembrado como "aquele grande palestrante" que alegrou o dia de sua plateia.

Mas não é bem assim. Para chegarmos ao que realmente funciona, para alcançarmos algum sucesso ao tentarmos aumentar nossa própria produção criativa, precisamos rever nossas teorias sobre o assunto.

Infelizmente, "teoria" parece ter virado uma palavra suja nos últimos tempos. Tornou-se um daqueles termos "acadêmicos" que, tão logo proferidos, provocam bocejos em qualquer roda de conversa. Cada vez mais pragmática, nossa sociedade não quer saber de teorias. "Mostre-me o que funciona na prática", é o que se diz por aí. Esse parece ser um lema cada vez mais valorizado.

O problema é que, gostemos ou não, nos é impossível guardar todas as experiências práticas pelas quais passamos. Mesmo que pudéssemos armazenar toda essa informação (e não podemos), seríamos apenas gravadores — e nada mais que isso —, se não existisse uma forma de classificar e de lidar com toda essa informação.

Nós criamos e usamos, então, teorias e modelos sobre como funciona o mundo, estejamos ou não conscientes de sua existência.

Na maioria das vezes, não estamos.

Por meio de nossa experiência, e das que nos são passadas pelos outros, construímos nossa "visão de mundo". Trata-se daquele conjunto de teorias que iremos utilizar, querendo ou não, toda vez que pensarmos ou agirmos sobre tudo o que nos cerca.

A questão levantada neste livro é que nossas teorias sobre a criatividade estão erradas. Como toda boa história, essa também começou há muito tempo, em uma terra distante. Uma terra habitada por deuses e heróis, repleta de aventuras fantásticas e de viagens mágicas.

Como usamos nossas teorias para, com estas, saber como agir no mundo, a primeira coisa a fazer é examinar, afinal, o que dizem as histórias que nos são contadas sobre a criatividade e o que há de errado com elas. Depois, é preciso procurar novas teorias, que substituam as velhas, permitindo-nos uma nova visão de todo o processo criativo. Só então, conforme formos aprendendo mais sobre o fenômeno que buscamos compreender, poderemos ter alguma esperança de modificar positivamente nosso comportamento e nossas ações para, enfim, buscar técnicas e soluções que funcionem. O mais importante disso tudo é que, com uma nova teoria em uso, você não precisará mais apenas consumir técnicas e ideias de outras pessoas. Mudando sua forma de pensar sobre algo, você poderá naturalmente decidir o que funciona, e o que não funciona, em seu caso específico. Poderá até inventar algo que funcione só para você.

Não interessa se você é professor, empresário, executivo, artista, estudante, ou seja lá o que for. O processo criativo é um só, e sua dinâmica se aplica a todas as áreas. Há diferenças, mas somente entendendo o processo como um todo será possível identificá-las. O que funciona para o executivo pode funcionar para o ator, mas não do modo como você esperaria. Da mesma forma, o que funciona para o executivo, e não funciona para o ator, pode nos mostrar exatamente por que alguns fenômenos acontecem, e até nos dar algumas dicas sobre o que pode funcionar para cada caso.

Existem semelhanças e existem divergências, e muitas vezes a semelhança pode estar no modo como as coisas diferem entre si. Mas o processo criativo é algo coeso o suficiente para permitir que nós o examinemos como um todo, dele tirando conclusões genéricas, identificando situações específicas e aplicando tudo isso à área que desejarmos. Como em muitas coisas da vida, de perto, o que nos parece estranho pode ser normal e o que parece normal pode se tornar estranho. Mas não é exatamente isso que nos faz chegar mais perto das coisas?

Capítulo 1

O Mito

DEUSES, HERÓIS E TODOS OS OUTROS

Era uma vez. Essas três palavras iniciam boa parte dos relatos e das aventuras da humanidade. Era uma vez um cientista. Era uma vez um empresário. Era uma vez um poeta.

Era uma vez um jovem destinado a mudar o mundo. Durante grande parte de sua vida, ele se sentiu um peixe fora d'água. Mas aquilo não duraria para sempre. Um dia, como em um passe de mágica, uma ideia lhe veio à mente. Uma nova teoria, a imagem de uma pintura, um plano de negócios. Algo que mudou tudo.

Desde que teve a tal ideia, o jovem se dedicou a aperfeiçoá-la. Trabalhou para torná-la real. Enfim, conseguiu: alcançou o sucesso. Foi reconhecido por seus colegas e por toda a sociedade. Foi reconhecido pelo mundo todo. Sua ideia expandiu as fronteiras de um campo de conhecimento, fez os outros verem as coisas de uma maneira nova, forneceu a eles um novo modo de trabalhar, de agir, de pensar. Por isso, todos ficaram gratos a esse criador.

E o jovem nem era mais tão jovem. Tornara-se um doutor, um professor, um megaempresário, um cientista respeitado. Chamava-se Albert Einstein, Bill Gates, Leonardo da Vinci.

Nomes como esses conquistaram seu lugar na história. Uma pequena recompensa pelo grande benefício que trouxeram ao mundo. Contam-se casos sobre os seus feitos brilhantes. Comenta-se a infância pobre que alguns deles tiveram, as dificuldades extremas pelas quais passaram. Fugas, perseguições, lutas. Todas vencidas por um jovem criador, já alçado ao status de herói.

A nós, confrontados com a grandiosidade desses poucos indivíduos, resta admirar suas conquistas, descobertas e habilidades, tão maiores do que as nossas. Chamamos essas pessoas de iluminadas, talentosas, abençoadas. Atribuímos a elas uma inteligência superior, uma determinação inabalável, um conjunto de capacidades muito acima da média e até uma razoável dose de sorte. Todos tentam explicar esses seres superiores de forma diferente. Mas, em um ponto, todos concordamos: eles são mesmo é criativos.

TODAS AS HISTÓRIAS JÁ FORAM CONTADAS

Tente imaginar uma pessoa criativa e uma figura muito familiar vem logo à sua cabeça: um homem ou uma mulher diferente dos demais, alguém que busca, sozinho, o seu lugar na sociedade. Alguém que enfrenta ameaças e rivais, ignorância e solidão, que aceita os mais diversos riscos e oposições com força de vontade e inteligência sobre-humanas. A imagem que temos da pessoa criativa se aproxima do heroísmo. Muitas dessas pessoas possuem habilidades e características especiais, contam com a ajuda de seus aliados e sofrem com as tramoias armadas por seus inimigos. Não são muito diferentes dos heróis mitológicos — ou dos heróis das telas de cinema. Nossa imagem da pessoa criativa é iluminada por sentimentos e ideais imaculados. Vemos os sujeitos criativos como guerreiros nobres e solitários abrindo caminho em meio à barbárie e à escuridão.

O problema é que, no mundo real, essa imagem pode até corresponder à realidade. Mas é a exceção, não a regra.

O MITO

Aquilo a que chamamos criatividade é uma reunião de diversos fatores. Quando perfeitamente alinhados, esses fatores funcionam tão bem que, em alguns casos, podem nos dar a impressão de que algo extraordinário está acontecendo. Mas, antes de chegarmos lá e entendermos a criatividade como um todo, nos será útil conhecer as raízes desse mito e, principalmente, sua influência em nossas vidas.

Nossa história, portanto, começa com um herói. No momento, ele é apenas um jovem camponês, o filho mimado de um imperador, um simples soldado. Nosso herói pode até ter conhecido algum êxito, mas ainda lhe falta algo. Apesar de ter passado a vida inteira ali, naquele mesmo lugar onde nasceu, sente-se deslocado. Algo lhe diz que ainda não cumpriu seu destino, que ainda não utilizou o máximo de suas capacidades, que ainda não mostrou a que veio.

Até que algo ocorre. Nosso herói se separa de seu mundo cotidiano, muitas vezes contra a sua vontade, e aventura-se por um mundo diferente, estranho, até sobrenatural. Ali, ele encontra forças gigantescas, adquire novos conhecimentos e habilidades. No fim, é bem-sucedido. Tal experiência tem o poder de transformar nosso herói, tornando-o diferente do que era antes.

Assim, uma verdade superior lhe é revelada. É impossível voltar a ser o mesmo. Agora, ele é algo mais. Tendo-se estabelecido como senhor do mundo por onde empreendeu sua jornada, o herói finalmente retorna à casa. Lá, proporciona algum benefício aos seus. Torna-se, pois, o senhor de dois mundos. A experiência e os novos conhecimentos adquiridos alteram o herói, que, com essas ferramentas, altera o ambiente à sua volta.

Na maioria das vezes, a figura do herói vem acompanhada de uma noção marcante de destino. Tudo que aconteceu em sua vida, ou até mesmo antes de seu nascimento, pode ter ocorrido somente com o intuito de prepará-lo para a grande aventura que está prestes a enfrentar. E todas as peças se encaixam. Sua vida, suas experiências, suas habilidades especiais e as diferenças entre ele e os outros finalmente fazem sentido. O herói cumpre a profecia, satisfaz o destino e aos deuses, ocupando seu lugar na história.

Soa familiar? Segundo o mitólogo norte-americano Joseph Campbell, deveria. Campbell é o criador da teoria do monomito. Para ele, todas as histórias que contamos e conhecemos possuem, fundamentalmente, a mesma estrutura.

Seu livro O *Herói de Mil Faces* é uma viagem pela mitologia universal.

Neste, Campbell analisa alguns fatores comuns às mitologias das mais diversas culturas ao longo do tempo. E chega à seguinte conclusão: apesar de receberem roupagens diferentes, alguns sentimentos e verdades universais são partilhados por todas as culturas. Essas ideias são recontadas de diversas formas, por meio de diferentes épocas e locais, a partir da mesma estrutura básica: separação - jornada - retorno.

Vamos a alguns exemplos: coloque o herói na Grécia Antiga e temos a *Odisseia,* de Homero, coloque-o em uma galáxia distante e temos *Guerra nas Estrelas,* de George Lucas. Em um mundo mágico, *O Senhor dos Anéis.* Em um futuro próximo, dominado pelas máquinas, *Matrix.* Coloque-o no presídio e temos *Carandiru.* Arranque o herói de sua terra natal e temos um épico de guerra. Mande o herói adolescente para um intercâmbio em outro país e ganhamos uma comédia romântica. Mostre o nosso herói procurando emprego depois de sua formatura, aceitando um trabalho que não era bem o esperado, mas conhecendo o sucesso após alguns anos, e essa pode ser a história de uma carreira. Comece com uma empresa falida, em que o filho do dono ou um recém-contratado surge para fazê-la dar a volta por cima, e você tem uma história semelhante às contadas rotineiramente nas revistas de negócios.

Todas as histórias são a mesma história, contada e repetida desde que descemos das árvores e aprendemos a nos comunicar uns com os outros.

O MITO DA CRIATIVIDADE

E o que isso tem a ver com um livro sobre criatividade? Tudo. O modo como contamos histórias não serve apenas para falarmos sobre civilizações antigas ou discutirmos enredos de filmes. O modo como contamos histórias está relacionado à maneira como entendemos o mundo.

O professor norte-americano Karl Weick é um grande especialista na área de estudos organizacionais. No livro *The Social Psychology of Organizing (A Psicologia Social de Organizar),* Weick deu atenção especial a um processo chamado *sensemaking* ("construção de sentido"). Segundo o autor, primeiro agimos e vivenciamos diversas experiências mundo afora; depois, criamos uma narrativa para entender o que se passou conosco. Sempre que algo nos acontece, nosso cérebro vasculha o seu arquivo e, combinando as várias informações disponíveis que armazenou ali, cria uma história sobre o ocorrido.

Vamos a um exemplo. Você vem andando pela rua e se depara com uma conhecida. Ela não o cumprimenta e você, surpreso, entende isso como uma franca tentativa de ignorá-lo. Vêm à sua memória, então, todas as outras vezes em que essa mesma pessoa aparentemente evitou falar com você. A partir disso, você conclui: "Ela não vai com a minha cara." Mais tarde, você a encontra de novo. E a cumprimenta friamente, afinal, você também nunca foi muito com a cara dela.

Pode ser que essa pessoa não o tenha visto. Talvez tenha esquecido seus óculos em casa e, por isso, não o tenha reconhecido na rua. Também pode ser que ela estivesse tão preocupada com algum problema no trabalho que uma parada militar poderia passar na sua frente sem que ela percebesse. Pode ser que estivesse preocupada com um de seus filhos, que, naquele momento, esperava pela mãe atrasada no portão da escola. Se começarmos a procurar possíveis explicações para o episódio, é provável que encontremos dezenas delas, todas diferentes da que você deduziu ser a verdadeira.

Ao optar pela narrativa "ela não gosta de mim", você exclui todas as outras opções. Como efeito colateral, aumentam as chances de sua narrativa se tomar realidade. Agindo de forma fria e desinteressada com alguém, você acabará provocando um comportamento recíproco. Receberá mais sinais de que essa pessoa não vai com a sua cara, confirmando a sua hipótese. Como é bom entender o mundo!

Mas não podemos culpá-lo por isso. Ter escolhido a primeira explicação que lhe pareceu adequada, mesmo sem examinar todas as outras possibilidades existentes, não é culpa sua. Pelo menos, não é algo exclusivo de sua personalidade. Todos nós fazemos isso. Não escolhemos sempre a "melhor opção" ou a "melhor resposta" para tudo, mas uma solução que nos satisfaça. Você não fica parado na rua, pensativo, examinando todas as hipóteses possíveis sobre o comportamento de alguém.

Você lança mão das informações que já possui para escolher uma hipótese que seja suficientemente boa.

Assim, você pode pensar em algumas explicações para o que acaba de lhe acontecer. Mentalmente, você pode fazer um julgamento rápido sobre o caso e escolher a teoria que melhor se adapte a tudo que você já sabe sobre aquele tipo de situação e sobre as pessoas envolvidas nela. Ao conseguirmos uma resposta que faça algum sentido, geralmente nos damos por satisfeitos.

Vamos parar para analisar isso um minuto. O mundo em que vivemos é caótico. Cada objeto à nossa volta se relaciona, de alguma forma, com os outros milhares e milhares de objetos que o cercam. Você possui uma relação particular com cada pessoa que conhece — e, indiretamente, com todas as pessoas que ela conhece também. Note que só estamos falando do mundo imediatamente ao seu redor. Nem começamos a falar da cidade, do estado e do país à sua volta, da geopolítica mundial, da Via Láctea e de cada um dos átomos que compõem o universo. Em meio a tanta complexidade, um indivíduo ainda precisa garantir sua sobrevivência e seu bem-estar diário. Como selecionar e utilizar informações que possam ser úteis?

Com o uso de histórias.

As histórias nos ajudam a organizar e a entender o mundo. No caso de sua amiga, a que não o cumprimentou na rua, quando enfim conseguimos elaborar uma história satisfatória sobre o que aconteceu ("ela nunca foi com a sua cara"), podemos seguir em frente. Utilizaremos essa história para examinar situações futuras semelhantes e, a partir dela, tomar novas decisões. Se um dia essa pessoa lhe fizer uma gentileza, você pode se pegar pensando: "O que ela quer em troca?" Afinal, ela não pode ter feito algo gentil simplesmente por *gostar de você*. Ela não vai com a sua cara, você sabe. E, agora, você precisa de uma explicação que se encaixe na história que criou sobre ela.

Não importa a época: todas as civilizações e culturas da humanidade têm, em comum, o hábito de contar e ouvir histórias. Seja ao redor da fogueira ou em frente a telas de cinema, todas as gerações de seres humanos, em todos os cantos do planeta, sempre apreciaram uma história bem contada.

Escutamos narrativas sobre heróis envolvidos em situações surpreendentes. Em qualquer lugar, em qualquer época, sempre existiram heróis. Nós nos emocionamos com seus dramas e aventuras. Utilizamos seus exemplos para aprender mais sobre o mundo que nos cerca. Não é por acaso que gostamos tanto de ouvir e de contar histórias sobre nós mesmos e sobre os outros: é a principal ferramenta que temos para tentar compreender a vida. Como veremos, nossa própria mente é organizada em torno de histórias.

Nossa capacidade cerebral de gravar informações é imensa. Mas você já percebeu que só conseguimos nos lembrar de uma coisa de cada vez? Tente lembrar ao mesmo tempo de todas as coisas que estão no seu quarto. O único meio de fazer isso é imaginando-se dentro dele, montando um mapa mental de suas coisas de acordo com a maneira como você lida com elas. Ao se lembrar de sua mesa, você se lembrará do que há em cima dela; ao se lembrar da primeira gaveta daquele móvel, se lembrará do que há lá dentro. Essas lembranças emergem, portanto, como a história de um observador ao olhar para o seu quarto, explorando o ambiente.

Vamos a outro exemplo. Tente cantar uma música de trás para frente. Pode ser sua música preferida, aquela que você já ouviu milhares de vezes. Mesmo assim, para cantá-la desse jeito, você precisará escolher um determinado trecho dessa canção, qualquer um de seus versos. Esse verso o levará a outro, imediatamente anterior ao escolhido, que o levará a outro, e assim por diante. Quer outra prova? Quantas vezes você já se pegou repetindo o alfabeto ao procurar um nome na lista telefônica? É algo comum. Muitas vezes, até um conhecimento tão básico quanto o da ordem das letras no alfabeto precisa ser revisto para nos lembrarmos do ponto exato onde uma delas se encontra.

Conforme vivemos, temos acesso a um número absurdo de informações sobre tudo e sobre todos. É simplesmente impossível conseguir armazenar tanta coisa. É preciso saber selecionar o que devemos guardar e o que podemos jogar fora. Mas essa não é a história toda. Se fosse, nossas memórias não passariam de um amontoado de informações. Além de saber selecionar o que nos será relevante no futuro, também precisamos encontrar um meio de resgatar cada uma dessas informações gravadas quando estas se tornarem necessárias.

O que guardar e o que jogar fora? Como consultar o que está arquivado? Para resolver esses dois problemas, o cérebro humano, uma das máquinas mais fascinantes que existem, encontrou uma solução única: contar histórias. Ao entrar no cérebro, um novo pedaço de informação se associa a outro que, por sua vez, já está associado a muitos outros, mais antigos. Sabemos quais informações são importantes para nós à medida que estas se encaixam no que já conhecemos, entendemos ou precisamos saber sobre o mundo.

Se algo altera uma história que você criou acerca de sua convivência com outra pessoa, será útil guardar cuidadosamente essa nova informação. Caso contrário, esta fará companhia às milhares de coisas menores que acontecem em nosso dia a dia e que acabam esquecidas, coisas corriqueiras demais para merecerem um espaço em nossa memória de longo prazo.

Do mesmo modo, quando queremos nos lembrar de algo, precisamos resgatar uma informação atrás da outra. Assim, nossa memória é ativada de forma semelhante ao modo como foi gravada: por meio de associações de ideias aparentadas, de encadeamentos de informações correlatas.

É por isso que, ao tentar se lembrar de onde guardou algo em seu quarto, talvez você precise refazer, de memória, o caminho que percorreu anteriormente, quando realizou aquela tarefa. Você precisará visualizar o seu armário e as suas gavetas. Para encontrar as chaves do seu carro, por exemplo, você tem que contar, a si mesmo, a história de como as guardou. Você se imagina chegando em casa e indo direto para o seu quarto. Durante o percurso, você se lembra de ter jogado as chaves em cima da mesa. Talvez continuem lá até agora.

O consultor de negócios norte-americano Daniel Pink, autor do livro O Cérebro do Futuro, diz que o uso de histórias e a estrutura do mito, em particular —, é algo tão natural que, muitas vezes, nem percebemos quando as utilizamos. Contar histórias é simplesmente parte do que somos.

Agora, é possível começar a entender o mito da criatividade.

Recorremos à estrutura dos mitos sempre que precisamos aprender e pensar sobre a criatividade. O criador de algo — seja um empresário, um artista ou um cientista — é sempre visto como uma espécie de herói que, por algum motivo especial, traz ao mundo uma inovação.

Vamos examinar dois casos: os dos jovens Albert Einstein e Charles Darwin.

Ambos são considerados modelos de cientistas criativos. Ambos alteraram significativamente seus respectivos campos de conhecimento. Depois da relatividade, a Física nunca mais foi a mesma; depois da evolução, a Biologia mudou de rumo. Na história, Einstein e Darwin ocupam aquele seleto lugar reservado aos grandes gênios da humanidade.

Mas ambos também foram considerados medíocres em algum momento anterior de suas vidas.

O MITO

O psicólogo norte-americano Dean Keith Simonton, em seu livro *A Origem do Gênio*, diz que Charles Darwin era considerado um jovem perdido até os 22 anos. Foi quando embarcou em um navio chamado Beagle. E, durante cinco anos de viagens marítimas, realizou observações e pesquisas cruciais para sua carreira científica. Mas, nas palavras do próprio Darwin — citado por Simonton —, seu pai e seus professores o consideravam "um menino bastante comum, provavelmente abaixo da média no que dizia respeito ao intelecto".

Einstein não era muito melhor. O matemático lituano Hermann Minkowski, professor de Einstein na Universidade de Zurique, declarou que as realizações posteriores de seu aluno "vieram como uma tremenda surpresa (...) porque, em seus tempos de estudante, Einstein fora um malandro. Ele nunca se preocupou com matemática". Além disso, o famoso cientista quase não conseguiu completar seu doutorado. A universidade dificultou sua aprovação, alegando que sua tese estaria muito curta. Einstein adicionou uma única frase ao trabalho — e foi aprovado.

É comum encontrarmos exemplos como esses na base do mito da criatividade. Como em uma história qualquer, o herói criativo começa na tangente da sociedade. É um mau aluno, ocupa uma posição marginal, oculta um grande potencial não aproveitado. Em outras palavras, ainda não mostrou a que veio. De repente, algo acontece. Pode ser algo físico, como foi a viagem de Darwin, ou uma iluminação repentina, aquele momento em que uma ideia é miraculosamente concebida. O criador, então, de posse desse novo conhecimento, retorna ao mundo e ilumina o resto de nós.

Explicações desse gênero fazem sentido, pois, como vimos, não vão ao encontro somente das milhares de histórias que contamos e escutamos ao longo de nossas vidas, mas também da própria forma como nosso cérebro organiza as informações.

O problema é que essas histórias soam tão naturais que nem questionamos sua estrutura e seus pressupostos.

E que pressupostos seriam esses? O do mau aluno, por exemplo. O do aluno vagabundo e excluído, subitamente iluminado por uma grande ideia.

O psicólogo britânico Michael J.A. Howe perguntou-se o que faria uma criança ou um jovem ser considerado promissor. Vamos pensar em como uma criança poderia atingir tal reconhecimento. A primeira opção é se destacar nos estudos. A segunda é se destacar em uma área onde outras pessoas possam perceber claramente o seu progresso.

Vamos examinar isso.

A escola pode nos oferecer um mundo de desenvolvimento mental muito rico. O problema é que esse mundo se apresenta rico somente aos interessados por alguns assuntos específicos: aqueles inseridos nos currículos escolares.

Um dos motivos que talvez levem um jovem criativo a não gostar da escola é que esta pode não abordar questões que realmente o interessam, obrigando--o a manter suas aptidões verdadeiras em segundo plano. Cabe lembrar que, na época de Darwin, não se ensinava ciência nas escolas inglesas. Qualquer criança interessada pelo assunto não encontraria meios formais de buscar conhecimento nessa área.

Apesar de Darwin ter apresentado desempenho medíocre como estudante, desde muito cedo ele demonstrou grande interesse por História Natural. Aos 10 anos, o assunto parece ter captado toda a sua atenção. Darwin se dedicou a ele por toda a sua vida. O fato de seu avô ter sido um botânico conhecido e seu pai, um médico, fez com que o jovem Darwin firmasse contato com várias fontes de conhecimento sobre o mundo natural. Não faltavam livros e pessoas interessadas no assunto à sua volta.

Ainda criança, Darwin colecionava de tudo, mas gradualmente passou a reservar parte de seu tempo à coleta de besouros, borboletas e outros insetos. Ele adorava sair a campo e observar os pássaros. Apreciava a vida ao ar livre. Ao final da adolescência, o que havia começado como um *hobby* já tinha se tornado um modo de vida.

Já Einstein se diferenciou de seus colegas físicos graças a seus notórios experimentos mentais. Em vez de passar dias e dias debruçado sobre fórmulas matemáticas, preferia gastá-los imaginando o voo de espaçonaves ao redor da Terra, trens, elevadores e outros objetos em queda livre. Esses experimentos eram parte de seu método científico. Não que Einstein desse pouca importância ao conhecimento tradicional. Longe disso. Segundo o pesquisador norte-americano Ronald W. Clark, biógrafo do cientista, os livros que Einstein lia na adolescência, assim como os pensamentos que expressava, demonstram que seu entendimento científico já era excepcional naquela época. De acordo com o psicólogo norte-americano Howard Gardner, o cientista alemão, já aos 16 anos, perguntava-se o que aconteceria a um observador que viajasse ao longo de um raio de luz. Chegaria a ultrapassar o raio? Essa questão está na base da Teoria Espacial da Relatividade de Einstein, responsável pela famosa conclusão de que é impossível se mover na velocidade da luz.

Por meio dessas histórias, percebemos que a fome de leituras, pensamentos originais e questões avançadas nem sempre pode ser saciada durante nossos anos de escola. Um programa escolar padronizado pode funcionar na maior parte dos casos, mas sempre há o risco de alienar aquelas crianças com interesses diferentes da média.

Mas Howard também diz que precisamos pesar as chances de determinada criança ser extraordinária em face das chances de ela ser realmente reconhecida como tal. Por exemplo: é fácil reconhecer um jovem com habilidades musicais excepcionais. Basta ouvi-lo. Não é preciso ser um grande conhecedor de música para perceber e admirar uma grande habilidade nessa área. Isso pode explicar o fato de tantos músicos terem sido reconhecidos já na infância por haverem atingido um desempenho acima do comum.

O que fazer, porém, quando a natureza do interesse do indivíduo é outra? E se a criança tiver uma inclinação à introspecção científica, como era o caso de Einstein? Ou se ela se interessar por uma matéria extracurricular, como acontecia com Darwin?

Pessoas que possuem habilidades mais difíceis de serem descobertas e reconhecidas não chamam tanto a atenção quanto alguém que se destaca em uma área de fácil observação pública. E essa pode ser uma das chaves de nossa questão.

Os dois casos examinados mostram que, ao contrário de se tornarem um grande biólogo e um físico fenomenal da noite para o dia, Darwin e Einstein vivenciaram uma evolução gradual de seus interesses e habilidades. Se esses interesses e habilidades passaram despercebidos por seus mestres e tutores, não quer dizer que eles não estivessem se desenvolvendo.

A criatividade desses indivíduos pode ter sido criada por um passe de mágica: ambos eram maus alunos, estudantes medíocres que, de repente, iluminando-se, trouxeram ao mundo o brilho de suas criações. Mas essa criatividade também pode ter sido o resultado de muitos anos de trabalho e dedicação.

O que nos leva ao Batman.

O BATMAN E O SUPER-HOMEM

Eu sempre gostei do Batman.

A grande maioria dos super-heróis atingiu seu status graças a seus poderes especiais. Eles o adquiriram em experiências científicas bizarras, acidentes terríveis ou viagens espaciais. Ou foram simplesmente agraciados, quando nasceram, com algum dom fabuloso. De qualquer forma, todos os super-heróis sempre lançam mão dessas vantagens na hora de enfrentar seus inimigos. Todos, menos o Batman.

Bruce Wayne ainda era criança quando seus pais foram mortos por um assaltante de rua. Traumatizado, o pequeno órfão cresceu com um objetivo na cabeça: tomar-se ferrenho combatente do crime. Enquanto os outros heróis contam com poderes sobre-humanos, o Batman possui apenas a sua inteligência, um belo carro preto e o seu engenhoso batcinto de utilidades.

Por isso, resolvi transformar esse herói de minha infância numa metáfora para o trabalho criativo. Por que todos os outros heróis, abençoados pela genética ou por quaisquer outras condições acidentais, são modelos que apenas fortalecem o mito da criatividade. Tomaram-se o que já estavam predestinados a ser.

Bruce Wayne, não. Não nos cabe, aqui, elaborar análises sobre o perfil psicológico do personagem criado pelo desenhista Bob Kane na década de 1930, mas focar na sua determinação fora de série. É algo indiscutivelmente notável. Wayne se dedicou a uma vida de treinamento e de privações, até desenvolver habilidades suficientes para se transformar no famoso homem-morcego dos quadrinhos. Levando-se em consideração a bela fortuna que herdou de seus pais, para ele seria fácil se resignar a sua posição de "simples humano" e deixar o trabalho pesado para predestinados como o Super-Homem. Mas isso não aconteceu. Abandonando todo o conforto em que poderia viver, entregando-se a um extenso aprendizado e a um propósito nada comodista, Wayne e sua saga servem de analogia à trajetória de diversos indivíduos que, ao longo da história, vêm assombrando o mundo real com seus feitos extraordinários.

Para o Super-Homem, a vida parece ter sido um pouco menos difícil. É verdade que ele é o último sobrevivente de seu planeta natal, Krypton. Mas, logo que chegou a este planeta de "baixa gravidade", ao ser atingido pelos

O MITO

raios de nosso sol amarelo, adquiriu superpoderes que o tornaram uma espécie de semideus entre os terráqueos. Como diz o personagem do ator David Carradine no filme *Kill Bill- Volume* 2, de Quentin Tarantino, o Super-Homem parece zombar da gente ao se comportar como um de nós, humanos. Ele é bem mais que isso, tem conhecimento do fato e utiliza seus poderes somente quando assim o deseja.

O Super-Homem representa o mito. O super-herói que nasce com um dom ou que simplesmente o adquire da noite para o dia. É o Einstein que se senta à mesa da cozinha e escreve a Teoria da Relatividade. É o inventor que, andando pela praia, tem uma ideia de milhões de dólares. É aquela pessoa que simplesmente "tem talento", "teve sorte" ou foi "abençoada"

Assim é o Super- Homem. Ele voa. Tem visão de raios X. Não pode ser ferido à bala. É praticamente invencível. Por mais que enfrente perigos, sabe que sempre há um jeito de sair vivo da pior das situações. Tem superpoderes, afinal, pode ficar tranquilo. Mas o Batman não pode se dar a esse luxo. Suas habilidades resultam de anos de dedicação. Quando tudo parece perdido, ele só pode recorrer ao seu treinamento e à sua inteligência.

E o que acontece quando nós, reles mortais, damos de cara com o Batman?

Ora, o Batman é um super-herói. Sempre ouvimos que super-heróis possuem poderes especiais. Graças a seu treinamento e às suas ferramentas, o Batman também consegue fazer coisas que nos parecem impossíveis, irrealizáveis. Mas nós não vimos o longo caminho que o Batman percorreu até chegar onde está. Não vimos seus erros, nem seu sofrimento, nem o amadurecimento pelo qual passou durante a preparação que se impôs. Não sabemos do que teve de abrir mão durante seu processo de reeducação. Da mesma maneira, não somos capazes de vislumbrar seus defeitos, suas falhas e seus problemas cotidianos. Enxergamos apenas o produto pronto. Nós, que o vemos de fora, que admiramos o componente fantástico de cada um de seus atos, usamos toda a nossa experiência, todo o nosso conhecimento de mundo, para rapidamente concluir: o Batman deve ter poderes sobrenaturais.

Já falamos sobre Albert Einstein e Charles Darwin. Seus casos nos mostram como é fácil cair no mito da criatividade. Ambos tinham um histórico escolar medíocre, mas, posteriormente, reverteram aquela situação desfavorável. Contrariaram todas as expectativas em relação ao futuro que os aguardava devido à grandiosidade e à originalidade de suas conquistas científicas. Informações como essas nos fazem criar uma narrativa que dê sentido à história da dupla. E é aqui que entra toda aquela conversa sobre iluminação, destino, genética, loucura, sorte e todas as explicações míticas possíveis sobre o trabalho criativo. Na falta de algo melhor, estas parecem fazer sentido porque, em geral, não estamos sempre buscando a melhor solução, mas apenas uma que nos satisfaça.

Como vimos, só porque as habilidades de Einstein e Darwin não foram reconhecidas na escola ou na universidade, isso não significa que já não estivessem sendo desenvolvidas. Essa, porém, não é uma conclusão fácil. Para chegar a ela, nós examinamos o modo como contamos histórias e procuramos algumas pistas sobre o desenvolvimento real dessas duas pessoas. Nossa observação sobre os "maus alunos" foi um pouco mais complicada e exigiu uma boa pesquisa. Enquanto isso, outras explicações podem surgir pelo caminho. Poderíamos concluir dizendo que Einstein e Darwin possuíam "mentes abençoadas" diferentes das nossas, e com isso nos dar por satisfeitos. Eu diria: "Era uma vez um menininho diferente, um aluno ruim e, de certa forma, engraçado, uma criança que, apesar de ter crescido sem dar mostras de brilhantismo, um dia foi atingida por uma ideia e criou a Teoria da Relatividade." E pronto.

Mas não é assim, muito embora seja bem fácil ignorar toda essa nossa conversa e voltar a aplicar, sempre, a narrativa do mito. Estamos tão habituados com ela que olhamos para o Batman e vemos o Super- Homem.

A HISTÓRIA DO MITO

Se a criatividade é fruto de trabalho gradual e dedicação apaixonada, bem ao estilo do Batman, por que tantas pessoas ainda acreditam na existência dos super-homens?

Para chegar a essa resposta, precisamos voltar no tempo e contar um pouco da história da criatividade.

Voltemos àquele que é considerado o berço da civilização ocidental: a Grécia Antiga. Em seu chamado período de ouro, ocorrido entre 500 a.C.

e 200 a.C., os gregos desenvolveram as bases da Política, da Literatura, da História, da Medicina, da Matemática e da Filosofia. Realizaram inovações nas artes, na arquitetura e em diversas outras áreas. Apesar de boa parte de sua produção cultural ter sida destruída e perdida ao longo dos séculos, tudo o que sobreviveu ao tempo, ainda hoje, é estudado e aproveitado por uma infinidade de especialistas, cientistas e pensadores.

Muitas vezes, o nível de conhecimento atingido pelos gregos em um espaço de tempo tão curto nos impressiona. É só notar como, ainda hoje, a civilização helênica é tida como modelo. E é justamente aqui que começaremos a buscar a resposta à pergunta que abre este capítulo.

Iniciamos nossa história ao citar duas das palavras mais repetidas por todo mundo que fala de criatividade: inspiração e musa.

Os gregos acreditavam que todas as ideias vinham dos deuses. Os deuses gregos, do alto do Monte Olimpo, faziam suas ideias chegarem aos mortais por meio das musas. Literalmente, a palavra "inspirar" significa "encher de ar" alguma coisa, e é mais ou menos isso que as musas faziam com a mente dos homens. Veio daí o termo "musa inspiradora". Os heróis gregos eram capazes de realizar grandes feitos, mas apenas sob o comando de algum de seus deuses. Eles faziam o que eram inspirados a fazer.

Há aqui um detalhe interessante: cabia aos homens aceitar ou não a inspiração que lhes era oferecida pelas musas, seguir ou não as determinações do Olimpo. As direções lhes eram dadas pelos deuses, mas a execução de cada ato cabia exclusivamente aos pobres mortais.

Logo, se um herói seguia as instruções de um deus no campo de batalha, ele era reconhecido por sua bravura militar ou guerreira. Não pelas ideias que teve durante a luta, mas por ter agido de acordo com essas ideias e, em consequência disso, obtido sucesso.

Como cada indivíduo era reconhecidamente responsável por seus atos, o trabalho criativo era uma maneira eficiente de conquistar lugar de destaque na sociedade grega. As pessoas recebiam o crédito por suas obras. Todos sabiam quem eram os grandes escritores, construtores e artistas da época. Os céus sopravam vida sobre o processo criativo de cada um deles, mas a criação, a execução concreta de cada ideia, ainda cabia ao indivíduo.

Na mitologia grega, os deuses são mais imprevisíveis do que nas modernas religiões ocidentais, e não parecem se importar com os homens da mesma forma que as divindades de outras religiões. Isso dava, ao homem grego, a liberdade para fazer praticamente o que quisesse, desde que agisse com honra. Tal liberdade, como veremos, reflete-se na quantidade e na qualidade das ideias que flutuam no ar de uma sociedade.

De acordo com o erudito norte-americano Moses Hadas, outro elemento que impulsionou a sociedade helênica foi o fato de os gregos cultuarem os seus heróis. No cristianismo, alguém só se torna santo, digno do culto e da admiração de seus fiéis, ao suprimir seus impulsos mais humanos e ordinários. O herói grego, ao contrário, enfatiza seus atributos naturais. O santo torna-se menos humano, enquanto o herói torna-se mais. Isso fazia os gregos enxergarem a excelência como algo não tão difícil de atingir, o que encorajava sua busca. A santidade cristã, por sua vez, parece muito mais inalcançável.

Pegando o gancho do cristianismo, analisaremos outro período importante na história da criatividade: a Idade Média. Segundo os pesquisadores americanos (John S. Daceye Kathleen H. Lennon, autores do livro *Understanding Creativity: the Interplay of Biological, Psychological, and Social Factors (Compreendendo a Criatividade: a Interação de Fatores Biológicos, Psicológicos e Sociais)*, durante a Idade Média a criatividade manteve ainda um caráter sobrenatural, mas a sociedade retirou o mérito do indivíduo criador sobre o seu trabalho.

Os homens medievais eram apenas ferramentas nas mãos divinas. As obras eram realizadas com o único intuito de glorificar Deus — esse, sim, o criador supremo. Em decorrência dessa maneira de pensar e de agir, hoje conhecemos o nome de diversos criadores, construtores, artistas e pensadores gregos, mas muitas criações da Idade Média permanecem anônimas. Seria absolutamente desrespeitoso se, naqueles tempos, um arquiteto desenhasse uma catedral e a assinasse com seu nome. Seria uma demonstração inaceitável de vaidade. Um pecado.

Em 1350, o fim da peste negra marcou outra virada no modo como vemos a criatividade. Com um terço da população ocidental dizimada, foi natural que se conferisse valor maior aos indivíduos. Devido ao grande número de mortos, a mão de obra tornou-se escassa, o que aumentou o poder de barganha dos trabalhadores perante a hierarquia feudal. Além de abalar as estruturas sociais, essa mudança também enfraqueceu a Igreja. A partir daí, a religião não mais seria obedecida às cegas. Cada vez mais pessoas questionavam as crenças do passado.

Com tudo isso, os artesãos passaram a receber o crédito por suas obras. Formaram-se as guildas, associações de indivíduos que se dedicavam a aperfeiçoar suas técnicas de trabalho e a aprimorar o comércio dentro de suas áreas de atuação. A Igreja deixou de ser o principal cliente dos artistas, sendo substituída por príncipes e mercadores, que não viam a posse de obras de arte como um pecado, mas como um motivo de orgulho.

Esse período — conhecido como Renascimento, por ser caracterizado por uma redescoberta do pensamento grego —, também trouxe consigo o costume clássico de alguém receber o crédito por seus próprios feitos, o que, desde sempre, valorizou e estimulou a dedicação da humanidade ao trabalho criativo.

Uma última parada em nossa lição de história: o Iluminismo. No começo do século XVIII, o trabalho de gigantes como Galileu, Copérnico e Newton, entre outros, já havia solidificado a crença dos homens no progresso científico. O humanismo, a fé na habilidade do ser humano de resolver seus problemas por meio do esforço mental, encontrou solo fértil. O direito das pessoas de tirar suas próprias conclusões tornou-se, enfim, aceitável. Essa ideia pode parecer simplória para nós, no século XXI, mas pense no dogmatismo e nas práticas absolutistas que dominavam a Idade Média. Se um indivíduo não aceitasse determinadas verdades inquestionáveis, poderia facilmente ir parar na fogueira.

Finalmente, em 1787, William Duff pensou em algo novo: o que causaria as variações nos feitos de diferentes pessoas? O escritor e estudioso escocês foi pioneiro nesses estudos. Duff percebia a imaginação, o julgamento e o gosto de cada um como elementos essenciais à criatividade, dando importância também ao ambiente social em que cada indivíduo vivia.

Acabamos de cobrir 2,3 mil anos de história. Nesse período, a evolução do conceito de criatividade foi intensa. De heróis a mando dos deuses, passamos a desempenhar a função de instrumentos divinos. Recuperamos a responsabilidade por nossos feitos e, finalmente, começamos a conceber a criatividade como fenômeno somente humano e social.

Como podemos ver, apenas nos tempos modernos a criatividade dissociou-se de parte de seu caráter sobrenatural. Os pouco mais de duzentos anos que nos separam dos estudos de Duff representam algo como um décimo do período que cobre a história da humanidade desde a Grécia Antiga até os dias atuais. É de surpreender que até hoje falemos sobre musas e inspiração divina?

O pesquisador norte-americano Robert J. Sternberg chegou a afirmar que a pesquisa sobre criatividade sempre esteve manchada por esse caráter místico. O fato de as pessoas ainda citarem a influência de musas inspiradoras em seus trabalhos e de verem a criatividade como algo mágico e especial é sinal de que essa crença ainda persiste. Ter uma ideia contínua sendo interpretado como uma experiência mística, e os criativos, entre nós, ainda são vistos como abençoados.

E assim, podemos definir o mito da criatividade:

> MITO DA CRIATIVIDADE: 1. A noção de que a criatividade é algo fora do comum, algo mágico, um presente divino ou uma habilidade especial. 2. A criatividade é algo que se *tem,* geralmente acompanhado de um sentido de predestinação.

No mito da criatividade, as mentes criativas dos outros estão fadadas "a nos assombrar". Resta-nos observá-las criando. Isso nos leva à interpretação de que as pessoas criativas são ou possuem algo que os outros não são e não possuem, sejam genes, condições sociais apropriadas ou até mesmo determinados problemas psicológicos. Como consequência disso, a criatividade acaba sendo vista como algo especial, restrito a uns poucos sortudos, a um grupo de escolhidos ou iniciados. Algo reservado aos super-homens.

OS EFEITOS DO MITO

Por que, afinal, é tão ruim associar algum misticismo à criatividade?

Porque isso nos faz acreditar que a criatividade é algo que não podemos controlar e, muito menos, incentivar. Apesar de os deuses da antiguidade terem caído no ostracismo, a ideia de inspiração oriunda da crença neles continua muito presente entre nós. A criatividade se tornou algo fortuito, que ilumina a cabeça de determinados indivíduos com a mesma gratuidade com que a loteria premia os seus vencedores.

Como veremos no retrato que as pesquisas científicas pintam da criatividade, há, na verdade, pouco espaço para a inspiração. Ainda assim, é normal escutarmos que alguns de nós somos ou estamos inspirados, enquanto outros não. Em alguns casos, ouvimos histórias de indivíduos que já tiveram alguma inspiração, que a perderam e, desde então, tentam recuperá-la como se fosse um pote de ouro enterrado lá onde acaba o arco-íris; um tesouro que a maioria das pessoas passará a vida procurando, sem nunca encontrar, por mais que se esforce. A inspiração é um conceito arraigado em nossa cultura e - espero poder convencê-lo —, totalmente desnecessário. No momento, porém, vamos nos concentrar naquilo que seria o oposto da intervenção dos deuses: o acaso.

Volta e meia, surgem teorias a respeito da enorme influência que o acaso exerce sobre a criatividade. Se, quando falamos de inspiração, a providência divina é o que nos vem à mente, o acaso nos faz lembrar de acidentes e situações inusitadas que nos levam, de alguma forma, ao produto criativo. Se, ao nos inspirarmos, devemos nossas ideias e nossa vontade de trabalhar a um fator que está além de nosso alcance, ao falar do acaso, somos vítimas das circunstâncias.

Vamos a um exemplo.

Em 1938, o químico norte-americano Roy Plunkett, de apenas 27 anos, tentava criar um novo gás refrigerante. Falhou espetacularmente: a mistura que produziu resultou em uma massa branca e moldável que conduzia calor e não aderia a outras superfícies. Para ver no que aquilo dava, Plunkett resolveu investigar melhor aquela nova substância, batizada de politetrafluoretileno — algo que você já deve ter visto por aí com o nome popular de Teflon.

Provavelmente a história mais conhecida acerca do papel desempenhado pelo acaso nos processos criativos é o da descoberta da penicilina. Ao voltar a seu laboratório, após um recesso de duas semanas, o médico e pesquisador escocês Alexander Fleming percebeu que uma placa contendo uma cultura de bactérias havia embolorado-se. As bactérias tinham se espalhado por toda a extensão da placa, exceto sobre o próprio bolor. Considerando o experimento arruinado, Fleming quase o jogou fora. Antes, porém, teve a suspeita de que algo no bolor poderia ter impedido o crescimento das bactérias naquele ponto da placa. Resolveu verificar o que teria causado aquela interrupção e descobriu a penicilina. Deu-lhe esse nome em homenagem ao esporo de *Penicillium* que, flutuando ao léu, desde um laboratório situado no andar de baixo, pousara justamente sobre sua placa de bactérias.

Veja quantos elementos do acaso, ou do destino, é possível encontrar nesse incidente. E se a placa não tivesse sido contaminada? E se o médico tivesse simplesmente jogado fora a sua cultura de bactérias embolorada? E se ele não tivesse se ausentado do laboratório por duas semanas? E se a placa estivesse em qualquer outro lugar daquela sala?

Coincidências como essas são comuns na história das descobertas, por isso é fácil concluir que descobertas e invenções são eventos imprevisíveis e indeterminados, e que nada podemos fazer para prevê-los ou estimulá-los.

Mas vamos pensar sobre o outro lado da questão. Fleming e Plunkett eram ambos pesquisadores. Eles possuíam treinamento, mantinham programas de pesquisa e, mais importante, sabiam como reconhecer um caso anormal quando viam um. Os dois procuravam por alguma coisa específica, e resolveram investigar melhor uma falha ocorrida durante suas pesquisas originais, algo que sequer passaria pela cabeça de uma grande parcela dos pesquisadores. Os dois também contaram com uma boa dose de sorte, é claro. Mas até a sorte precisa de uma mãozinha.

É comum ouvirmos gente aludindo às musas e à inspiração divina quando o assunto é criatividade. Também é comum encontrarmos o acaso ocupando a posição de juiz absoluto dessas causas. Cada uma dessas explicações ocupa um dos lados da mesma moeda falsa. "A criatividade é algo misterioso, que não podemos compreender ou incentivar", concluem. Mas crer nessa hipótese nos levaria a um dilema de proporções imensas. Se concordarmos, devemos imaginar que aqueles que não foram iluminados ou abençoados pela criatividade, aqueles a quem faltou essa sorte, devem resignar-se à sua condição de "pouco criativos". Sendo assim, devemos admitir que, em relação a isso, nada podemos fazer.

Compramos a versão moderna para a crença que afirma ser a criatividade algo sobrenatural. Acredita-se que é algo inato, trazido — ou não — por nós em nossos genes, uma característica imutável e particular de cada indivíduo.

Em vez de atribuir nossa incapacidade criativa à recusa das musas em nos fazer uma visitinha, atribuímos nosso destino à genética e às nossas capacidades mentais, como se fossem determinadas exclusivamente pelo momento em que fomos concebidos. "Simplesmente não sou muito criativo", diz um. "Possuo outra forma de inteligência", arrisca outro. São frases comuns. Sempre as escutamos quando o tema é a criatividade. Com o advento da ciência moderna, os deuses e as musas do passado transformaram-se em genes.

A grande falha dessa versão do mito é facilmente detectável: continua a atribuir nossa criatividade a um processo especial, que se desenrola dentro de nossas mentes. Mas a criatividade é produto de diversos fatores, sendo a predisposição genética apenas um deles. Aliás, a sua relevância nesse processo já vem sendo contestada por vários pesquisadores.

O húngaro radicado nos Estados Unidos, Mihaly Csikszentmihalyi, literalmente um dos grandes nomes mundiais no campo da criatividade, resume o assunto da seguinte forma: parece provável que pessoas geneticamente predispostas à prática de uma atividade se saiam melhor do que a maioria das pessoas "comuns". Teoricamente, diz o psicólogo, uma pessoa com o sistema nervoso mais sensível às cores se sairia melhor em uma atividade artística visual, e alguém com um sentido de audição mais avançado possuiria alguma vantagem no campo musical.

No entanto, Beethoven já era surdo quando compôs várias de suas grandes obras.

Uma vantagem inata pode ser muito útil quando demonstramos interesse precoce por determinado assunto. Tendemos a nos sentir bem quando usamos o máximo de nossos potenciais, mas o papel de uma predisposição pode se limitar a despertar esse nosso primeiro interesse por algo. Para desenvolvermos nossas atividades, é preciso que esse interesse inicial se mantenha. Será necessário muito esforço para chegarmos àquele ponto em que poderemos, enfim, forçar os limites do conhecido rumo a uma realização criativa.

É possível criar circunstâncias que tornem uma pessoa mais criativa. A tese que você encontrará neste livro sugere que pessoas e grupos considerados criativos aceitam o trabalho criativo como uma rotina e até criam as condições para o seu desenvolvimento. A criatividade torna-se, então, um produto de atitudes conscientes, que resultam em produtos criativos.

Algo revelado para nós são os estudos da psicóloga norte-americana Carol S. Dweck sobre as crenças que as pessoas possuem sobre seus atributos mentais. A pesquisadora de forma muito criativa, aliás — resolveu mudar o foco habitual dessa questão. Dweck não quis descobrir se é possível alterar a inteligência de um indivíduo, como muitos psicólogos vêm fazendo há tantos anos, mas quais são os efeitos da crença nessa possibilidade. Em outras palavras, não interessa se a inteligência pode ou não ser alterada. O importante é examinar os efeitos dessa crença nos indivíduos que as cultivam.

PENSO, LOGO NÃO SOU

Algumas pessoas acreditam que a inteligência é fixa e que cada um de nós teria uma quantidade definida, invariável. Assim, alguns sortudos seriam altamente inteligentes, enquanto outros, azarados, não. A maioria das pessoas que defendem esse ponto de vista espera estar classificada entre os muito inteligentes.

Outros acreditam que a inteligência é um potencial que pode ser desenvolvido. Não é necessário acreditar que todos possuem o mesmo potencial, mas que cada um pode, sim, aumentar sua própria inteligência, desenvolvendo-a de maneira adequada.

Segundo Dweck, uma das consequências de se acreditar na teoria da inteligência fixa é a seguinte: como ninguém sabe em que nível intelectual se encontra, precisamos procurar realizações concretas de nossa inteligência para, só assim, podermos avaliá-la.

O problema é que as pessoas que creem nessa tese querem provar, a si mesmas e aos outros, que tudo o que fazem é bem-sucedido. Pelo menos, deve parecer bem-sucedido. Afinal, como a inteligência é imutável, um fracasso as levaria à conclusão de que não são tão inteligentes quanto pensavam. Essas pessoas são levadas a avaliar sempre o resultado de uma tarefa específica como um sinal de sua inteligência total.

Por outro lado, quem vê a inteligência como uma função móvel se mantém mais próximo da realidade. Tende a interpretar seus fracassos como reflexos das habilidades e das estratégias aplicadas em casos específicos. O interessante é que, acreditando em uma ou outra dessas teorias, as pessoas não diferem entre si em seus níveis reais de inteligência. Pessoas inteligentes podem acreditar tanto em uma quanto na outra versão.

Dweck descobriu, por exemplo, que estudantes que acreditam que a inteligência é fixa acham que o fracasso tem um significado claro: mostra que eles são burros e faz com que se desvalorizem. Já os alunos que acreditam na maleabilidade da inteligência, ao fracassarem, questionam o modo como se prepararam para a tarefa em questão. Procuram motivos que expliquem seus erros, planejam formas de superar aquele fracasso e alcançar seus objetivos. Essas pessoas, é claro, também ficam chateadas quando perdem uma batalha, mas interpretam essa derrota como uma dica de que precisam fazer algo diferente no futuro.

Também se concluiu que os alunos que possuíam visão maleável da inteligência não só se sentiam melhor a respeito de si mesmos, como também se saíam melhor em tarefas reconhecidamente difíceis. (Lembre-se de que não estamos falando dos níveis de inteligência de cada indivíduo, apenas na crença de que é possível alterá-los.)

Acreditar que podem desenvolver suas capacidades faz com que as pessoas valorizem o trabalho duro, aceitem novos desafios e se esforcem para aprender cada vez mais. Acreditar no contrário pode levá-las a uma série desastrosa de erros.

O primeiro deles tem a ver com a relutância em aprender coisas novas.

Tentar aprender algo significaria reconhecer sua ignorância naquele assunto. Pessoas que acreditam na inteligência fixa evitam situações em que possam aprender, pois, para tanto, precisariam revelar parte de sua ignorância e errar sucessivamente, até assimilarem os novos ensinamentos.

Aprender seria, portanto, inaceitável, pois questionaria a inteligência do aprendiz. Dweck mostrou que os estudantes que acreditavam na inteligência fixa também evitavam confrontar suas deficiências. Preferiam atividades em que já eram considerados bons àquelas em que poderiam vir a aprender qualquer coisa. Alunos com dificuldades de aprendizado em relação à língua inglesa, mas que acreditavam na maleabilidade da inteligência, aceitavam participar de um curso extra sobre a matéria, enquanto o pessoal da inteligência fixa descartava tal oportunidade. Esses últimos, aliás, demonstraram pela oferta um interesse igual ao daqueles que já tinham proficiência na disciplina, apesar de já terem se saído mal nela. Infelizmente, essas pessoas estão tão preocupadas em parecer inteligentes que agem de forma diametralmente oposta.

Outra crença bastante nociva é a de que pessoas realmente inteligentes não precisam se esforçar para atingir seus objetivos. Como acreditam que podemos nascer inteligentes, concordam que quem é realmente bom de verdade não precisa dar duro, ou seja: importam-se tanto em parecer inteligentes que não querem ser consideradas burras por se dedicarem ao trabalho árduo.

Essa crença, em particular, é extremamente danosa, pois grandes desafios requerem muito esforço. Ao se confrontar com um desafio, quem acredita na versão da inteligência fixa não irá querer suar a camisa. Consequentemente, verá afundarem todas as suas perspectivas. O grande perigo, aqui, é que, muitas vezes, essas pessoas assumem posturas defensivas quando erram, buscando razões alternativas para o seu fracasso.

Vejamos três exemplos úteis. Pense em um atleta que, apesar de conseguir assinar um contrato milionário com um grande clube, começa a abusar da bebida, pense em um aluno promissor que, de uma hora para outra, passa a negligenciar seus estudos, e pense em um profissional de sucesso, muito bem remunerado, que decide usar e abusar das drogas. Qualquer um dos três possuía histórico de boas realizações, vasto potencial ainda a ser utilizado, quando optou por um caminho que, sem dúvida, ameaça o seu progresso no futuro.

Acontece que essas pessoas, apesar do sucesso que já conquistaram, podem começar a duvidar de sua capacidade de continuar apresentando bons resultados. Ao abandonar o trabalho esforçado ou encher de obstáculos o seu próprio percurso, elas tentam resgatar sua autoconfiança, proteger sua imagem, tanto a que possuem de si mesmas, quanto a que os outros criaram delas. Se obtiverem algum sucesso, mesmo atrapalhadas pelas dificuldades que se impuseram, quer dizer que elas realmente possuem habilidades superiores, se fracassarem, a culpa não será delas, mas de algum fator externo. Culpar fatores externos é uma forma prejudicial, mas comum, de preservar a autoimagem.

Acreditar na imobilidade da inteligência também nos tira o prazer de trabalhar por um objetivo. Se o esforço prejudica nossa autoimagem, tende a se tornar aversivo. De fato, quem acredita nisso diz não gostar de se esforçar.

Vale ainda citar outra série de estudos de Dweck e sua equipe. Eles descobriram que simplesmente elogiar a inteligência de um grupo de alunos interferia negativamente em seu aprendizado. Os alunos elogiados tendiam a evitar as tarefas difíceis, a diminuir sua cota de esforço e até a gostar menos de uma atividade à medida que aumentava a sua dificuldade de execução. Provavelmente, ao fazerem isso, tentavam manter seu status de inteligentes.

Já os estudantes elogiados por seus esforços tendiam a se sentir estimulados por novos desafios e alcançavam melhores resultados nas tarefas seguintes. Uns pensam assim: se o sucesso quer dizer que você é inteligente, o fracasso quer dizer que você é burro. Outros pensam de maneira diferente: se o sucesso sugere que você se saiu bem em alguma coisa, o fracasso sugere que você precisa se sair melhor da próxima vez.

Não interessa se você acha que sua inteligência é normal ou que está acima ou abaixo da média. Aqueles que simplesmente creem que a inteligência pode ser alterada tendem a lidar melhor com o fracasso. Aprendem mais e esforçam-se mais — características também dos que apresentam um comportamento criativo.

QUE VENHAM OS FEITICEIROS

Um dos maiores problemas acarretados pela questão do "treinamento" da criatividade diz respeito ao grande número de cursos e especialistas que se propõem a desenvolver as habilidades criativas dos outros. Aos interessados, os consultores chegam a sugerir seriamente que andem sobre o fogo, pratiquem esportes radicais e embrenhem-se pelo mato, para uma terapêutica temporada de sobrevivência na selva. É disso que trata nosso próximo tópico: o xamanismo.

Mas antes de debatê-lo, uma palavra sobre como a sociedade é organizada.

Por mais que gostemos de pensar na sociedade como um todo coeso, cada um de nós desempenha, dentro dela, um papel pequeno. Eu, por exemplo, dediquei boa parte do meu tempo a estudar a criatividade, e você está com este livro nas mãos porque confia nesse fato. Lê-lo o deixa informado sobre o assunto e economiza o seu tempo. Assim, mesmo que a leitura desta obra não lhe dê acesso a todos os detalhes de minhas pesquisas sobre criatividade, esta o fará compreender a "moral da história", sem que você precise passar pelo mesmo processo de aprendizado ao qual me submeti.

Da mesma forma, se me coube o papel de professor e escritor, quando sou surpreendido por uma dor de dente não preciso estudar odontologia às pressas para me tratar. Basta ir a um especialista e confiar. Esperar que ele faça seu trabalho tão bem quanto eu faço o meu. Essa confiança no conhecimento alheio é uma das bases da vida em sociedade. O conhecimento especializado permite que cada um de nós seja útil à sociedade, faz com que nos aprimoremos cada vez mais em nossas funções. E esperamos que os outros façam o mesmo. O problema começa quando o conhecimento e as questões que estudamos não são tão objetivos quanto aplacar uma dor de dente.

Um bom sinal da eficácia de um dentista me é dado pelo meu próprio dente, pouco tempo depois de tratado. Se ele não me incomodar mais, o profissional fez um bom tratamento, se voltar a doer, está na hora de procurar outro dentista.

E em uma questão abstrata como a criatividade? Se eu procurar um curso ou um livro sobre o assunto, poderei concluir, mais tarde, que aquele curso ou aquele livro me tornou mais criativo? Ou será que eu mesmo não teria me tornado mais criativo simplesmente por me interessar pelo assunto? Ler um livro sobre criatividade pode alterar meu comportamento no mundo real? Pode desenvolvê-lo por meio de dinâmicas? Lembre-se: não é fácil fazer afirmações objetivas sobre a criatividade. Não é simples resolver esses problemas. Mesmo assim, o que não falta são experts dispostos a solucioná-los.

Mas vamos interromper essa discussão por um tempo e conversar um pouco sobre cultura siberiana. Para isso, recorramos a nosso estudioso de mitologia preferido, Joseph Campbell.

Recapitulando: o que caracteriza o mito do herói? Um indivíduo sai de seu ambiente natal e, para alcançar determinado objetivo, empreende uma dura jornada. Pois bem, os xamãs siberianos eram especialistas numa espécie particularmente espinhosa de viagem: eles partiam do mundo dos vivos diretamente para o mundo dos espíritos, em busca de almas perdidas ou raptadas, ou das almas de pessoas enfermas.

Para encarar uma aventura desse porte e responsabilidade, os xamãs envergavam um traje especial que, de acordo com as particularidades espirituais de cada um, representava uma ave ou uma rena. Carregavam consigo um cajado e um tambor, instrumento que lhes servia, às vezes, de animal de montaria, sobre o qual voavam ou cavalgavam.

Durante uma cerimônia ritual, enfim, os xamãs iam ao mundo dos espíritos, onde enfrentavam desafios diversos. Se tivessem sucesso, retomavam conhecedores da causa de determinada doença e do tipo de sacrifício exigido para curá-la. Sabiam dizer quanto tempo o paciente levaria para se recuperar. Devemos lembrar, é claro, que naquela época a medicina era algo bastante obscuro, regida pelo misticismo.

Portanto, não é de surpreender, que muitos desses feiticeiros atingissem posição de destaque na sociedade. Afinal, dispor-se voluntariamente a ir a outro mundo, enfrentar o desconhecido, desafiar espíritos e até mesmo deuses é coisa que exige coragem e habilidades impressionantes. Dizem que Morgon-Kara, o primeiro xamã dos buriats de Irkutsk, na Sibéria, era tão competente que conseguia trazer almas de volta do reino dos mortos, sãs e salvas. Isso, sim, é que era poder. O que são os nossos xamãs modernos, comparados a Morgon-Kara?

Encontramos xamãs e similares em diversas sociedades, no mundo inteiro. E, apesar de a origem do termo ser um tanto remota, ele é usado para identificar essa "linha profissional" nas mais variadas culturas e épocas.

O escritor e psicólogo canadense Steven Pinker, professor de Harvard e do Instituto de Tecnologia de Massachusetts (MIT), diz que a vontade que as pessoas têm de acreditar em milagres fez nascer uma competição entre os aspirantes a "sacerdotes", entre os exploradores da queda que a humanidade tem por "peritos" e "especialistas". Quando vamos ao dentista, não somos capazes de confirmar seu diagnóstico ou de aprovar os métodos que ele utiliza para nos tratar. Mas confiamos nele. Se é um perito, pode furar um de nossos dentes à vontade: vamos nos sentir melhor com isso. Quanto menos entendermos de um assunto, ou quanto mais difícil for estabelecer uma relação de causa e efeito acerca das técnicas adotadas por um especialista, mais dependeremos da confiança em seu trabalho. Essa mesma confiança faz com que muitas pessoas se deixem enredar pela charlatanice médica e religiosa, das sangrias da Idade Média às várias técnicas duvidosas de cura ainda em voga nos dias atuais.

De fato, o mundo está cheio de "especialistas". Como a escritora Iasmuheen (anteriormente conhecida como Ellen Greve), autora do livro *Viver de Luz*. Sua obra garante que não precisamos de comida ou de água para sobreviver. Segundo o website Breatharian.com, há muito tempo, vivia-se somente da energia cósmica que se respirava por aí. Era possível viver milhares de anos no mesmo corpo físico. Para Iasmuheen, entusiasta do respiratorianismo, comer e beber seriam hábitos adquiridos, nocivos à vida; com um treinamento adequado, poderíamos abandoná-los sem maiores complicações. Parece absurdo, não parece? Mas, mesmo sem qualquer confirmação positiva dos resultados dessa dieta bizarra, há quem a pretenda verdadeira.

É claro que, mais dia, menos dia, esquemas como esse acabam caindo em descrédito. Mas, até lá, precisam manter sua lucratividade, aliciando um número cada vez maior de novos clientes, ou "seguidores". Para preservarem seu status de "gurus", "guias" ou seja lá o que forem, alguns "especialistas" precisam acertar suas previsões de vez em quando (ou, pelo menos, passar a impressão de que estão acertando). O mesmo se dava com o xamã que previa mudanças climáticas ao observar a movimentação dos ventos: às vezes, ele acertava. Da mesma maneira, o xamã que, de vez em quando, curava um paciente ao ministrar-lhe algumas ervas medicinais, conquistava a autoridade necessária para estender seu poder a outras áreas.

Até o mais fervoroso dos religiosos ou o maior dos adeptos do naturalismo há de reconhecer que ainda existe muito espaço para curas e conselhos duvidosos no mundo moderno. E você não precisa se tomar ateu nem desistir daquele tratamento alternativo de medicina oriental para perceber que algumas das propostas de nossos atuais "candidatos a sacerdotes" estão indo longe demais.

Uma rápida busca pela internet mostra como é fácil identificar alguns exemplos dessas práticas na área de criatividade. O que nos prometem os consultores? Um deles pode nos ensinar a "quebrar barreiras"; outro diz que devemos exercitar nosso cérebro como se fosse um músculo. Para tanto, indicam vários exercícios úteis. Devemos descobrir "maneiras de evitar engarrafamentos após o expediente". Devemos "fazer compras de um modo diferente" (passear pelo shopping equilibrando uma melancia na cabeça, talvez?). Também devemos perder nosso precioso tempo montando quebra-cabeças ou arranjando mil e uma novas utilidades para um prosaico tijolo. Dizem até que a criatividade não se obtém por meio do trabalho árduo e do acúmulo de conhecimento (realmente, deve ser muito mais fácil vender palestras se você garante à audiência que ninguém precisa se esforçar muito para ser criativo). E, é claro, como não poderia faltar, dizem os consultores que devemos ser mais proativos.

Se eu vejo a criatividade como algo misterioso, posso me comportar como um xamã. Posso viajar ao mundo dos espíritos e capturar, por lá, uma solução criativa para qualquer problema. Como é muito difícil para você avaliar concretamente a validade dessa solução, pode muito bem acreditar, se quiser, nos meus poderes mágicos.

Eu preferiria o siberiano fantasiado de rena...

1 + 1 = 2?

Mas será que o mundo é realmente essa conspiração de picaretas das mais diversas áreas?

É aqui que a história fica ainda mais interessante. O professor norte-americano Chris Argyris, referência na área de aprendizado organizacional, analisa situações parecidas em seu livro *Maus Conselhos: uma Armadilha Gerencial*.

O ponto principal da pesquisa de Argyris é que, para um conselho ser considerado útil, deve especificar quais resultados pretendem atingir e definir as sequências de ações necessárias para obtê-los, bem como para identificar, monitorar e corrigir eventuais erros ou incompatibilidades. Já os maus conselhos contêm inconsistências. São fracos e até desorientadores.

Pense em conselhos do tipo "seja mais aberto a ideias". Ouvimos muitos desses por aí. É um ótimo conselho, não? Mas como segui-lo? Como devo me abrir a ideias? Que comportamento se exige de mim? O que devo esperar como resultado? Como saberei se estou no caminho certo?

Basta entrar em uma livraria para se deparar com uma legião de conselheiros abstratos, inconsistentes e impraticáveis. Seus conselhos até soam racionais. Mas esses autores traçam poucos vínculos entre seus ensinamentos e a realidade, não estabelecem uma linha clara entre a teoria proposta, a ação que se deve tomar, a consequência esperada e os erros que podem surgir durante o processo.

A teoria de Argyris diz que estamos habituados a agir a partir de pressupostos errados. O pesquisador afirma que as teorias aceitas pelas pessoas como verdadeiras, na vida real as levam a procurar estar sempre no controle de cada situação. São instadas a vencer (ou a não perder, a suprimir sentimentos negativos e a agir do modo mais racional possível.

Na prática, esses valores as fazem agir sem questionar suas próprias opiniões e sem testar as afirmações que fazem. É o famoso "confie em mim, eu sei o que estou fazendo". Qualquer questionamento em relação a esse raciocínio as faz adotar atitudes defensivas, que causam danos ainda maiores: "Como ousa me questionar? É assim que fazemos as coisas nessa empresa!"

O divertido é que as pessoas que dão esses conselhos não são necessariamente charlatonas no sentido literal da palavra. Como maus conselhos estão relacionados a pressupostos errados, a teoria de Argyris concede aos conselheiros, apesar de equivocados, o direito de acreditarem em suas próprias recomendações. Segundo ele, os quatro pressupostos citados (assuma o controle da situação; vença; suprima sentimentos negativos; aja racionalmente) são tão difundidos na sociedade industrial moderna que é como se fizessem parte de nosso DNA. Quase todo mundo os tem na conta de verdadeiros.

Mas voltemos à nossa área. No livro *Defying the Crowd: Cultivating Creativity in a Culture of Conformity (Desafiando a Multidão: Cultivando a Criatividade numa Cultura de Conformidade),* escrito em parceria com Todd, Lubart, Robert, Sternberg diz que um fator extremamente prejudicial ao estudo da criatividade é a chamada "visão pragmática". Ele se refere aos autores que prometem ensinar o leitor a ser mais criativo utilizando os métodos divulgados em seus livros. O problema, segundo Lubart e Sternberg, é que essas técnicas não possuem base teórica ou validação científica. Eles citam o maltês Edward de

Bono — autor de *Novas Estratégias de Pensamentos,* entre outros — como um dos maiores expoentes dessa linha um tanto quanto incerta. Outro desses métodos é o famoso *brainstorming,* criado pelo publicitário norte-americano Alex Osborn, nos anos 40.

Esses procedimentos podem até funcionar, mas, por não possuírem embasamento teórico e não serem submetidos a experimentos científicos sérios, torna-se difícil dizer se são eficazes, se simplesmente funcionam na base do famoso efeito placebo, ou se podem, pelo contrário, prejudicar o verdadeiro trabalho criativo.

Como no caso dos xamãs, esses autores não precisam acertar sempre. Podem acertar apenas de vez em quando. Podem nos convencer de que, quando acertam, o mérito é deles; e, quando erram, a culpa é nossa.

A NAVALHA DO MONGE

Tudo bem, mas você pode estar se perguntando: "Como saber se uma explicação é melhor do que outra? Como saber que não estamos somente repetindo os erros dos outros? Como garantir que nossa explicação é a melhor ou a que mais se aproxima da realidade?"

Encontramos a resposta para essas perguntas em um princípio filosófico que está na base da ciência moderna: o da navalha de Occam. Vejamos o que diz:

Pluritas non est ponenda sine necessitate.

Ou seja: a pluralidade não deve ser proposta desnecessariamente. Essas palavras garantiram ao filósofo e monge franciscano William de Occam (ou Ockham) o seu ingresso na história da ciência. William personificava essa sua frase. Optou por uma vida modesta e sem posses. Só lhe importava o essencial. Sua devoção franciscana à pobreza o fez concluir e declarar por escrito que o papa João XXII era um herege. Acredita-se que ele tenha sido excomungado e, por isso, passado o resto de sua vida escrevendo sobre política. O interessante é que William não foi o criador da ideia por trás do princípio que leva o seu nome, mas, por usá-la frequentemente, acabou ficando conhecido por isso.

E o que ele tem a ver com nossa discussão?

Bem, você está lendo um livro sobre criatividade. Eu lhe digo que a criatividade é um fenômeno biológico, pessoal e social, que depende do alinhamento de várias características, como o esforço pessoal de um indivíduo e a sua aceitação na sociedade. Assim, eu me dedico a discorrer, neste livro, sobre como se dá esse fenômeno e o que podemos fazer para potencializá-lo. Mas eu poderia fazer outra coisa: poderia recorrer ao mito da criatividade, afirmando que esta é trazida até nós pelas musas, pelo sopro dos deuses no Olimpo.

Para não copiar os gregos, eu poderia dizer que a criatividade é um bicho de sete cabeças imaterial e que, sempre que alguém tem uma ideia, ele desce dos céus, carregado por gnomos voadores. Também poderia dizer que, infelizmente, é impossível para nós percebermos esse pessoal todo à nossa volta. Afinal, eles são gnomos voadores invisíveis ou coisa parecida.

E quem poderá provar que a criatividade é um fenômeno físico e não sobrenatural, que não é uma entidade trazida aos humanos por gnomos alados? Se essas criaturas são imperceptíveis, como coletar dados ou fazer experimentos, com eles?

Logo, a explicação mais simples — a que interpreta a criatividade como um fenômeno físico — deve ser escolhida. As outras teorias aumentam demais a complexidade da questão, levantando muitas questões paralelas. Quem são os gnomos? De que são feitos? Por que trazem a criatividade para nós? Por isso, devemos pegar a navalha de Occam e, com ela, eliminar tudo o que for possível — neste caso, o mais improvável. O princípio é muito simples. Há duas opções: "existe a criatividade", existem a criatividade e os gnomos". A primeira opção é a mais provável. Logo, optemos por ela.

E por que descartar a outra? Nossas teorias científicas não nos garantem que os gnomos não possam existir, absolutamente. Mas também não nos fornecem nenhum caminho para provar sua existência. Assim, não há razão para sustentarmos a hipótese de que existam gnomos.

Uma teoria científica nos ajuda a descrever a realidade ou, ao menos, um pedaço dela. Quando um cientista tenta montar uma nova teoria científica, ele não adiciona nada sem que isso aumente consideravelmente seu poder de descrever ou prever a realidade. A navalha de Occam serve para moldarmos melhor nossas teorias e explicações, retirando delas tudo que é excessivo, desnecessário, sem que isso comprometa o seu objetivo principal.

Você nunca ouvirá um professor de física declarar que a lei da inércia prevê que um objeto tende a permanecer parado a não ser que ele resolva sair voando por aí. Essa segunda informação só tornaria a coisa mais complicada.

Da mesma forma, ao ver uma árvore caída após uma tempestade, você pode deduzir que a chuva a derrubou, e não que um meteoro caiu em cima dela. Utilizando seu conhecimento prévio do assunto, sabendo que algumas árvores podem cair durante tempestades, é muito mais seguro acreditar que uma delas tenha desabado devido à força da chuva do que à queda de um meteoro.

A navalha de Occam não faz julgamentos de valor. O princípio nos ajuda a escolher e formular hipóteses para pesquisas. Quando chegamos a uma teoria que nos permite tecer várias suposições sobre o mundo, e à outra que, mesmo não utilizando tantos elementos quanto a primeira, possua o mesmo poder de explicação, não devemos titubear. Cortemos as suposições com a navalha. Optemos pela explicação mais simples.

Se nós podemos buscar uma solução simples e elegante para um problema, por que complicá-lo?

O CAMINHO MAIS CURTO PARA A CRIATIVIDADE

Finalmente, chegou a hora de pôr as mãos à obra. Já definimos o mito da criatividade. Analisamos sua origem e suas consequências. Falamos de como é fácil ser ludibriado por ele e pelos feiticeiros modernos. Agora, que colocamos os pés no chão, podemos desenvolver uma outra visão do trabalho criativo, uma calcada na realidade. Nas próximas páginas, passaremos a navalha de Occam em todas as explicações místicas possíveis, em todas as técnicas vazias que vemos por aí. Examinaremos o que as pesquisas científicas dizem sobre o comportamento criativo e sobre a própria natureza da criatividade. Pelo caminho, procuraremos modos de aplicar esse conhecimento à nossa vida prática.

Vivendo a vida criativa

✓ Lembre-se: o modo como avaliamos os resultados de nosso trabalho pode nos prejudicar. Evite criar narrativas em que seu sucesso ou seu fracasso sejam interpretados como causas diretas de sua inteligência ou de outra característica pessoal supostamente imutável. Procure maneiras de explicar suas conquistas e suas perdas analisando os seus esforços, a sua preparação e cada detalhe da situação investigada. Em geral, as pessoas que fazem isso continuam se esforçando em suas tarefas; desenvolvem melhor as suas habilidades e aprendem com suas experiências.

✓ Quando ouvir uma história de sucesso, procure os sinais do mito. Isso o ajudará a desmistificar a imagem que possuímos dos "super-homens" à nossa volta, tornando-os bem mais humanos. Assim, as grandes realizações começam a parecer mais viáveis. A princípio, o que pode parecer mágico é, na verdade, o fruto da dedicação de alguém ao seu trabalho.

✓ Antes de acatar cegamente quaisquer conselhos e teorias sobre criatividade, questione seus pressupostos e avalie suas consequências. Na melhor das hipóteses, seguir técnicas de pouco ou nenhum efeito é perda de tempo; na pior, pode enchê-lo de frustrações, fazendo-o voltar aos erros inerentes ao mito.

Capítulo 2

A Criatividade

O SORRISO DA MONA LISA

Quem nunca ouviu falar da Mona Lisa? Estampada em camisetas, livros e enciclopédias, louvada e dissecada em milhares de ensaios e artigos especializados, imitada ou caricaturada das mais diversas formas, por todo tipo de artista ou crítico de arte. Já serviu de argumento ou de inspiração a romances, filmes e uma infinidade de outras manifestações culturais. Provavelmente é a pintura mais conhecida do mundo. De fato, a Mona Lisa — com aquele seu sorriso misterioso e, dizem, maternal — é tão famosa que posso falar dela à vontade. Posso me dar ao luxo de não inserir neste livro nenhuma reprodução da obra e, ainda assim, ter a certeza de que você consegue visualizá-la perfeitamente.

Você já se perguntou como foi que isso aconteceu?

O fato de ter sido pintada por Leonardo Da Vinci, sem dúvida um dos maiores gênios da humanidade, ajuda, mas não explica como, dentre tantas outras obras, pintadas por tantos outros gênios, tornou-se tão especial e popular.

Como ela chegou lá?

Tudo começou em 1550, data da publicação de uma notória biografia do artista, escrita pelo pintor e arquiteto italiano Giorgio Vasari. Nela, entre outros assuntos, o autor discorria sobre uma obra de Leonardo em especial, uma em que ele teria feito de tudo para capturar o sorriso de determinada modelo. Para fazê-la assumir a exata expressão facial que buscava, Da Vinci usou músicos, cantores, palhaços. Segundo o biógrafo, Leonardo trabalhou na Mona Lisa durante quatro anos, obcecado, acreditando-se sempre malsucedido. Por tudo isso, Vasari escreveu que o sorriso registrado naquela pintura acabou se tornando mais divino que humano — uma verdadeira maravilha.

Mas espere um pouco: Giorgio Vasari apenas descreveu a luta entre Leonardo e um retrato. Em momento algum nos deu motivos para crer que aquela batalha pelo sorriso ideal e a consequente frustração de Da Vinci tivessem algo a ver com a obra que hoje chamamos de Mona Lisa. De fato, Vasari publicou sua biografia três décadas após a morte de Leonardo, em 1519. Tempo suficiente para que surgissem algumas dúvidas. De que pintura ele estava falando, realmente?

Aqui, a história pode ter-nos pregado uma peça. Na verdade, pela descrição de Vasari, a tal pintura parece ser outra. E pode até ser. É possível que o sorriso místico da tal modelo seja apenas um erro de atribuição. Em todo caso, a narrativa da longa batalha de Leonardo pelo tal sorriso acabou se fixando à imagem da Mona Lisa.

Outros fatores, talvez ainda mais importantes, aumentaram a fama da pintura e o economista norte-americano Robert Shiller — que usa a Mona Lisa para falar dos valores absurdos que certos produtos podem atingir no mercado — cita dois: o roubo da obra do Museu do Louvre, na França, em 1910, e um livro publicado por Freud, no mesmo ano, em que o psicanalista examinava o subconsciente de Leonardo a partir de uma análise do sorriso da Mona Lisa. Em *Uma Recordação de Infância de Leonardo Da Vinci*, Freud relacionava a força do retrato a uma suposta atração do seu criador pela figura materna, de quem fora separado aos 4 anos.

O caso do roubo recebeu enorme cobertura da imprensa. Da apreensão inicial da comunidade artística e das autoridades que buscavam, a todo custo, recuperar a obra-prima, até o seu resgate e a providencial prisão do criminoso responsável pelo furto, tudo foi amplamente divulgado e comentado.

A CRIATIVIDADE

Com isso, é claro, o sorriso da Mona Lisa ganhou notoriedade ainda maior. Os repórteres o citavam constantemente, e as matérias referentes ao caso se estenderam até o julgamento do ladrão, em 1914. As referências ao estranho sorriso da modelo de Leonardo representavam aquele "algo mais" que os jornalistas buscam na hora de redigir uma reportagem, o ingrediente essencial para tornar um texto mais atraente à leitura. O sorriso, enfim, daria uma aura mais poética, uma cor inusitada e mais quente à fria e prosaica notícia do roubo de um quadro em Paris.

Vejamos um exemplo de como se noticiou, na época, o veredicto final dado ao criminoso: "Quando ouviu a sentença, o réu parecia trazer no rosto um sorriso enigmático, semelhante ao da própria Mona Lisa." Essa descrição, poetizada — e, alguns diriam, estúpida — demais para ser publicada em um jornal sério, revelava um pouco do destino que teria a obra Mona Lisa a partir de então: as histórias, as lendas sobre ela, tornar-se-iam, cada vez mais, maiores que a própria pintura. Shiller mostrou que o número de referências ao nome "Mona Lisa" encontradas em publicações de língua inglesa foi 20 vezes maior entre 1915 e 1925 (os dez anos imediatamente posteriores ao caso) do que entre 1899 e 1909 (os dez anteriores).

É claro que, hoje em dia, muita gente nunca ouviu falar da narrativa de Vasari, do roubo do Louvre ou do livro de Freud. Mas isso não importa: a fama da Mona Lisa já está bem consolidada. Com o passar do tempo, o fenômeno só aumentou — e tende a aumentar. Artistas plásticos como o francês Michael Duchamp e o norte-americano Andy Warhol reproduziram e adaptaram a imagem da Mona Lisa em seus próprios trabalhos. A obra aparece, cada vez mais, em livros, revistas e filmes de nosso tempo. Os três eventos que examinamos apenas deram início a um processo que a colocou em extrema evidência. Antes destes, talvez fosse apenas mais uma boa pintura; depois, já era uma lenda, universal e atemporal. Sem o saber, o ladrão do quadro pode ter feito um grande favor a Leonardo: realizou o maior trabalho de marketing da história da arte.

E qual é o objetivo disso tudo? Sugerir que Leonardo não era tão bom quanto dizem ou que a Mona Lisa não merece a fama que possui? É claro que não. Com tudo isso, quero apenas lembrá-lo de um fato interessante: quando falamos em trabalho criativo, damos atenção demais ao produto final.

Em que momento a Mona Lisa se tornou aquilo que é hoje? Durante os quatro anos que Leonardo levou para pintá-la? E por que esse quadro virou referência unânime para os artistas de todos os tempos? Devido à árdua luta de Leonardo pelo sorriso enigmático perfeito, relatada por seu biógrafo, Giorgio Vasari? Devido ao roubo da obra do Museu do Louvre, em 1914? À atenção da mídia e do público àquele crime? Às ideias de Freud acerca da ligação de Da Vinci com sua mãe?

A Mona Lisa foi pintada por uma pessoa, em uma data e em um local específicos. Mas, passaram-se séculos até que conquistasse a fama atual. Como veremos, ter um produto é apenas parte de um processo. O produto é apenas o começo.

O CRIADOR E O MUNDO

O mito da criatividade traz consigo a ideia do criador solitário. O cientista descabelado em seu laboratório, o artista isolado do mundo em seu ateliê, o empresário insone que passa a madrugada em seu escritório, ruminando problemas, o escritor que, absorvido pelo trabalho, esquece de comer, beber água e dormir. Em consequência disso, a criatividade é vista como um processo especial, que se desencadeia apenas na mente de alguns indivíduos privilegiados.

De fato, grande parte do trabalho criativo acontece dessa forma. Mas nada acontece no vácuo. O criador está inserido no mesmo mundo que pretende modificar. Para termos uma visão mais correta da criatividade, precisamos entender todo o contexto em que ocorre esse fenômeno. Observemos a figura a seguir:

A CRIATIVIDADE

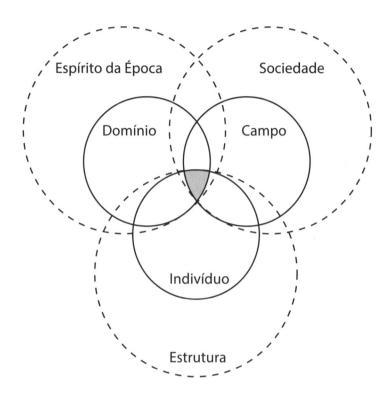

Na verdade, a criatividade é um processo dinâmico que, para acontecer, depende do alinhamento de vários fatores. Vejamos três dos conjuntos ilustrados: domínio, campo e indivíduo. Cada um deles faz parte de um conjunto maior — respectivamente, espírito de época, sociedade e estrutura. O pequeno triângulo invertido onde todos os círculos se encontram, no meio da figura, representa a região onde ocorre o processo que chamamos de criatividade. Seu tamanho reduzido em relação ao da figura completa nos mostra como é difícil chegar a um produto realmente criativo. Sabendo disso, comecemos a desvendar esse processo, analisando-o cuidadosamente, fator por fator.

O primeiro é o chamado domínio. Um domínio é um conjunto grande, mas limitado, de fenômenos, fatos, conceitos, variáveis, constantes, técnicas, teorias, leis, questões, objetivos e critérios que compõem uma área da atuação e do conhecimento humanos.*

---

* Para facilitar, iremos nos referir a isso tudo como a matéria-prima de um domínio.

É verdade que a linha que separa as diversas áreas de conhecimento é um tanto arbitrária. Quando falamos em domínio, falamos de tudo aquilo que que concordamos pertencer a uma área ou prática específica. Então, quando falamos sobre o domínio da medicina, referimo-nos a todo o conhecimento existente na área médica. Parte desse conhecimento também pode ser compartilhado com outras áreas — a biotecnologia, por exemplo —, sem prejuízo algum. Alguns domínios podem, inclusive, ser divididos em subdomínios — como a genética, a cirurgia e a pediatria, no caso da medicina —, ou até ampliados — se lembrarmos dos especialistas em saúde ou em ciências biológicas.

Para entendermos melhor esse conceito, iremos relacioná-lo à nossa própria experiência. Por um motivo qualquer, você, um belo dia, escolheu um ou mais domínios onde se inserir. Frequentou cursos e palestras, leu vários livros e passou por uma série de treinamentos. Todo esse trabalho lhe forneceu as ferramentas e os conhecimentos necessários a todos os que pretendem entrar e permanecer naquele domínio. Boa parcela dessa "matéria-prima" você compartilha com seus colegas. Mas, devido a interesses e experiências pessoais, você também possui uma matéria-prima própria, exclusiva, distinta da dos outros. Você pode ter passado boa parte da vida atuando no domínio da administração, por exemplo. Mas pode se diferenciar de seus colegas graças a suas ideias originais sobre a natureza humana, adquiridas quando você fazia parte de um grupo de teatro amador. Reciprocamente, supõe-se que os outros, em algumas áreas, também conheçam teorias e desenvolvam ideias diferentes das suas.

Compreendido o conceito de domínio, podemos definir melhor a criatividade: a criatividade é um processo em que uma pessoa (ou grupo) altera um domínio.

Há algum tempo, viajar de avião era considerado um evento grandioso. As empresas aéreas tratavam seus passageiros como hóspedes refinados, oferecendo um sem-número de mimos e mordomias a essas pessoas tão especiais. É claro que tudo isso tinha um custo, o que mantinha elevados os preços de passagens aéreas, mas aumentava o senso de exclusividade dos serviços prestados.

A CRIATIVIDADE

Até as empresas de baixo custo começarem a operar. Por meio de um controle agressivo de gastos, essas empresas acreditavam que tudo que o passageiro queria fazer era ir de um lugar a outro; por isso, eliminaram tudo que não estivesse diretamente ligado a esse objetivo. Investindo em eficiência operacional, reduzindo custos e vendendo passagens a um preço bem mais agradável que os de suas concorrentes refinadas, essas empresas redefiniram o domínio da aviação comercial e, ultimamente, mudaram até o modo como a administração vê o domínio do transporte comercial.

A aviação de baixo custo acabou se provando uma ideia tão boa que muitas das empresas aéreas tradicionais tiveram que seguir os passos de suas concorrentes mais novas, classificadas entre as mais rentáveis do mundo em sua área.

Acima do conceito de domínio está aquilo que os sociólogos gostam de chamar de *zeitgeist*, ou espírito de época. De forma semelhante à do domínio, o zeitgeist se refere a toda a matéria-prima disponível a um indivíduo, só que em determinados período e local.

Esse tipo de conhecimento, um conhecimento contextualizado, é extremamente importante para a nossa questão. Qual era, por exemplo, o conhecimento disponível a Santos Dumont e aos irmãos Wright quando empreenderam, cada qual a seu modo, suas tentativas de criar uma máquina capaz de voar? Podemos explicar o pequeno espaço de três anos entre o voo do brasileiro, em 1906, e o dos americanos, em 1903, como um período em que o mundo aprimorou seus conhecimentos de aerodinâmica e seu desenho de aparelhos mecânicos? Graças ao zeitgeist, podemos ter acesso àquilo que cada criador tinha em mãos na época de seus trabalhos, entendendo inclusive de que maneiras uma inovação pode alterar e incrementar o conhecimento disponível a toda uma sociedade. A descoberta das Américas e de novas rotas para o Oriente, por exemplo, deu à Europa a sensação cada vez mais concreta de que existia, ainda inexplorado, desconhecido, um enorme mundo "lá fora". Isso poderia explicar o grande salto no conhecimento que verificamos naquele período da história.

Vamos agora ao nosso segundo conceito: o campo.

Não nos basta inventar algo novo, jogá-lo em um domínio qualquer e imaginar que viveremos felizes para sempre. É preciso que esse algo novo seja aceito. E é no campo que estão todas aquelas pessoas que podem fazer com que uma inovação seja aceita em seu domínio. Ou que fracasse.

No caso da aviação, o campo são os investidores, a mídia empresarial e os consumidores. Sem o aval dessa gente, as empresas de baixo custo seriam somente mais uma daquelas novidades estranhas que nunca deram certo.

No domínio das artes, o campo é composto por curadores, donos de galerias e jornalistas especializados. Se você sonha em ser um artista de sucesso, em algum momento seu trabalho deverá passar pelo crivo desses profissionais. Eles é que decidirão se suas telas podem ou não ser expostas em uma galeria de prestígio, integrando-as ao domínio pretendido ou relegando-as a algum porão empoeirado.

Na área acadêmica, falamos de professores, editores de livros, revisores de revistas científicas. Todo domínio, enfim, possui o seu campo, conta com uma elite de especialistas que, guardando suas portas, julgarão quais novidades são dignas de entrar no clube. Grande parte das inovações falha por não conseguir conquistar o campo em que pretendia inserir-se. Muitos inovadores bem-sucedidos, por outro lado, são reconhecidos graças às suas grandes capacidades de "convencimento".

Não é fácil ser selecionado pelo campo. De fato, os pesquisadores Todd L. Lubart e Robert Sternberg sugeriram que, em muitos casos, a criatividade também requer habilidades de liderança, já que um indivíduo criativo precisa, além de recrutar aliados, convencer outras pessoas acerca do valor de suas ideias.

O exemplo de Freud nos serve como uma luva. Com ele, viajemos à Viena do início do século XIX. O ano é 1899. Freud lança *A Interpretação dos Sonhos,* já com a data de 1900. Hoje reconhecido como clássico, o livro, em seus dois primeiros anos de lançamento, vendeu a dolorosa quantia de 315 exemplares, deixando de ser publicado logo em seguida.

O que é pior? Críticas negativas ou o ostracismo? Quando falamos em obras criativas, é comum nos depararmos com ataques a seus criadores. *A Origem das Espécies,* de Darwin, era uma ameaça à visão predominante de que o homem era infinitamente superior aos outros animais. Afinal de contas, havia sido moldado à imagem de seu criador, e só ele, mais ninguém, possuía uma alma imortal. Como ele poderia vir do mesmo processo evolutivo que os animais? O trabalho darwiniano expôs as lacunas que maculavam não

A CRIATIVIDADE

só o conhecimento científico da época, mas também o pensamento religioso vigente. Darwin foi um revolucionário e, exatamente por essa razão, é atacado até os dias de hoje.

Mas alguma reação, apesar de tudo, pode ser melhor do que nenhuma. Hoje em dia, até o mais veemente dos críticos de Freud reconhece a importância de seu trabalho. Aquele doutor de Viena conseguiu, sozinho, lançar as sementes de todo um domínio: a psicanálise. Seus estudos jogaram novas luzes sobre o modo como entendemos o ser humano e abriram caminho para uma imensidão de novas pesquisas e teorias. Freud pode ser considerado o "pai" da psicanálise, mas seu pensamento influenciou diversas outras áreas, científicas ou não. Muitas de suas ideias, hoje, fazem parte da "cultura geral" que compõe nossa sociedade e o colocam ao lado dos maiores cientistas da história. Não seria interessante descobrir como ele conseguiu passar da condição de autor ignorado para a de grande gênio da humanidade?

Voltemos um pouco no tempo. Estamos no ano de 1856, em Freiberg, uma cidadezinha de 5 mil habitantes na Morávia, região da atual República Tcheca. Ali, a cerca de 240 quilômetros de Viena, nasce Sigmund Schlomo Freud. Seu pai, Jacob, era um judeu religioso, um negociante sem grandes talentos.

Segundo Howard Gardner, além de a inteligência de Freud ter sido reconhecida por seu pai desde muito cedo, foi também estimulada. Ainda criança, brilhou no colégio e conquistou várias regalias. Possuía seu próprio quarto e suas próprias prateleiras de livros. Não era obrigado a jantar com a família, tendo um espaço exclusivo, só seu, onde comer. Recebia, enfim, todo tipo de atenção especial em favor de seu desenvolvimento. Quando reclamou das aulas de piano da irmã, dizendo-se incomodado com o barulho, o instrumento foi simplesmente retirado da casa.

O escritor e economista franco-argelino Jacques Attali — autor do livro *Os Judeus, o Dinheiro e o Mundo* — conta que, a partir de 1790, as medidas opressivas tomadas contra o meio milhão de judeus que moravam no Império Austríaco se acentuaram. Em 1804, o imperador Francisco II mostrou-se disposto a tornar insuportável a permanência dos judeus em Viena. Deles, cobrava um absurdo "imposto de tolerância". Ao mesmo tempo, intensificava as perseguições aos clandestinos. Em 1820, os judeus no império já chegavam a 750 mil. Taxas cada vez mais altas reduziam sua qualidade de vida. Foram proibidos de possuir imóveis, de atuar na indústria e no comércio varejista e de exercer várias atividades artesanais.

A partir de 1848, as coisas foram melhorando, gradativamente. O novo imperador, Francisco José, assumiu uma postura mais liberal. Declarou-se a igualdade política e cívica para todos, o clero foi afastado do controle do ensino e os judeus finalmente obtiveram a liberdade de viver em qualquer região do império, inclusive em Viena e Budapeste.

Para Attali, é o começo da glória intelectual de Viena. Houve verdadeira corrida em direção à capital. Em 1848, eram apenas 5 mil os judeus de Viena; em 1880, esse número já chegava a 80 mil. Em 1900, mesmo sob a administração de um prefeito antissemita, a população judaica alcançou a marca de 150 mil pessoas.

Mas essa maior abertura não significou a liberdade total. A proibição do exercício de várias profissões ligadas ao dinheiro, até então usado para "comprar" mais liberdade, fez com que muitos se dedicassem ao trabalho intelectual. Como diz Attali, em uma sociedade hostil, o único modo de ser aceito é tornar-se célebre. E, assim, os intelectuais judeus do Império Austríaco acabaram conquistando gradualmente a sua aceitação. É a época de Franz Kafka, Arnold Schoenberg e Freud, entre outros. Mas estou adiantando-me à história.

O jovem Freud, já vivendo na capital, tinha interesses amplos. Era fascinado pela carreira militar e dizia que a teria seguido, se não fosse judeu — o que o impedia de ocupar posições de liderança. Sentiu-se atraído também pelo direito, mas, por fim, optou pela medicina.

Gardner diz que Freud possuía um intelecto explorador. Lia de tudo, apreciava a arte e o teatro, tinha pouco apego à religião formal, mas conhecia os seus costumes e tradições, e os textos antigos. Estudava filosofia, falava inglês e alemão e aprendeu espanhol para ler Miguel de Cervantes no original.

Interessou-se pelo campo da neuroanatomia e acabou levado à psiquiatria. Em 1896, apresentou sua tese *Etiologia da Histeria* à Sociedade de Psiquiatria e Neurologia de Viena. Já nesse trabalho, encontravam-se as raízes das suas ideias sobre comportamentos sexuais reprimidos. Foi rechaçado pelo estabelecimento. O domínio, então, buscava meios de modelar a natureza humana com precisão matemática. O pensamento freudiano não condizia com o espírito científico da época.

A CRIATIVIDADE

É neste ponto que a história de Freud se torna especialmente interessante para nós. A rejeição a suas ideias fez com que ele se isolasse intelectualmente.

Foi se afastando de velhos amigos. A busca por uma compreensão maior do funcionamento da mente humana se revelava uma jornada solitária. Em 1896, Freud já estava com 40 anos. A crise da meia-idade também não o ajudava. Parecia que não tinha muito mais tempo para deixar sua marca no mundo.

Mais tarde, Freud se referiu àqueles anos como sendo a "era heroica" de seu "esplêndido isolamento". Mas, apesar do sofrimento e da falta de reconhecimento, Freud conseguiu mergulhar fundo nos mistérios que pretendia investigar. O ano de 1897 foi crucial para ele. Foi quando adentrou sua própria mente por meio da autoanálise. Nesse período de sua vida é que Freud estabeleceu o seu domínio próprio, a psicanálise. Mas ainda precisava convencer o campo a respeito de sua utilidade prática. Ou isso, ou começar do zero, criando um novo campo.

Essa segunda etapa de sua carreira é marcada pelo que Howard Gardner considerou um retorno à sua vocação militar. Freud se pôs a trabalhar para anular o isolamento intelectual ao qual se havia submetido. Em 1902, quando já era professor, passou a receber em sua casa, nas noites de quarta-feira, um grupo de cerca de 25 homens. O grupo era bastante heterogêneo: incluía um musicólogo, um crítico musical, um cirurgião do exército, um antigo vidreiro e um editor, entre outros convidados. Ninguém especialmente importante ou de destaque, mas, em sua maioria, judeus. Apresentavam suas ideias uns aos outros. Freud geralmente era o último a falar.

A Sociedade Psicológica de Quarta-feira, como o grupo ficou conhecido, era a tentativa de Freud de se estabelecer como líder da disciplina que acabara de trazer à luz. Ofereceu um espaço de debates a todos que se sentissem atraídos por suas teorias, e é natural que outros judeus fossem os primeiros a se aproximar, desejosos, eles também, de conquistar um espaço para si próprios. No início, Freud era aberto a todos. Prestava atenção especial aos não judeus e a pessoas vindas de outros lugares, na tentativa de alcançar o maior público possível. Em troca, exigia a lealdade de seus membros.

O intelectual suíço Carl Jung, pai da psicologia analítica, um dos primeiros seguidores de Freud, acabou tomando seu próprio caminho. Muitos outros ainda viriam e partiriam, não sem levar consigo uma boa dose de ressentimentos. Sabe-se que pelo menos seis pessoas do grupo de Freud cometeram suicídio.

Sob a liderança forte do médico, o movimento crescia. Em 1908, a Sociedade Psicológica de Quarta-feira se transformou na Sociedade Psicanalítica de Viena, instituição que serviu de modelo para muitas outras no mundo inteiro. Para se ter uma ideia, em 1910, já existia uma Associação Psicanalítica Internacional.

Freud continuou seu trabalho científico, realizando vários estudos e viajando para divulgar suas ideias, controlando todo o movimento psicanalítico e aqueles que escreviam sobre ele. Não poupava elogios a alguém, quando julgava que isso poderia ajudar sua causa; e atacava ferozmente os que se opunham a ela. Freud, o líder, finalmente obtinha sucesso ao divulgar Freud, o cientista.

Aos poucos, o psicanalista se tornava uma celebridade da estatura de Einstein, com quem chegou a trocar cartas. O domínio a que deu origem continua ativo e influente até hoje, apesar de a psicanálise ainda ser alvo de controvérsias intensas. Para nós, o importante é o que essa história é capaz de nos revelar. Primeiramente, encontramos o indivíduo criador sozinho, trabalhando solitariamente em sua ideia, forçado a essa solidão. Depois, numa segunda etapa, vemos Freud alterando seu comportamento, atuando politicamente em prol da aceitação de seu trabalho.

Agora, um último comentário sobre Freud — já que não poderíamos contar sua história em um livro de criatividade, sem dizer o que ele próprio achava do assunto. Freud acreditava que a criatividade era uma sublimação, ou um desvio do excesso de energia libidinosa para uma direção socialmente aceita. A criatividade, para os adultos, possuiria função similar à da brincadeira, para as crianças, permitindo aos primeiros que trabalhassem seus conflitos e lhes dando a oportunidade de impregnar um mundo de fantasia com um conteúdo emocional.

Como sabemos, as ideias e os conceitos de Freud acabaram se espalhando por toda a sociedade. É ela quem está acima do campo: a sociedade. E, alguns criadores têm a felicidade de ver suas inovações aceitas não só por um campo específico do conhecimento humano, mas pela sociedade como um todo.

É fácil notar a influência da sociedade na história dos movimentos científicos e das inovações tecnológicas. Galileu, por exemplo, foi forçado a escolher entre desmentir suas ideias sobre astronomia ou enfrentar a fogueira. A teoria da evolução de Darwin até hoje encontra opositores por ameaçar as bases de algumas grandes religiões. Também podemos perceber, em casos assim, as influências do ambiente político e do econômico, além do ideológico. O período das grandes navegações enriqueceu cidades como Veneza, Roma e Milão, que podiam se entregar ao capricho de contratar artistas famosos e erguer monumentos para se embelezarem, incentivando a criação artística e dando início, assim, à chamada Renascença Italiana. Por outro lado, se você teve o azar de nascer sob um regime ditatorial e opressivo, pode até ser o maior pintor do mundo, mas isso não lhe servirá para nada quando for enviado para morrer numa guerra, ou para um campo de prisioneiros, onde carregará pedras pelo resto da vida.

Por último, mas não menos importante, devemos nos voltar aos indivíduos que propõem inovações. Ao chegar em determinados campo e domínio, um indivíduo traz consigo todo seu conhecimento, todas as suas experiências, ideias e dúvidas. Ora, todos somos socializados e partilhamos de certas ideias, mas também é verdade que todos passamos por experiências únicas em nossas vidas. Elas podem ser parte de nossas futuras contribuições a um domínio.

Isso fica evidente no caso dos autores que escrevem sobre suas experiências pessoais. O escritor George Orwell, autor de *A Revolução dos Bichos* e *1984*, aproveitou-se do período em que viveu na sarjeta para escrever *Na Pior em Paris e Londres,* seu primeiro livro. J.R.R. Tolkien, professor de Oxford e estudioso de Linguística e Mitologia, usou seus conhecimentos acadêmicos para compor a famosa trilogia O *Senhor dos Anéis*. E seu amigo C. S. Lewis lançou mão de sua experiência como professor de literatura medieval para rechear seu famoso *As Crônicas de Nárnia* de personagens de contos de fadas.

É claro que não podemos aprender tudo sobre um domínio. Ao receber um treinamento, conseguimos reter apenas parte dele. Somamos a matéria-prima específica de nossos domínios a tudo aquilo que já havia dentro de nós anteriormente e, assim, montamos nossa própria matéria-prima, aquela com a qual agiremos sobre o mundo.

Mas examinaremos o indivíduo mais a fundo na próxima seção. No momento, falemos um pouco sobre a estrutura que o cerca. A amizade entre C. S. Lewis e J.R.R. Tolkien, em Oxford, lembra-nos de que analisar o ambiente em que um criador está inserido é fundamental para compreendermos a criatividade. Quando criança, determinado indivíduo possuía meios para se desenvolver? Era estimulado, tinha tempo para isso, como Freud teve? Ou estava preocupado em não morrer de fome? Seus pais incentivavam suas iniciativas ou o forçaram a seguir carreira indesejada? Darwin possuía uma bela herança para lhe garantir algum conforto, enquanto desenvolvia sua teoria evolucionista. Mas Lavoisier, considerado o pai da química, acabou guilhotinado por seus compatriotas franceses, pois envolveu-se numa série de irregularidades relativas à coleta de impostos em seu país, buscando atingir posição financeira cômoda, que lhe aumentasse as possibilidades de dedicar-se exclusivamente à prática da química.

A estrutura disponível a um indivíduo explica muitas de suas ações, conquistas e fracassos. Será que ele também possuía mentores, professores, ídolos e até rivais, que o pudessem incentivar ou mesmo encher de pedras o seu caminho?

Visualizar o papel da estrutura é um modo fácil de quebrar a imagem do herói solitário e entender as pessoas por trás das lendas. Muitos já ouviram aquela famosa frase de Isaac Newton: "Se consegui ver mais longe é porque me apoiei nos ombros de gigantes." Ela é frequentemente citada como uma lição de humildade da parte de Newton, que creditava parte de seu sucesso aos "gigantes" que o antecederam. Pode ser. Mas é bom dizer que um dos maiores rivais de Newton, na Academia de Londres, era um anão que sofria de gota e mal conseguia ficar de pé.

A criatividade, já vimos, é um processo. Três fatores encapsulados em outros três, que nos lembram que nada é tão simples quanto parece ao falarmos de criatividade. Para que um produto ou alguém seja reconhecido como criativo, é preciso que todos esses fatores estejam alinhados. Não basta somente propor algo a um domínio sem conseguir o aval de seu respectivo campo. O mundo está cheio de gente criativa que "quase chegou lá". Há, também, pessoas muito bem relacionadas em seus campos, mas que nunca conseguem propor algo verdadeiramente diferente em seus domínios. Talvez por falta de experiência ou de conhecimentos diferenciados.

Tudo isso reforça a importância do último fator a ser analisado no processo criativo: o acaso. A criatividade depende de muitas coisas que não podemos controlar. Logo, é de se esperar que uma boa dose de acaso, seja de sorte ou de azar, interfira no processo.

O acaso permeia toda a história da arte. Volta e meia, lemos reportagens e estudos que relacionam os problemas psiquiátricos de alguém ao seu sucesso em alguma área artística. Casos clínicos extremos de bipolaridade e esquizofrenia ou meras tendências à depressão estão entre as "causas" ou "sintomas" mais comuns ligados ao êxito nas artes.

Mas agora que já possuímos um entendimento melhor da criatividade como um processo dinâmico, podemos compreender a influência de certos estados mentais alterados no sucesso criativo. A primeira falha desses estudos está em atribuir o sucesso criativo a um elemento mental específico, sem considerar as diferenças existentes entre domínios, campos, sociedades e espíritos de época.

O que dizer de um pintor do início do século XX, quando o Expressionismo estava em voga? Se a pintura, então, exigia uma grande carga de cores e emoções fortes, não lhe parece provável que aquela área atraísse pessoas mais dispostas a exprimir esse tipo de sensações? Não é possível que as pessoas que possuíssem ou adquirissem uma maior capacidade de expressar artisticamente suas variações emocionais tenham encontrado mais oportunidades de sucesso naquela época? Dessa forma, é realmente possível dizer que uma propensão a certos estados mentais alterados pode ajudar um artista a criar obras valorizadas por seu domínio.

Mas contrastemos isso com o movimento da arte pós-moderna, capitaneado pelo criador da Pop Art, Andy Warhol, nos anos 60. A arte de Warhol — famoso por ter dito que, no futuro, todas as pessoas teriam os seus "15 minutos de fama" — retratava ícones culturais como Marilyn Monroe e Elvis Presley, itens de consumo como latas de sopa, e até o próprio dinheiro. Warhol inaugurou uma era em que a arte se tornava mais cínica, olhando e analisando a sociedade com um certo distanciamento.

Essa postura mais fria do artista em relação ao mundo entra em contraste direto com o exagero de emoções que se valorizava no período expressionista. Um artista leva para sua produção não apenas a sua técnica, mas também suas experiências, conhecimentos e interpretações da realidade, tudo mediado por suas condições mentais. Um artista que vê em sua obra uma oportunidade de extravasar suas emoções teria sucesso em um mundo que esperasse outra coisa? Um artista mais frio e objetivo teria lugar em um mundo que valorizasse as emoções?

Esse exame do campo da arte nos ajuda a entender o papel do acaso no processo criativo. Como saber se nossa criação de hoje será valorizada amanhã? No mundo da criatividade, além de alinharmos diversos outros fatores, também precisamos estar no lugar certo e na hora certa e contar com os elementos certos ao nosso lado. Assim, talvez tenhamos uma chance de vencer.

A criatividade é tanto um produto físico quanto um fenômeno social. Isso torna difícil definir objetivamente as características de um produto ou de uma pessoa criativa. Como dizer quais características uma pintura deve apresentar para que a consideremos criativa, se a atribuição da criatividade a algo não depende só da mistura das cores ou da imagem que o artista quis passar? O mesmo vale para todas as áreas.

O próprio modo como os pesquisadores estruturam suas pesquisas mostra como a criatividade transcende a simples descrição dos atributos de um produto. A psicóloga norte-americana Teresa Amabile, professora da Universidade de Harvard, desenvolveu sua linha de pesquisa com base nessa dificuldade. Organizou grupos de "juízes" para opinarem sobre possíveis trabalhos criativos. Segundo o raciocínio da professora, apesar de toda a complexidade que envolve a definição objetiva da criatividade, todos sabemos quando alguma coisa é criativa. Como? Apenas olhando para ela, afirma Amabile.

Já Dean Simonton analisa a criatividade de uma obra ou de uma pessoa por meio de sua eminência. Assim, os trabalhos científicos mais citados, os trabalhos de arte mais famosos e os cientistas que mais figuram nas grandes compilações acadêmicas mereceriam o título de criativos. Aqueles trabalhos que nunca chegam a ver a luz do dia, não.

No caso de um indivíduo, como saber se um processo mental ou um comportamental realmente formam a base de sua criatividade, se ela envolve muito mais que isso? É comum ouvirmos os xamãs modernos argumentarem sobre habilidades mentais misteriosas que desencadeariam processos criativos, sobre potencialidades mágicas relacionadas ao uso de certas partes remotas do cérebro, inacessíveis às pessoas normais, sobre associações do pensamento criativo a transtornos mentais. Enfim, quaisquer argumentos que atribuam características diferenciadas aos trabalhadores criativos são comuns.

Também é fácil perceber como esses argumentos nos remetem rapidamente ao mito da criatividade. Basta mudar a expressão "inspiração divina" pelo termo predileto do xamã da vez. Mas o maior problema desses argumentos é que eles simplificam demais a criatividade. Tratam-na como se dependesse somente da cabeça privilegiada de uma única pessoa.

Como começamos a ver, a coisa não é tão simples. O que chamamos de processo criativo se dá a partir da inserção de uma inovação em algum domínio específico, e isso pode ocorrer das mais diversas formas. Não existe apenas um processo mental, ou uma característica que garanta o sucesso criativo.

Agora examinaremos outros aspectos da criatividade. A dedicação de cada indivíduo, o prazer que lhe dão as suas descobertas, a sua relação com a incerteza. As habilidades e os processos mentais relacionados à criatividade nos aguardam na próxima seção. Depois, abriremos o foco. Sairemos do criador para examinar o mundo que o cerca. Estudaremos a dinâmica dos campos e dos domínios, assim como as punições, as recompensas, as atribuições de loucura e genialidade, a insegurança e as manifestações de apoio que o criador pode encontrar pela sua frente.

AFINAL, O QUE É TALENTO?

Se voltarmos a crer no mito da criatividade, toparemos, mais uma vez, com aquele amontoado de histórias sobre pessoas abençoadas, donas de alguma capacidade especial que nós, os outros, podemos somente almejar. Quase como os gregos, quando estes se referiam a seus heróis, também ouvimos falar que determinada pessoa "nasceu para isso", "possui um dom" ou "está destinada" a algo.

A palavra "talento" pode resumir essas expressões. Quando alguém demonstra alguma grande habilidade, dizemos que tem talento para aquilo. Se você se mostrar um grande músico, ouvirá que é talentoso, se você for ruim, alguns amigos sinceros demais podem tentar desencorajá-lo, alertando-o: "Você não leva jeito para a coisa."

Falamos coisas assim diariamente. Sequer percebemos que, com isso, estamos perpetuando o mito da criatividade. Se você escolheu trabalhar numa área em que é talentoso, bom para você. Terá chance de se tornar um grande mestre e logo alcançará o sucesso. Se você não souber por onde anda o seu talento, ou pior, se não tiver nenhum, melhor resignar-se e ser medíocre para o resto da vida.

Não faltam por aí histórias de jovens prodigiosos, atingidos subitamente por alguma iluminação; gente criativa que, de uma hora para outra, encontrou as soluções mais fantásticas para os maiores problemas. Também ouvimos falar de alunos que rapidamente superaram seus mestres. Mas será que no mundo real é assim mesmo?

Muito pelo contrário. Antes de modificar um domínio é preciso dominá-lo. O que percebemos, ao estudar a vida e a carreira de pessoas eminentes em quaisquer áreas, é o esforço extraordinário que fizeram para compreender um ou mais domínios. Longe de terem recebido bênçãos divinas e habilidades especiais, correram atrás do que queriam. As pesquisas nos mostram que, até alguém ser chamado de talentoso, dele já foram exigidas muita dedicação, concentração e disciplina.

O pesquisador norte-americano John R. Hayes quis descobrir qual seria, em média, o tempo necessário para se adquirir maestria em um domínio qualquer. Em todas as áreas estudadas por ele, verificou-se que as pessoas mais "talentosas" passavam por muitos anos de aprendizado e preparação até estarem aptas a produzir um grande trabalho — aquele que, mais tarde, seria considerado a base de sua reputação. Hayes examinou a vida de 76 compositores, procurando calcular o tempo decorrido entre o começo de suas carreiras — definido como o início de sua instrução no domínio — e o momento em que compuseram seu primeiro trabalho notável — definido por seu número de regravações. Dos 500 trabalhos notáveis que esses indivíduos produziram, 497 foram compostos após o décimo ano de carreira de seus autores, e os três restantes, entre o oitavo e o nono.

Até Mozart, tido como prodígio dos prodígios, levou um bom tempo até dominar sua prática. Seu pai, músico profissional, começou a instruí-lo muito cedo. Com 6 anos, Mozart já se aventurava pela composição. As peças que compôs nessa época, no entanto, não são grandes obras-primas. Estavam mais

A CRIATIVIDADE

para aqueles desenhos infantis que alguns pais, orgulhosos, penduram na porta da geladeira. As criações de Mozart, tanto na infância quanto na adolescência, apesar de mais maduras que as de outros de sua idade, eram bem pouco originais, quase colagens da obra de compositores já consagrados. Seu primeiro grande trabalho, pelos critérios de Hayes, foi "Concerto para Piano nº 9", escrito quando ele já ultrapassava os 20 anos e contabilizava 15 de carreira. No estudo que realizou com 131 pintores, Hayes também percebeu que suas primeiras obras-primas em geral só nasciam após o sexto ano de atuação.

Anders Ericsson, professor de psicologia da Universidade Estadual da Flórida, comparou músicos de diferentes níveis à quantidade de tempo que cada um destinava à prática de suas habilidades musicais. O pesquisador examinou um grupo de violinistas de duas orquestras sinfônicas de prestígio e três grupos de alunos de uma escola renomada. Os alunos foram divididos de acordo com a avaliação de seus professores: no primeiro, estavam os que tinham chances de se tornar solistas de carreira internacional; no segundo, os considerados bons violinistas; e no terceiro, os que planejavam se tornar professores. Todos foram entrevistados individualmente e tiveram seus hábitos gravados durante uma semana.

Ericsson e sua equipe concluíram que os melhores violinistas haviam praticado muito mais que seus colegas. Também foi calculada a média de tempo de prática de cada violinista até os seus 20 anos. Os melhores acumulavam 10 mil horas; os bons, 8 mil; e os que queriam se tornar professores, 4 mil.

Examinando os hábitos dessa turma, Ericsson notou que as sessões de prática dos melhores violinistas eram mais longas, e que esses também tendiam a dormir mais. Isso o levou à conclusão de que o grupo treinava no seu limite máximo. Precisavam de mais tempo para se recuperar devido ao esforço extra que faziam. Nossa capacidade de nos esforçarmos por um longo período de tempo é limitada, mas os melhores em seus domínios parecem estar sempre perto desse limite. Outro estudo de Ericsson encontrou o mesmo padrão entre pianistas.

Em todas as áreas, aliás, as pesquisas apontam resultados semelhantes: para cientistas, atletas, músicos e artistas, a conquista do sucesso é precedida por anos de imersão em um domínio.

Mais um conceito do mito da criatividade começa a ruir. Ninguém simplesmente é atingido por uma iluminação e, a partir disso, produz uma obra-prima. Não existe aquela "grande ideia" capaz de enriquecê-lo e de acabar com a concorrência ao mesmo tempo. As pessoas que consideramos criativas parecem mais artesãos — que, dia após dia, treinam e produzem algo com suas habilidades — do que artistas iluminados — que passam a vida vagando pelo mundo e, de vez em quando, regalam a humanidade com um grande feito. Quando produzimos consistentemente, as chances de algum resultado dessa produção se sobressair são muito maiores.

O que isso significa para nós? Não falamos mais em talento, mas na atribuição do talento. As pessoas não nascem tocando violino ou resolvendo problemas de cálculo. Até o maior dos mestres de hoje já foi um aprendiz relativamente sofrível há não muito tempo. Essa gente não foi sempre talentosa. Tornou-se talentosa a partir do momento em que os outros viram o resultado de seus esforços e passaram a se referir a seu talento como se sempre tivesse estado lá.

Mais uma vez, estamos confundindo os heróis. Olhamos para o Batman e vemos o Super-Homem. É como olhar para o Batman e achar que ele sempre foi daquele jeito.

Não existem milagres, e sim trabalho duro, paciência e dedicação. Muitas vezes desistimos de algo novo porque achamos que "somos ruins" ou que "não levamos jeito" para a coisa. Principalmente se comparados àqueles que são os "bons" da área. Esquecemos que os outros também já foram iniciantes e, muitas vezes, "ruins" naquilo que agora fazem tão bem.

Enquanto lia sobre as pesquisas citadas, você pode ter pensado: "Mas tudo é tão trabalhoso, demorado. Talvez eu já esteja velho demais para essas coisas." Bem, já ouvi pessoas de 20 anos dizendo que estavam velhas demais para mudar de carreira. Então, que tal conversar um pouco sobre isso?

O mito da criatividade gira em torno de uma simples frase: "Isso não é para mim." A criatividade é vista como algo fantástico. É preciso que alguns consultores nos ensinem a capturá-la, pois não podemos fazê-lo por conta própria. É um mito derrotista. Prega que os super-homens criativos são especiais. Os outros, bem, são os outros. Mas, como vemos neste livro, o trabalho criativo depende mais de dedicação do que de qualquer outra coisa. Até a intervenção divina.

Em todas as áreas, há histórias de pessoas que começaram numa idade acima da média, mas, para brilharem na nova área que escolheram, souberam reaproveitar muito bem sua experiência de vida, e, em busca de algum sucesso, dedicaram-se àquele novo trabalho.

Sim, é preciso dedicar-se, durante anos. Mas essa é a notícia boa. Por mais simples que essa conclusão pareça, reconhecer que todos nós, em qualquer área, precisamos passar pelos mesmos processos de aprendizado pode ser algo libertador. Não existem pessoas abençoadas ou especiais. Existem pessoas que se dedicaram mais a algo, que o praticaram mais e que aprenderam mais sobre o assunto.

Ou seja: se você está pensando em começar, já está perdendo o seu tempo. Já devia tê-lo começado. E se, nesse comecinho, não gostar dos primeiros resultados que obtiver, lembre-se de que todos passam por isso. Você também pode se dar ao luxo de aprender algo somente porque gosta dele, e não para se tornar "o melhor". Em um mundo onde todos querem ser melhores que todos, fazer algo somente por prazer pode ser um alívio. E, como veremos mais adiante, isso também não fará mal algum à sua criatividade.

VIVENDO E APRENDENDO

Agora que vimos que o que chamamos de talento nada mais é que o resultado do acúmulo de conhecimento e prática ao longo do tempo, está na hora de examinarmos o papel desses elementos no trabalho criativo. Qual é, afinal, a relação entre o conhecimento acumulado, entre tudo aquilo que sabemos e aprendemos sobre o mundo durante nossas vidas, e a criatividade?

Imagine que resolvamos sair para jantar e conversar sobre criatividade. Na primeira vez em que isso acontece, ainda não nos conhecemos direito. Como somos muito simpáticos, logo nos empolgamos com a conversa. Mal sentimos o tempo passar, enquanto esperamos pela comida. Quando é finalmente servida, você percebe que a primeira coisa que faço é pegar o saleiro e acrescentar uma boa quantidade de sal ao meu prato.

Na noite seguinte, vamos jantar de novo. Estamos sentados àquela mesma mesa, frente a frente. Quando a comida chega, você me escuta dizer: "Por favor, me passe ..."

Quanto tempo você levaria para alcançar o saleiro e estendê-lo na minha direção? Antes mesmo de eu acabar de falar, você já estaria com o saleiro na mão. Você não me conhece direito, você não precisou ouvir toda a minha frase, mas ainda assim previu o meu pedido. Podemos dizer que você acaba de fazer algo criativo, apesar de não estarmos acostumados a pensar nesse tipo de ação nesses termos.

Usamos nossa criatividade o tempo inteiro: entendemos frases sem precisar ouvir todas as palavras que as formam; encontramos com facilidade o banheiro de lugares onde nunca estivemos anteriormente; decidimos se gostamos ou não de alguém julgando seu caráter logo nos primeiros instantes de nosso relacionamento. Em todos esses casos, estamos aplicando conhecimentos adquiridos no passado a uma situação que se desenvolve no presente. Estamos usando algo que já aprendemos sobre o mundo para tentar adivinhar o que acontecerá no futuro, para decidir como agir no presente.

Se você desconfia de um homem assim que o conhece, pode ser que ele apresente as mesmas características de alguém que lhe causou algum problema no passado. Desconfiando dele, você se sente mais preparado. Pode até tomar algumas precauções contra aquele novo conhecido. Ao procurar um banheiro em um restaurante em que nunca esteve antes, você se dirige aos fundos do estabelecimento, em busca de uma placa sinalizadora pendurada em alguma porta. Você sabe que, conforme mostraram suas experiências passadas, é assim que fazemos quando queremos encontrar um banheiro. Digamos que você viveu uma experiência ruim com determinada raça canina. Se, no dia seguinte a esse episódio, você encontrar um cachorro daquela mesma raça perdido na rua, provavelmente evitará qualquer contato com ele. Atravessará a rua ou dará meia-volta.

Você faz previsões sobre o mundo com base em suas experiências anteriores para, com isso, evitar repetir erros e correr riscos desnecessários. Do mesmo modo, você também pode prever o que fazer para arranjar um emprego melhor, remediar uma briga conjugal e juntar dinheiro para comprar o carro dos seus sonhos.

A CRIATIVIDADE

Vamos dizer, então, que, ao longo de toda a sua vida, seu cérebro vem coletando a sua "matéria-prima". Tudo aquilo que você vive, ele grava. Matéria-prima, todos sabem, é tudo aquilo que uma fábrica ou uma empresa utiliza na hora de produzir o seu produto. Se você possui uma fábrica de hambúrgueres, a carne é sua matéria-prima.

Digamos que você tenha uma máquina que faz hambúrgueres para você. Você insere a matéria-prima por um lado dessa máquina e, do outro, a máquina lhe devolve os hambúrgueres, prontinhos. O mesmo acontece com a nossa matéria-prima mental. Nós a processamos no cérebro, e ele faz com ela aquilo que mais sabe fazer: previsões.

Se você é um cirurgião, a matéria-prima do seu trabalho é o conhecimento e os procedimentos necessários para se realizar uma operação bem-sucedida. Processando essa matéria-prima, você se torna capaz de prever o que acontece sempre que encosta um bisturi em um paciente. Sabendo o que caracteriza uma operação de sucesso, você também sabe reconhecer quando alguma coisa está fora do lugar. Quando acha que a operação pode dar errado, você procura novos recursos, soluções alternativas em sua mente. Um novo modelo no qual se basear e novos procedimentos que resolvam a situação.

Fazemos o mesmo o tempo todo. Prevemos o modo como se comportará o nosso cabelo durante o dia se não o lavarmos pela manhã. Prevemos o que acontecerá com a nossa empresa se decidirmos abandonar um cliente importante. Usamos nossa matéria-prima para fazer previsões sobre o mundo, decidir que linha de ação tomar e, é claro, mudar tudo e, para isso, fazer mais e mais novas previsões. Assim, usamos a informação de que dispomos hoje para tentar adivinhar como as coisas acontecerão no futuro. Um ato essencialmente criativo.

Em termos de processos mentais, não há muita diferença entre esse tipo de criatividade e aquela criatividade com C maiúsculo. Aquela que estamos acostumados a imaginar quando falamos em pintores, artistas, cientistas e empresários. Porque todos usam a matéria-prima que possuem na tentativa de atingir seus objetivos.

Vejamos um caso famoso. Um dia, empacado no meio de um trabalho, o químico alemão Friedrich August Kekulé von Stradonitz resolveu tirar um cochilo. Kekulé lembra-se de ter sonhado, na ocasião, com cadeias de átomos que se moviam como cobras. Em seguida, teria sonhado com uma serpente que engolia o próprio rabo. O cientista — que, havia tempo, vinha buscando um modo de dar uma estrutura à molécula de benzeno — retirou desse sonho a ideia de que o benzeno poderia ter um formato semelhante ao de um anel. Assim nasceu o benzeno como o conhecemos: uma cadeia hexagonal fechada.

A maioria das pessoas acharia estranho sonhar com uma cobra mordendo o próprio rabo. Chacoalharia a cabeça e, em seguida, esqueceria aquela imagem bizarra. Para Kekulé, no entanto, era a peça que faltava. Era algo estranho, mas não tão estranho que não pudesse ser relacionado ao seu trabalho.

Apesar de não podermos dizer com precisão o que se passou pela cabeça do químico, podemos ter uma boa ideia de seu processo mental. Kekulé estava usando sua matéria-prima na tentativa de imaginar (ou prever) como seria uma molécula de benzeno. Para isso, utilizava o conhecimento que tinha de seu domínio, bem como suas próprias experiências pessoais.

Um novo elemento — o sonho da cobra — entrou nesse processo, combinou-se com os outros que já estavam lá e permitiu que Kekulé tivesse sucesso em sua empreitada.

Steven Spielberg é fascinado por documentários que tratam da Segunda Guerra Mundial. Ao realizar sua adaptação cinematográfica do livro *A Guerra dos Mundos*, clássico de H.G. Wells, o cineasta quis dar ênfase à situação de penúria em que se encontravam os refugiados retratados pela sua história. Num depoimento incluído no filme *Watch the Skiesl: Science Fiction, the 1950s and USA*, de Richard Schickel, Spielberg conta que, para rodar as cenas que mostravam os cidadãos americanos abandonando suas cidades, fugindo dos invasores espaciais, inspirou-se nas imagens que viu, certa vez, da população parisiense batendo em retirada, pelas estradas francesas, tentando escapar do avanço nazista.

Imagine a mente de Spielberg. O conceito "invasão alienígena" cruza com "invasão nazista" e pronto. O cineasta encontra uma combinação que pode utilizar. Claro que se a "invasão nazista" não estivesse lá, em sua memória, esse choque nunca teria ocorrido. A combinação também poderia ser de pouca utilidade se Spielberg estivesse fazendo um filme protagonizado por alienígenas bonzinhos, como *ET O Extraterrestre*. Como a situação se encaixava nas condições em que se deu aquela combinação específica, surgiu um novo produto criativo.

Essa dinâmica é tão importante que vale a pena visualizá-la um pouco mais de perto. Começaremos examinando o momento exato em que um pedaço de matéria-prima entra em um processo, tornando-se uma novidade dentro de um domínio.

A DESCOBERTA

A pintora francesa Françoise Gilot, uma das ex-mulheres de Pablo Picasso, diz que o que une a arte e a ciência é o espírito de descoberta. Para ela, o pintor é alguém que se coloca numa equação com o desconhecido, e o cientista está, basicamente, nessa mesma posição.

Numa equação existem coisas conhecidas, e outras, por definição, desconhecidas. Chegar a uma solução é explorar e descobrir algo que pode nos permitir ver ou compreender um pouco mais a respeito do que nos cerca. Segundo Gilot, esse espírito de descoberta é o que transporta tanto o cientista quanto o artista para além daquilo que é convencional.

Mas o que é esse desconhecido? Como podemos defini-lo? Em 1960, o escritor húngaro Arthur Koestler propôs que a criatividade era, de certa forma, semelhante à descoberta, à arte e ao humor.

O que é uma piada? Se prestarmos atenção, veremos que uma piada é uma história que parece estar indo numa direção, mas que, no final, muda completamente o seu contexto, tomando uma direção inesperada. Essa "surpresa" é a causa da risada.

Uma mulher pede a seu marido pão-duro que a leve a um lugar caro, para variar. Ele a leva ao posto de gasolina.

Koestler acreditava que o pensamento usual se dá sempre por meio de um único quadro de referência. É o seguinte: apesar de podermos conhecer outros pontos de vista, tendemos a manter, em nossas mentes, apenas um deles de cada vez. A criatividade ocorreria, portanto, sempre que uma pessoa mantivesse dois quadros de referência ao mesmo tempo. Nas palavras de Koestler, sempre que alguém conseguisse "fazer uma biassociação".

> *No aeroporto, o passageiro pergunta ao motorista de táxi: "Olá, quanto é até o Centro?"*
> *"Cinquenta reais", o motorista responde.*
> *"E para levar as malas! ", pergunta o cliente.*
> *"Pro senhor, eu levo de graça" responde o taxista. "Maravilha, então você leva as malas, que eu vou a pé."*

Uma piada é uma combinação de conceitos inesperados. A transação normal entre um taxista e um passageiro é subitamente alterada pela resposta do último. A inusitada combinação de elementos diferentes se revela no final da história, causando a reação da risada. Uma situação engraçada possui o que se chama de incongruência controlada. Se o cliente tivesse feito algo muito fora do padrão — esbofeteado o motorista, por exemplo —, não teríamos uma piada. Nós nos perguntaríamos qual seria, afinal, a moral daquela história. E ponto final. As melhores piadas levam a incongruência ao seu limite, mas não chegam a quebrá-la. E esse é o papel do desconhecido na criatividade.

Uma nova teoria científica é uma associação de fatos já existentes, até aquele momento vistos separadamente. Uma pintura também mistura elementos para nos oferecer prazer estético visual.

O fato de extrairmos prazer da descoberta, da arte e do humor nos diz muito sobre a relação da mente humana com a criatividade. Seja ouvindo uma piada ou fazendo um comentário engraçado, chegando a uma nova conclusão a respeito de algo ou expandindo nossa visão de mundo, observando, ouvindo ou criando uma obra de arte — é sempre notável a satisfação com que nosso cérebro pega diferentes pedaços da realidade e os reagrupa dentro de um novo contexto. São as sensações que Koestler chamava de *haha, ahá* e *ah*. Causadas respectivamente pelo humor, pela descoberta e pelas artes.

SURPRESA!

Como vimos, o que torna uma piada engraçada é o que chamamos de incongruência controlada. Algo inesperado, mas não tão inesperado a ponto de se tornar completamente implausível. O mesmo ocorre nas artes. Um desenho só é artístico quando nos revela uma relação original entre seus elementos, algo diferente daquilo que estamos acostumados, mas não tão extravagante quanto um monte desconexo de rabiscos.

Para explicar melhor, observemos o mundo do cinema.

O que é um bom filme? Passamos duas ou mais horas sentados numa sala escura, cercados por estranhos, todos em silêncio — de preferência —, olhando fixamente para uma tela. Por que topamos participar desse estranho ritual?

Você já parou para pensar em como se constrói uma boa narrativa? Vou lhe contar o segredo: uma boa história, um bom filme é aquele em que somos constantemente surpreendidos por novos fatos. É aquele em que, a cada minuto, um novo desdobramento nos faz compreender um pouco mais acerca daquele universo bidimensional a que fomos apresentados.

Começamos uma história mostrando um personagem dentro de algum contexto. Somos apresentados a ele e achamos que entendemos o que se passa em sua vida. Isso até uma próxima cena nos trazer uma nova informação ou um acontecimento inesperado. Isso nos faz reavaliar tudo aquilo que pensávamos que sabíamos sobre o personagem e sua história. Assim, passamos a vê-los com novos olhos.

Os bons filmes são aqueles que conseguem nos surpreender com certa regularidade durante todo o seu tempo de projeção. E os bons personagens são aqueles que lentamente se revelam a nós por meio das atitudes que tomam em face dessas mesmas surpresas. É assim que a verdadeira natureza da história e de seus personagens se revela. Será que aquele sujeito que acreditávamos ser o herói do filme estará mesmo disposto a se sacrificar quando chegar a hora? Será que aquele que todos considerávamos um covarde não seria capaz de nos surpreender, revelando-se corajoso na cena final?

As surpresas se acumulam até o clímax do filme. Esperamos que ele nos surpreenda até o último momento. Esqueça de surpreender o seu público ou falhe na tentativa de deixá-lo intrigado: seu trabalho será indubitavelmente chato. Torne tudo incongruente demais e seu público sairá da sessão revoltado com o que considerou ser um "final impossível", uma "história sem nexo" ou algo assim.

Vejamos uma das cenas mais famosas da história do cinema. Em *O Império Contra-ataca,* Luke Skywalker, durante uma luta travada com o vilão Darth Vader, ouve o inimigo proferir a seguinte frase: "Eu sou seu pai."

A princípio, aquilo parecia absurdo. Até que reexaminamos toda a história e vemos que tudo se encaixa novamente. Após essa revelação, tudo mudou, para Skywalker e para nós. Finalmente, entendemos por que os mentores de Luke eram vagos quando falavam de seu pai. Entendemos por que o notório mestre Yoda relutara tanto em treiná-lo. Ele sabia que, se o fizesse, o garoto teria que enfrentar o próprio pai um dia.

Em retrospecto, também entendemos por que o herói sempre parecia escapar por pouco de todas as situações de perigo por que passava: o pai não o queria morto. Protegia-o o tempo todo, ansiava por uma oportunidade de levá-lo para o seu lado da Força. Nesse caso, a incongruência ainda conseguiu criar um grande dilema para o filme seguinte: será que o herói e o vilão seriam capazes de levar sua luta às últimas consequenciais? Ou os laços familiares falariam mais alto?

De repente, um filme de mocinhos e bandidos com lados bem definidos virou um filme sobre paternidade. E tudo se encaixou. A surpresa nos levou até o limite do que conhecíamos, jogou uma nova luz sobre o que pensávamos saber e nos fez ver aquele universo de uma forma renovada. Mas não foi além disso. George Lucas sabia até onde levar nossa credibilidade sem quebrá-la de vez.

O mesmo ocorre na criatividade. Uma boa ideia é aquela que nos mostra o que já sabíamos de um jeito levemente diferente. Uma ideia criativa mistura elementos da mesma forma que o fazem um bom filme ou uma boa piada: junta informações que estavam *à* nossa frente, disponíveis, e nos revela algo novo, de uma forma que não havíamos previsto, mas que, mesmo assim, não deixa de fazer sentido.

Perceba que a história de Luke Skywalker precisou ser construída passo a passo. Um bom filme é como um grande quebra-cabeças. Só que o diretor nos esconde, até o último minuto, justamente aquelas peças que nos revelariam a imagem completa. Um filme memorável é aquele que nos faz crer que víamos determinada coisa, até descobrirmos que, durante todo aquele tempo, estávamos absolutamente enganados.

Do mesmo modo que todas as informações essenciais já estão em seu devido lugar quando nos é revelada a chave de um filme, o sonho de Kekulé foi a peça que lhe faltava para que sua própria narrativa fizesse algum sentido. Seus conhecimentos antigos sobre a molécula de benzeno não foram simplesmente destruídos e jogados fora, é claro; pelo contrário: todos eles se encaixaram àquela nova ideia, tomando um novo sentido.

A surpresa, o novo e o desconhecido nos atraem. Não o bizarro, mas aquilo que podemos reconhecer como um velho amigo, talvez um pouco mudado pelo tempo, mas não tão diferente que não possamos reconhecê-lo. É daqui que vem a sensação de "por que não pensei nisso antes?". Muitas vezes é isso que nos passa pela cabeça quando nos deparamos com uma boa ideia alheia. Olhamos para um produto, para uma ideia ou para um domínio que já conhecíamos, mas que alguém tornou um pouco diferente. Um velho amigo bate à nossa porta, mas algo nele está mudado.

Haha, ahá e *ah*. Gostamos de histórias e de imagens que nos provoquem essas três reações. E gostamos quando nosso trabalho nos leva a qualquer uma delas. É aqui que procuraremos a chave para uma boa ideia. Pessoas criativas parecem boas em encontrar semelhanças ocultas, criar incongruências controladas, associar coisas que, antes delas, pareciam impossíveis de se misturar. Como veremos, todos temos essa capacidade.

Para começar, basta que misturemos uma boa dose de matéria-prima.

CHOQUE ENTRE IDEIAS

O matemático francês Henry Poincaré dizia que toda ideia é uma analogia, uma ligação entre conceitos antes desconexos. Ele imaginou os elementos dessa combinação como átomos em um ambiente fechado. Quando nossa mente está em repouso, esses conceitos, ou átomos, estão em um ambiente fechado.

Quando nossa mente está em repouso, esses conceitos, ou átomos, estariam parados, colados às paredes desse ambiente e assim permaneceriam, imóveis, enquanto essa situação de repouso persistisse.

Para realizar um trabalho mental consciente, retiramos alguns dos átomos das paredes e os colocamos em movimento. Por meio de nossos esforços, procuramos novas combinações, sempre em busca de novos conceitos e ideias. O problema é que achar uma ideia nova e, ainda por cima, boa, é tarefa muito difícil. Após algum tempo, é normal que as pessoas se cansem e desistam, para descansarem ou dedicarem-se a outra coisa.

Só que alguns átomos, já se disse, foram retirados de seu lugar. Após uma primeira chacoalhada, não voltam tão facilmente àquele estado de repouso completo. Continuam a se movimentar em nosso inconsciente.

Para Poincaré, permanecem a vagar pelo espaço, podendo, a qualquer momento, chocar-se contra outros átomos, formando novas combinações. Quando nos dedicamos a outras tarefas ou simplesmente descansamos do que estamos fazendo, continuamos sujeitos a novos estímulos e podemos, portanto, colocar novos átomos em movimento.

Ao interrompermos um trabalho, permitimos que um pouco de caos entre nesse processo. Damos mais tempo para que nossas ideias encontrem boas combinações e aproveitamos para inserir ideias diferentes por ali. Seria assim que, segundo Poincaré, surgiriam aquelas combinações inusitadas entre conceitos que antes nunca tínhamos pensado em reunir.

Dessa forma, o trabalho consciente serviria para colocar os átomos certos em movimento, e o inconsciente, para fornecer a liberdade e a desordem necessárias para tornar propícias certas combinações, diferentes e inesperadas. Quando os elementos certos se chocam, nasce uma ideia.

Essa imagem concebida por Poincaré é utilizada até hoje, pois torna mais fácil a visualização do processo criativo. Imaginá-lo assim nos permite vê-lo em sua totalidade e perceber que ele, ao que parece, depende de uma bela confusão para funcionar. Muitos elementos se ativam, movimentam-se e se combinam como que por acaso. É seguro dizer, portanto, que nem toda combinação gerará uma boa ideia. Podemos dar muitos tiros n' água até que dois elementos formem uma combinação decente. Por isso, Poincaré tomou o cuidado de frisar muito bem a importância do trabalho consciente para, efetivamente, testar o valor de uma ideia e torná-la real, factível. Mas essa seria uma segunda fase.

O momento em que dois pensamentos se encontram e geram novas ideias é um dos mais romanceados quando se fala em criatividade. Contam-se histórias sobre heróis incautos que, passeando na praia ou dando uma volta com seu cachorro, de repente receberam, do nada, uma iluminação miraculosa. Fala-se em musas, em inspiração e em destino. Tanto que o melhor é examinarmos logo de onde vêm esses momentos, afinal.

A FORMAÇÃO DE UMA IDEIA

O físico e filósofo austríaco Ernst Mach disse, em 1896, que um cientista deve possuir memória mecânica para guardar e lembrar-se de todas as informações de que necessita. Mas só isso não basta. Para criar algo novo, é preciso algo mais. Mach definia esse algo mais como sendo uma conexão mais rica e poderosa entre nós e o conteúdo de nossa memória. Algo que poderia ser aprimorado com a prática cotidiana.

Pessoas criativas de todas as áreas parecem concordar com Mach. Devemos valorizar as técnicas e o conhecimento necessários para se exercer uma atividade, é claro. Mas, por mais que conhecer um domínio e, dentro dele, manter-se sempre atualizado já seja difícil, só isso não nos garante o sucesso de um trabalho criativo. Após realizar uma famosa pesquisa entre artistas e cientistas, o poeta e professor norte-americano Brewster Ghiselin chegou a declarar que "a produção por um processo puramente de cálculo consciente parece nunca acontecer". Há um certo consenso de que o trabalho criativo envolve um componente não intelectual.

O interessante é que, apesar de poder ter sido precedido por um esforço consciente, o momento em que os elementos corretos se juntam e, com isso, revitalizam o trabalho de um criador, é visto como algo natural, que não depende dos esforços de ninguém. Para entender como isso acontece de verdade, precisamos aprender mais sobre o funcionamento do nosso cérebro.

Agora, por exemplo, você está acordado, prestando atenção à leitura deste livro. Está lidando, portanto, com conceitos abstratos. Para funcionar direito, seu raciocínio se baseia em pensamentos lógicos, orientados pela realidade.

Mas vamos dizer que o cansaço do dia começou a cobrar o seu preço. Você se distrai da leitura e começa a sonhar acordado. Nesse estado, os processos cerebrais também mudam. Mais analógico, seu pensamento passa a se apoiar em imagens concretas, abandonando os conceitos abstratos. Isso também se reflete em seu comportamento: você se volta para dentro de si próprio, deixando em segundo plano o mundo exterior.

Atingimos esse ponto quando nos perdemos em pensamentos, quando sonhamos, acordados ou mesmo durante o sono, ou quando vivenciamos certos estados anormais causados pela psicose e pela hipnose. Quando algo assim acontece, estamos passando pelo que os especialistas chamam de processo primário. Quando atentos, passamos ao secundário. Para entender a diferença entre ambos, pense em tudo o que passa pela sua cabeça quando você está "sonhando acordado", em comparação a quando está resolvendo um problema matemático.

A essa altura, você já deve imaginar qual desses processos é mais propício à descoberta de novas combinações entre os vários elementos mentais. Sim, o processo primário facilita as descobertas, enquanto o secundário marca a fase de elaboração das ideias, quando poderemos, enfim, testá-las e, se viáveis, transformá-las em produtos reais.

Já em 1952, o austríaco Emst Kris, psicanalista e historiador da arte, propôs que as pessoas criativas seriam aquelas capazes de passar de um processo mental a outro com mais agilidade e destreza. Por outro lado, as pessoas desprovidas de criatividade estariam normalmente presas em algum ponto entre esses estados primário e secundário. Ao longo do tempo, várias pesquisas mostraram que, ao que parece, Kris trilhava o rumo certo.

Qual é a primeira coisa que lhe vem à cabeça quando lê a palavra "pizza"? Uma resposta altamente provável é "comida". "Restaurante" seria outra, um pouco menos provável, mas também possível. Mas bem menos provável seria que você pensasse, instantaneamente, em algo como "submarino".

A maioria das pessoas reage de forma semelhante a um mesmo estímulo. Mas muitas diferem no modo como organizam mentalmente as suas infor-

A CRIATIVIDADE

mações. Há quem as disponha em hierarquias restritas. Isso quer dizer que, para essas pessoas, determinado estímulo está forte e exclusivamente ligado a uma quantidade fixa de outros estímulos, que podem, por sua vez, estar ou não associados a outros mais. Há também quem organize suas informações de acordo com hierarquias mais planas, em que cada conceito possui um número maior de associações diretas. Nesse caso, as associações mais prováveis, ou mais próximas, estão ligadas umas às outras com menos força, enquanto as mais distantes são mais fortes do que em uma hierarquia restrita.

Para entender melhor, observe o primeiro quadro a seguir, adaptado de um esquema criado por Simonton. As letras indicam as várias ideias retiradas de um mesmo domínio. No quadro, vemos alguns grupos de ideias associadas, como o ABFG e o MQRS. Essas ideias estão ligadas por associações fortes, o que torna provável que, uma vez que a ideia A seja ativada, esta nos leve à B, à F e, possivelmente, à G. Afinal, tratam-se de pensamentos que se relacionam facilmente entre si, como acontece, por exemplo, com o par de informações "pizza" e "comida", que vimos anteriormente.

Como você pode notar, no primeiro quadro, os dois grupos de conceitos são mantidos separados um do outro. Começando no conceito A, você nunca chegará ao C. E veja o caso da ideia L: ela existe, mas não está ligada a nenhuma outra. Na mente de pessoas com associações altamente hierarquizadas, as informações são mantidas em diferentes compartimentos. Isso, obviamente, dificulta a mistura entre elas.

Observe agora o segundo quadro. Teoricamente, representa a mente de um indivíduo mais criativo. As mesmas ideias presentes no primeiro quadro continuam lá, mas o conjunto é bastante diferente. As associações de cada ideia com as suas vizinhas são mais fracas, simbolizadas pelas linhas mais finas, mas o número de associações entre elas é muito superior — incluindo aí as associações feitas entre ideias distantes umas das outras.

Segundo o professor de psicologia norte-americano Samoff Mednick, essa seria a principal diferença entre uma pessoa muito criativa e outra, pouco criativa. A pouco criativa desenvolveria uma hierarquia mais inclinada entre suas ideias, e a mais criativa, uma relativamente mais plana.

Pesquisas que obrigam seus participantes a fazer associações entre palavras por períodos prolongados parecem comprovar a tese de Mednick. No começo, pessoas criativas e não criativas dão respostas parecidas a estímulos parecidos. Com o passar do tempo, no entanto, as criativas continuam criando suas associações, sem grandes problemas, as não criativas tendem a ficar sem respostas mais rapidamente.

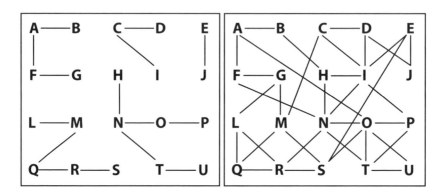

Como vimos, o pensamento criativo depende da incongruência controlada entre elementos diferentes. O psicólogo Gerald A. Mendelsohn propôs que as diferenças na criatividade seriam causadas pelas diferenças no foco de atenção de cada pessoa. Já em 1976, o pesquisador dizia que, quanto maior for a capacidade de alguém de prestar atenção em algo, maior será a sua capacidade de combinar elementos responsáveis por ideias criativas.

Para se obter uma ideia, é preciso que todos os elementos que a formarão, no futuro, sejam combinados, ao mesmo tempo, sob o mesmo foco de atenção. Se alguém consegue prestar atenção a duas coisas simultaneamente, está abrindo espaço para que apenas uma analogia seja forjada, de cada vez. Mas se alguém consegue concentrar-se em quatro coisas, abrirá espaço para um número muito maior de combinações. Realmente, há evidências de que pessoas pouco criativas disponham de uma atenção mais limitada.

Segundo Colin Martindale, professor do Departamento de Psicologia da Universidade do Maine, a atenção desfocada a que Mandelsohn se referia também é uma das propriedades do processo de pensamento primário.

O próprio Mandelsohn acabou reconhecendo que a "atenção desfocada" e a "hierarquia plana" eram modos diferentes de se referir a um mesmo fenômeno.

Isso significa que, quando estamos bem acordados, com nossos processos secundários funcionando a toda, nossas hierarquias se tornam mais restritas e

A CRIATIVIDADE

nossa atenção, mais focada. Estamos tratando do mundo real. À medida que "retornamos" ao processo mental primário, abrimos o foco de nossa atenção e, com isso, tornamos mais planas as hierarquias entre nossas ideias, criando um ambiente propício ao surgimento, entre elas, de associações novas e inusitadas, algumas até surpreendentes. É quando nosso pensamento se torna mais associativo.

Como atingimos esse estado mental? Martindale nos cita três possíveis causas: níveis baixos de atividade cortical, maior ativação das operações relacionadas ao hemisfério direito do cérebro, e baixos níveis de atividade no lóbulo frontal.

Chamamos de córtex toda a "massa cinzenta" envolvida em funções cerebrais complexas como o pensamento, a atenção, a memória e a consciência. É a área responsável pela conversa interna que conseguimos continuamente manter conosco. É no córtex também que elaboramos nossos pensamentos mais sofisticados, aqueles que nos diferenciam dos outros animais.

Há motivos para acreditarmos que os níveis de ativação cortical agem diretamente sobre a nossa criatividade. Eles sobem conforme passamos do sono para os estados de alerta e de vigília, e para os estados de tensão emocional. Como você já deve ter percebido por experiência própria, nosso desempenho e nossa capacidade de aprender aumentam quando nos livramos de uma sensação de sonolência, mas, em compensação, voltam a diminuir se nossa atividade cerebral crescer excessivamente. É interessante notar que, quando nosso cérebro registra níveis relativamente altos de excitação, nós nos saímos melhor em tarefas simples, enquanto que tarefas mais complexas exigem níveis mais baixos de agitação.

Ao que parece, a baixa atividade é mais favorável à criatividade. Várias descobertas parecem apoiar essa ideia. Elementos que aumentam a ativação cortical — como o estresse, o ruído, a presença de outras pessoas numa mesma sala e até o entusiasmo causado pela promessa de uma recompensa — tendem a diminuir a originalidade das pessoas.

Quase todos os trabalhos mentais nos levam a um nível maior de atividade cerebral. Com base nisso, Martindale e seus colegas chegaram a algo interessante. Mediram a ativação cortical de diversas pessoas, criativas e não criativas, e observaram que, nos testes que exigiam o uso da criatividade, as pessoas mais criativas diminuíam a sua atividade cortical.

À primeira vista, esses resultados poderiam nos levar de volta aos equívocos defendidos pelo mito da criatividade. Poderíamos dizer que as pessoas criativas são tão fantásticas que conseguem, por conta própria, controlar toda a sua atividade cerebral. Novamente, a explicação não é tão simples. Outros testes realizados por Martindale mostraram que, quando instadas a controlarem sua atividade mental, as pessoas não criativas aprendiam a baixá-la. Já as criativas a aumentavam.

Como já falamos, a criatividade parece depender de um pouco de caos, e isso também se manifesta aqui. Pesquisando a capacidade das pessoas criativas de controlarem suas mentes, Martindale deparou-se justamente com a ausência dessa forma de controle. Além disso, diversas pessoas criativas, ao relatarem seus hábitos cotidianos, mostraram que o descontrole e a desinibição são características bastante comuns de suas personalidades.

Na década de 1970, os pesquisadores David Galin e Klaus D. Hoppe sugeriram que o lado direito de nosso cérebro operaria mais de acordo com os padrões relacionados ao estado primário, enquanto que o esquerdo, com os do secundário. Associado a processos verbais, analíticos e sequenciais, o hemisfério esquerdo parece mais ativo que o outro. O direito está ligado a processos globais, paralelos e holísticos, e é onde parece ocorrer a maior parte de nossos processos de percepção e de criação musical e de arte visual. Também é o lado mais envolvido com a criação de imagens mentais, possuindo uma organização mais caótica. Ele entende palavras, mas não como elas se combinam gramaticalmente.

Os psicólogos Ruben GM e Joseph Reyher mostraram que a hipnose, processo que aumenta a atividade do hemisfério direito de nosso cérebro, faz com que os indivíduos submetidos a ela se saiam melhor em testes de criatividade. O pesquisador da Universidade de Alberta, Taddeus E. Weckowicz, e sua equipe notaram que o consumo de maconha em baixas doses, o que também aumenta a ativação direita, também melhora os resultados obtidos (mas os resultados pioram quando se aumentam as doses da droga). O pesquisador Bill Kaltsounis demonstrou que a música, processada pelo lado direito, também favorece o processo criativo.

Nossa visão é cruzada, ou seja, nosso olho esquerdo manda imagens ao hemisfério direito de nosso cérebro e vice-versa. Os psicólogos britânicos Stuart

A CRIATIVIDADE

Dimond e Graham Beaumont perceberam que, projetadas somente para o olho esquerdo, algumas palavras desencadeavam associações bem mais inusitadas do que quando vistas apenas pelo olho direito.

Assim, pessoas muito criativas mostram maior ativação do lado direito de seus cérebros do que as menos criativas, mas somente quando diretamente envolvidas com o processo criativo. O interessante é que Martindale também cita alguns casos em que pessoas criativas ativam mais o lado esquerdo do que pessoas não criativas. Isso ocorre quando estão desempenhando tarefas que não demandam habilidades criativas ou que exigem a ativação de funções ligadas ao hemisfério cerebral esquerdo.

Isso nos leva à questão da ativação dos lóbulos frontais. Essa área de nosso cérebro está relacionada ao controle e à inibição de nossa consciência. É ela que nos faz atentar para algumas coisas e ignorar outras, avaliando tudo que entra ou é impedido de entrar em nossa consciência, e controlando a quantidade de informações que recebemos.

Teoricamente, deveríamos encontrar menores níveis de ativação dessa região cerebral nas pessoas criativas. Há, inclusive, indícios de que isso ocorra, mas é uma hipótese difícil de comprovar. Seriam as pessoas criativas incríveis a esse ponto? Seriam capazes de regular partes específicas de seu cérebro?

Nem tanto.

Muito do comportamento excêntrico atribuído a pessoas altamente criativas pode ser interpretado como uma tentativa de alterar a atividade cortical a seu favor. O uso de drogas e de álcool, por exemplo, pode ser visto como uma forma de acessar processos cerebrais primários; o de estimulantes, como a cafeína, como uma maneira de levar a atividade cerebral para a outra ponta, atingindo os processos secundários, tão necessários à elaboração dos produtos criativos.

Falando sobre como surgiu a ideia para um artigo publicado em 1968, na respeitada revista *Nature,* sobre a reversão cosmológica do tempo (nem me pergunte o que isso significa), o biólogo molecular e ganhador do Nobel de Química, Kary Mullis, disse:

Em Berkeley, eu tomava ácido toda semana. Era isso que as pessoas faziam para se entreter: beber cerveja ou ir ao Tilden Park tomar 500 microgramas de LSD. Sentar o dia inteiro pensando sobre o universo, o tempo indo para trás e para frente. Havia manhãs em que eu acordava e pensava que devia escrever sobre isso. E foi isso que eu fiz.

Falando sobre o café, Henry Poincaré disse:

Por 15 dias, eu me esforcei para provar que não poderiam existir funções como aquelas que eu havia chamado de funções fuchsianas [hoje rebatizadas de automórficas]. Eu era, então, muito ignorante; todo dia, sentava à minha mesa, ficava ali uma ou duas horas, experimentava um grande número de combinações e não chegava a resultado algum. Um dia, contrariando meus hábitos, tomei café preto e não consegui dormir. E multidões de ideias surgiram; colidiam-se e conectavam-se aos pares, formando combinações estáveis. Na manhã seguinte, eu já havia estabelecido a existência da classe de funções fuchsianas (...) Tive somente que redigir os resultados, o que me tomou apenas algumas horas.

Por mais censurável que o uso de substâncias tóxicas possa parecer (e essa é uma questão subjetiva, ligada a critérios absolutamente idiossincráticos e que não convém discutir aqui), trata-se de algo relativamente comum. São imagens que não nos surpreendem: um cientista viciado em cafeína; um escritor segurando um copo de uísque; um pintor acendendo um cigarro de maconha; um poeta heroinômano. Esses temas ou qualquer variação deles povoam a nossa imaginação quando pensamos no mundo das pessoas criativas. Tentativas desesperadas de atingir o estado mental "certo", talvez?

Da mesma forma, muito já se disse sobre certos costumes estranhos cultivados pelas pessoas criativas, hábitos que imediatamente tachamos como "loucos" ou "excêntricos". O poeta alemão Friedrich Schiller escrevia com os pés mergulhados numa bacia de água gelada. Isso, a princípio, parece esquisito, mas tem o efeito de aumentar a quantidade de sangue no cérebro. O escritor francês Marcel Proust escrevia numa sala forrada de cortiça. Essa vontade de isolar-se do mundo, um desejo comum a tantos criadores, pode, como já verificamos, ser interpretada como uma tentativa de se baixar a atividade cortical. Exemplos como esses sugerem uma busca concreta das pessoas criativas por condições mais adequadas à criação, mas passam longe das teorias que conferem, à criatividade, alguma causa sobrenatural.

A CRIATIVIDADE

E nem precisamos recorrer aos grandes gênios. Quantas histórias já não ouvimos sobre ideias concebidas durante um banho, uma viagem de férias, um cochilo? Todas essas são atividades ligadas à diminuição da excitação cortical. O misterioso momento do *insight,* quando uma pessoa é atingida por uma ideia inesperada, pode ser explicado de forma simples. Imagine que, após se ocupar intensamente de um problema, alguém finalmente resolve relaxar. Com isso, permite que sua cadeia de associações flutue mais livremente, sem pressões ou grandes esforços. Ocasionalmente, é possível que uma nova e útil combinação de ideias aconteça. *Eureka!*

Nesta seção, tentamos aprofundar nosso entendimento sobre como ocorre o processo da descoberta em nossas mentes. No entanto, é bom dizer que, apesar dos avanços, a neurociência está apenas começando a desvendar esses mistérios. Ainda é difícil ter qualquer certeza acerca do funcionamento de nosso processo criativo. Tudo o que foi dito até aqui foi comprovado por pesquisas científicas, mas ainda há um longo caminho a ser percorrido até "chegarmos lá".

Apesar de nosso conhecimento ser limitado, não deixa de ser uma ferramenta importantíssima para nós, que desejamos pintar um retrato fiel da criatividade.

Pessoas criativas estão sempre procurando modos de atingir o estado mental mais apropriado ao bom andamento de seus trabalhos. O escritor norte-americano Dan Brown, autor de O *Código Da Vinci,* faz exercícios de hora em hora quando está escrevendo. Muitos outros desenvolvem hábitos que, de alguma forma, possam favorecer a sua produção. Não é difícil encontrar gente trabalhando fora do horário "normal", à noite, bem cedo pela manhã ou aos finais de semana, só para não correrem o risco de serem atrapalhadas.

Seja como for, as pessoas criativas, devidamente inseridas em um domínio, parecem aproveitar melhor o produto de seus processos mentais, tanto primários quanto secundários. É difícil imaginar um cientista como Kekulé quebrando a cabeça para encontrar utilidades alternativas para um tijolo, na esperança de que isso incremente algum processo mental mágico e desconhecido. A dedicação de Kekulé ao trabalho e ao sonho bizarro que teve com a cobra que devora a própria cauda nos revelam que ser criativo é completamente diferente de tentar ser criativo. Temos que aceitar isso. E abraçar a incerteza.

Pessoas criativas parecem mais abertas a estímulos diferentes. Estão sempre buscando material extra para acrescentar à matéria-prima de seus domínios. Se o trabalho criativo depende das analogias e das conexões que conseguimos fazer, quanto mais variado for nosso estoque de matéria-prima, de ideias e de conhecimento, mais chances teremos de chegar a uma novidade. E as pessoas criativas parecem saber disso.

Como veremos nas próximas páginas, elas possuem experiências e interesses diversificados e conseguem reciclar seus próprios sentimentos e sensações de um modo muito mais amplo do que a maioria das outras pessoas. Tudo isso gera mais experiência e mais informação, elementos novos que podem depois ser aproveitados posteriormente em um novo processo criativo.

UMA PERSONALIDADE MADURA

As pessoas criativas carregam a complexidade do processo criativo para dentro de suas próprias vidas. Os vários estímulos a que todos nós estamos expostos parecem atingir uma proporção muito maior naqueles que empreendem algum trabalho criativo. A começar por aqueles traços de personalidade que tendemos a suprimir.

Eles estão presentes em todos nós, mas, com o tempo, aprendemos que alguns deles são "bons" e outros, "ruins". Se aprendemos que agir com agressividade é uma coisa positiva, passamos a desdenhar ou escarnecer das pessoas cooperativas. E vice-versa.

Uma pessoa criativa pode ser tanto agressiva quanto cooperativa — ao mesmo tempo ou em ocasiões diferentes. Pode pular de um estado para o outro, conforme a situação que esteja vivendo. Pode ser altamente competitiva em relação a seus colegas, mas também pode cooperar com eles, numa tentativa de administrar seu campo de maneira produtiva, participando voluntariamente de congressos e de associações profissionais.

Enfim, uma pessoa verdadeiramente criativa parece possuir aquilo que Jung chamava de personalidade madura. Jung acreditava que cada ponto forte de nossa personalidade possui um lado oposto, que nos esforçamos para controlar. Assim, uma pessoa extremamente metódica pode desejar ser, um dia, espontânea; e outra, submissa, talvez sonhe em dominar seus semelhantes. Enquanto brigarmos com esse outro lado de nossas personalidades, nunca seremos um todo. Mas é isso que a maioria de nós faz: tentamos nos adaptar a uma autoimagem que não corresponde a nossas verdadeiras naturezas.

Os indivíduos criativos estão mais atentos a essas contradições internas. Podem ser masculinos e femininos, por exemplo. Mas não estamos falando de homens emasculados e de mulheres masculinizadas. Referimo-nos àquelas pessoas que aprenderam a *ouvir* e a equilibrar comportamentos típicos de ambos os sexos, enquanto a maioria de nós permanece presa a um lado da moeda. Também dessa forma, as pessoas criativas ampliam o seu leque de matéria-prima.

São muitas as características aparentemente opostas que encontramos convivendo harmoniosamente nas pessoas criativas. Mihaly Csikszentmihalyi identificou dez pares delas. Vamos analisá-las:

Entusiasmo e quietude

Pessoas criativas possuem uma grande energia física. Trabalham com entusiasmo e incansavelmente em qualquer coisa que as interesse. Mas também passam por períodos mais tranquilos, de descanso e quietude. Quando podem, começam imediatamente a recarregar suas baterias. Ao que parece, procuram manter sua própria força sob o seu controle. Elas não se atêm a calendários, relógios e agendas. Esse ritmo intenso de atividade, intercalado com momentos de repouso, é considerado crucial para o sucesso do trabalho criativo. Mas não é uma característica inata. Aprenderam a usá-lo para cumprir suas metas satisfatoriamente.

Essa relação com a energia também se reflete na sexualidade das pessoas criativas. Elas tendem a exibir um maior vigor nessa área. Ao mesmo tempo, são capazes de se entregarem ao celibato, em um sentido espartano. A energia que despendem é preciosa demais para ser desperdiçada, e grandes feitos, muitas vezes, exigem grande autocontrole.

Esperteza e inocência

Outra questão é a famosa relação entre esperteza e inocência. Uma inteligência pequena não ajuda em nada a criatividade, mas uma muito grande também não. Pessoas que se acreditam muito inteligentes acabam perdendo a curiosidade pelo mundo. Howard Gardner identificou, em seus estudos, uma certa dose de infantilidade característica dos grandes gênios criativos, tanto intelectual quanto emocional. Se por um lado podem trabalhar de modo extremamente racional, adequando-se a muitas das regras de seus campos e domínios, por outro, continuam em busca do diferente e do inusitado.

Brincadeira e disciplina

Isso nos leva à brincadeira e à disciplina. O trabalho criativo pede uma mistura homogênea entre responsabilidade e irresponsabilidade. A pessoa criativa sabe brincar com seu trabalho e com si mesma, por prazer. Sabe que, na maioria das vezes, seus esforços podem dar em nada. Seu humor e sua ironia são famosos. Tudo isso aliado a uma disciplina de fazer inveja ao mais sério dos sérios.

Imaginação e realidade

Viver entre a realidade e o mundo da fantasia. Csikszentmihalyi realizou uma experiência com vários artistas, em que utilizou aquele famoso teste em que devemos olhar para um borrão e dizer o que aquilo representa para nós.

Uma pessoa normal dá respostas que raramente podem ser consideradas originais. É normal surgirem algumas respostas estranhas. Às vezes, dizem que veem um submarino ou coisa parecida, mas não encontram uma relação clara entre a imagem mostrada e a palavra que lhes ocorreu. No teste feito por Csikszentmihalyi, os mais criativos deram respostas muito mais originais, com elementos mais detalhados e coloridos. Mas nenhuma podia ser considerada bizarra. Aliás, o que eles veem nunca é bizarro, mas sempre calcado na realidade.

Essa característica não é exclusividade dos artistas. O banqueiro John Reed, ex-presidente do Citibank, diz que não existe algo que possa ser chamado de realidade. O que existe são várias descrições dela. Ninguém consegue entendê-la por completo. Por isso, seria preciso criar, para a realidade, uma perspectiva multifacetada, para que pudéssemos olhá-la de diversos ângulos. Reed lembra que o sucesso no mundo bancário é medido por algo conhecido como taxa de capital — um conceito que, há pouco tempo, sequer existia. Reed também afirma saber que a importância atribuída a essa taxa de capital não durará para sempre, que um dia se extinguirá e que surgirão, depois dela, novas realidades no mercado. A realidade, portanto, seria redefinida sempre que a indústria quisesse ou mudasse. Assim, Reed descreve o sucesso como algo *evolucionário*.

Extroversão e introversão

Alguns preferem estar sempre no meio da multidão. Outros preferem ficar em seu canto, vendo a multidão passar. A solidão é um dos componentes do mito da criatividade. Pense no gênio trancado em seu escritório, isolado do mundo.

De fato, a criatividade exige um pouco de trabalho solitário. Adolescentes que não suportam ficar sozinhos por muito tempo não conseguem desenvolver suas habilidades a contento, pois tudo que se deseja aprender — da matemática à música — exige uma solidão que lhes é aversiva. É preciso aguenta-la, contudo, se quisermos atingir a excelência em nossos domínios. Essa parece ser a verdadeira posição das pessoas criativas perante a solidão. Não possuem uma "tendência à introversão". A importância de ver, conhecer, conversar e trocar ideias com outras pessoas continua muito valorizada por elas.

O físico inglês Freeman Dyson conta que é preciso estar com a porta de nossos escritórios sempre aberta a visitas, pois é sendo interrompido e conversando que as coisas mais interessantes são realizadas. Quando está escrevendo, no entanto, a história é outra. As portas permanecem trancadas, e, muitas vezes, Dyson deixa o escritório para esconder-se em algum lugar ainda mais silencioso e solitário. Depois, é claro, chegará novamente a hora de receber novas críticas, abrir suas portas para novos contatos e novas opiniões.

Muitas vezes, é o envolvimento que possuem com seu trabalho que leva as pessoas criativas ao autoexílio. Algumas, apesar de estarem fisicamente conosco, mandam suas mentes para longe. O inventor ucraniano Jacob Rabinow garantia ser bastante sociável. Dizia gostar de contar piadas e de dividir seu tempo com outras pessoas, mas, mesmo assim, havia períodos em que estava tão absorto em seu trabalho que não conseguia evitar que sua cabeça viajasse por aí, até durante eventos sociais. Suas ideias, e não os convivas à sua volta, ocupavam o centro de sua atenção.

Humildade e orgulho

Contrariando todos os estereótipos, muitas vezes encontramos pessoas de sucesso e percebemos que elas são mais humildes que muitos de nossos conhecidos. Csikszentmihalyi atribui isso a três fatores.

Primeiro: lembremos-nos daquela famosa frase proferida por Isaac Newton, ao explicar ter conseguido enxergar tão longe somente por ter subido nos ombros de certos gigantes. Ironias à parte, a relação dele com o seu domínio o fazia perceber a longa linha de esforços dos cientistas que o precederam, o que colocava sua própria contribuição em perspectiva. Segundo: as pessoas criativas entendem o papel que a sorte teve em seus trabalhos passados. E terceiro: estão tão absorvidas por seus trabalhos futuros, que suas antigas conquistas não lhes parecem tão importantes.

Na verdade, sabem que chegaram muito longe em comparação com as outras pessoas. Isso lhes dá confiança para seguir adiante.

Às vezes, um indivíduo criativo é forçado a se tornar agressivo, ambicioso, competitivo. Ao mesmo tempo, também é capaz de subordinar seu próprio conforto, seus objetivos e seus avanços ao projeto no qual está trabalhando.

Existem áreas em que a agressividade é algo mais ou menos natural, mas, mesmo em campos extremamente competitivos — como o dos avanços científicos de ponta e o dos negócios —, há espaço para a cooperação com os nossos concorrentes. Um cientista famoso precisa colaborar com um adversário

A CRIATIVIDADE

para impulsionar o seu domínio. Muitas empresas desenvolvem produtos e padrões em conjunto, para só depois competirem pelos mesmos consumidores. É preciso saber a hora de competir e a hora de oferecer o melhor de si sem esperar nada em troca disso.

Masculino e feminino

Homens são criados para serem masculinos. Devem ignorar e reprimir qualquer aspecto de seu comportamento e de sua personalidade que possa ser considerado "feminino". Mulheres são criadas para o oposto. E as pessoas criativas evitam esse estereótipo, com sucesso. Meninas criativas são mais dominantes e agressivas do que as outras meninas. Meninos criativos são também mais sensíveis e menos agressivos que os outros de sua idade.

Essa tendência é, muitas vezes, relacionada à homossexualidade.

Mas androginia psicológica é outra coisa. Navegando entre a dominação e a submissão, entre sensibilidade, rigidez e outros extremos da dualidade sexual, as pessoas criativas efetivamente dobram o repertório de respostas que podem fornecer ao mundo. De novo, isso tem a ver com a capacidade que possuem de acessar pontos do comportamento humano normalmente reprimidos nas outras pessoas. Dizer que uma mulher tem um comportamento agressivo não significa que ela seja masculinizada. Mulheres assim são perfeitamente "femininas". Homens que demonstram uma maior sensibilidade também continuam sendo tão "masculinos" quanto os outros.

Conservadorismo e rebelião

É impossível ser criativo sem antes ter compreendido um domínio. É preciso crer na importância das suas regras para chegar a dominá-la, por isso, as pessoas criativas abraçam a tradição. Por outro lado, precisamos de independência e de uma boa dose de rebeldia se pretendemos mudar algo. O conservadorismo não admite mudanças. Mas ser somente um rebelde, incapaz de valorizar as conquistas do passado, não ajuda ninguém a ser aceito e ouvido em seu domínio.

Paixão e objetividade

Sem paixão não nos é possível manter o interesse por uma tarefa difícil. Sem objetividade, nosso trabalho nunca será muito bom e sofrerá de falta de credibilidade. Essa tensão contínua entre conexão e desapego com o trabalho é citada por muitos como essencial ao processo criativo.

Diversão e sofrimento

É preciso acabar com o estereótipo do artista sofredor. A sociedade parece desejar que seus artistas sofram para ser criativos. Mas não é disso que estamos falando. A maior sensibilidade desses indivíduos pode lhes despertar sensações ruins, como o desprezo e a ansiedade. Um escritor pode literalmente sentir dor ao ler um texto ruim.

Estar à frente de seu domínio pode ser bastante solitário. E perigoso. Faz com que o criador se torne um alvo fácil de críticas vorazes. Por outro lado, a total falta de reconhecimento — como aconteceu com Freud, no início de sua carreira — pode ferir mais do que qualquer ataque. Longos períodos de incerteza, indecisão c insegurança acompanham o trabalho criativo.

No entanto, em meio a tudo isso, as pessoas criativas declaram abertamente que, quando estão trabalhando, estão também se divertindo. Todas as suas outras preocupações desaparecem. Muitas delas sequer se imaginam fazendo qualquer outra coisa.

Realmente, o ser humano tende a valorizar mais as experiências pelas quais paga mais caro. Se uma conquista foi penosa, tendemos a valorizá-la mais. No capítulo sobre motivação, veremos que os momentos mais memoráveis de nossas vidas ocorrem quando, forçando ao máximo as nossas habilidades, vencemos todos os obstáculos e alcançamos um objetivo que muitos consideravam inatingível. Isso pode explicar o fato de que essas duas características andam de mãos dadas na vida de pessoas criativas.

Essa lista não é a única. Não é a definitiva, nem a mais conclusiva. Existem outras características, não listadas aqui. Também podemos dizer, com relativa certeza, que é muito difícil encontrarmos pessoas que apresentem todas essas características ao mesmo tempo. Há muitas outras dimensões e só algumas, ou somente alguns traços delas, estão presentes simultaneamente em uma mesma pessoa. O importante é perceber como a convivência de vários paradoxos aparentes na mente de um só indivíduo lhe pode ser altamente útil.

O CRIADOR MARGINAL

Um elemento de marginalidade também costuma rondar a figura do indivíduo criativo. Sem dúvida, a partir do que já sabemos, é possível concluir que alguém "normal demais" dificilmente conseguirá criar uma inovação dentro de seu domínio. Devido à natureza de suas experiências de vida, aos caprichos de seu desenvolvimento intelectual ou até mesmo a fatores que lhes escapam ao controle, como doenças e propensões de ordem genética ou dramas familiares, as pessoas altamente criativas costumam ser "diferentes" da maioria.

Várias pesquisas já demonstraram que é comum indivíduos bem-sucedidos virem de ambientes distintos daqueles de onde vieram os fracassados. De um modo geral, quem atinge certa eminência parece mesmo ter vivido experiências familiares atípicas. Isso quer dizer que é muito menos provável encontrar exemplos de alta criatividade oriundos de famílias estáveis, intactas e pertencentes aos grupos culturais dominantes de um país.

Há mais de um século, Sir Francis Galton, primo de Darwin, afirmou considerar extraordinária a grande proporção de homens eminentes que, em qualquer país do mundo, ostentavam nomes estrangeiros. De fato, muitas pessoas criativas pertencem a minorias étnicas e religiosas e passaram por dificuldades durante a infância. Um número acima da média delas sofre de alguma doença séria ou apresenta algum problema físico. Outra boa parte também enfrentou problemas financeiros graves no início da vida.

Na Inglaterra, muitos cientistas conhecidos, como John Dalton e Michael Faraday, não seguiam a Igreja Anglicana, mas sim alguma fé dissidente. Nos Estados Unidos, uma pesquisa realizada entre indivíduos eminentes revelou que 19% deles pertencia à primeira ou à segunda geração de imigrantes no país.

Um grupo étnico em especial costuma chamar a atenção nesse tipo de pesquisa. Os judeus representam aproximadamente 0,25% da população mundial. Mesmo assim, de todos os ganhadores do Prêmio Nobel entre os anos de 1901 e 2006, 23% eram judeus. Algo como um judeu para cada cinco premiados. Ao compilar algumas listas com os nomes mais lembrados nas áreas de artes e de humanas, o site Jinfo.org registrou algo semelhante. Até 1983, os judeus correspondiam a 42% dos 50 autores mais citados do século XX, e a 21% dos mais citados de todos os tempos.

Vários estudos também constataram que, entre as pessoas eminentes, a taxa de orfandade — relacionada à perda de pelo menos um dos pais do pesquisado ainda durante a sua infância — pode chegar a 50%. É interessante notar que delinquentes juvenis e pacientes psiquiátricos depressivos ou suicidas apresentam taxas de orfandade muito parecidas.

Isso nos mostra que não é a experiência em si que favorece o trabalho criativo. O que importa é a maneira como esses elementos, essas experiências, serão processados e reutilizados na vida e no trabalho dessa gente. É muito comum surgirem por aí estudos que se debruçam sobre certas bizarrices comportamentais, hipoteticamente compartilhadas por pessoas criativas de todas as áreas, mas, para entendermos o papel real desempenhado pela marginalidade no processo criativo, precisamos descobrir quais são as suas consequências dentro dele.

Na seção anterior, vimos que algumas pessoas criativas são capazes de complicar seu próprio comportamento. Seria um modo de conseguirem aumentar o índice de elementos disponíveis em suas mentes para a criação de inovações, de ideias criativas. Pois algo parecido pode estar acontecendo aqui. Vir de outras culturas ou integrar uma minoria racial pode, sem querer, deixar um indivíduo criativo numa posição interessante: na de quem não está nem completamente inserido na sociedade, nem completamente excluído dela. Ao se tomar uma forasteira dentro de sua própria casa, uma pessoa passa a dispor de elementos de duas realidades opostas, enriquecendo muito mais a sua matéria-prima e tornando-a mais complexa que a dos demais.

Graças a essa condição tão particular, as pessoas criativas também podem desenvolver uma espécie de "visão de fora", ou seja: uma capacidade de observar várias situações à sua volta, sem estarem necessariamente mergulhadas em

A CRIATIVIDADE

seu contexto. Aquilo que é tido como "padrão" pela população de um local pode ser visto de modo muito diferente por alguém que não compartilhe das ideias da maioria ou que ocupe uma posição incomum na sociedade.

UMA JORNADA, VÁRIOS HERÓIS

As pessoas criativas também obtêm mais matéria-prima diversificando seus interesses e habilidades. Se um leque maior de comportamentos e experiências pode favorecer a criatividade de alguém, o mesmo se pode dizer de sua inserção em domínios diferentes.

O fisiologista norte-americano Robert Root-Bernstein e sua esposa, a escritora Michele Root-Bernstein, desenvolveram uma linha interessante em suas pesquisas. Mostraram que quantidade desproporcional de cientistas são artistas amadores (e até profissionais e vice-versa). Cientistas e artistas de sucesso possuem uma gama realmente ampla de práticas e interesses em comum, o que os faz transcender as fronteiras entre as suas disciplinas.

Os pesquisadores levantaram centenas de casos. O químico francês Louis Pasteur era um excelente artista. As poesias do químico inglês Sir Humphrey Davy, fundador da teoria atômica moderna, chegaram a ser elogiadas por Samuel T. Coleridge, o poeta que escreveu *A Balada do Velho Marinheiro*. O compositor austríaco Arnold Schoenberg e o escritor norte-americano Henry Miller, de *Trópico de Câncer,* pintavam (atividade paralela de muitos escritores, aliás), enquanto o pintor francês Henri Matisse também se dedicava à música. O filósofo galês Bertrand Russel, vencedor do Nobel de Literatura, também era matemático; e o professor de matemática Charles Lutwidge Dodgson, que nunca brilhou em sua área, alcançou a glória literária sob o pseudônimo de Lewis Carroll, autor de *Alice no País das Maravilhas*. O escritor russo Vladimir Nabokov, famoso pelo romance *Lolita,* trabalhou no Museu de História Natural de Harvard, onde chegou a descobrir uma espécie rara de borboleta. Os escritores Anton Tchekhov, John Keats e Arthur Conan Doyle chegaram a praticar medicina. H.C. Wells e Isaac Asimov — e quase todo escritor de ficção científica que se preze — possuíam algum treinamento científico formal; o músico russo Igor Stravinsky também era desenhista, aliás, ex-aluno de Pablo Picasso.

Enfim, a lista é longa. Exemplos assim são tão fáceis de se encontrar que eu poderia escrever um livro todo só citando casos semelhantes.

Inventor da física quântica, o físico alemão Max Planck, que quase seguiu carreira como pianista, disse, certa vez, que os cientistas pioneiros em determinada área precisavam possuir mentes *artisticamente* criativas.

De acordo com os Bernsteins, um terço dos ganhadores do prêmio Nobel de Literatura que declararam possuir interesses fora de sua área de atuação, também se dedicavam às artes visuais. De 55 escritores premiados, 20 praticavam ou arranjavam outro modo de mergulharem na ciência, na engenharia ou na matemática.

A diversidade de interesses e aprendizados de qualquer tipo é correlata do sucesso na vocação escolhida. Robert Root-Bernstein e Helen Carnier, da Universidade da Califórnia, analisaram vários parâmetros psicológicos e concluíram que o sucesso científico está relacionado à quantidade e à qualidade dos *hobbies* que um cientista pratica quando adulto. Os que colecionam arte, fotografam ou são músicos têm muito mais chances de produzirem artigos que alcancem alguma repercussão.

Roberta Milgram, pesquisadora da Universidade de Tel Aviv, descobriu algo curioso ao acompanhar a vida de milhares de jovens que deixavam o serviço militar. Ela analisou os 20 anos da carreira civil de cada um, posteriores à época em que estavam no exército, e percebeu que suas notas escolares, seus testes de QI e seus perfis psicológicos não haviam sido capazes de prever o sucesso daquelas pessoas. Apenas uma medida foi considerada confiável: o interesse dos pesquisados por distrações intelectualmente estimulantes, ligadas à arte, à poesia, à música, ao xadrez, à eletrônica e assim por diante.

Ao examinarmos os casos de pessoas que conquistaram sucesso retumbante — como as que citamos anteriormente —, podemos nos deixar enredar por uma querela muito antiga. Quem veio antes: o ovo ou a galinha? Vocações e *hobbies* diversificados exercitariam nossas forças cognitivas ou seriam apenas um reflexo delas? Essas atividades seriam somente mais uma forma de expressão de certas mentes brilhantes ou formariam, na verdade, a base de todo o seu brilho? Esse tipo de questão nos empurra novamente ao mito, mascara o fato de que, como quase tudo no ser humano, talentos inatos podem ser fortalecidos pela prática e pela dedicação.

Os Bernsteins mostraram que o estilo de pensamento adotado pelos cientistas estava relacionado às suas atividades extracurriculares. Os cientistas ligados às artes visuais ou à música pensavam de várias maneiras diferentes, especialmente de modo visual e sinestésico. Muito mais do que aqueles que tinham *hobbies* associados ao uso de palavras. Já os escritores pensavam, em sua maioria, por meio de padrões verbais; escultores, em termos sinestésicos. Os que se interessavam por algo ligado à eletrônica contavam com um grande arsenal de ferramentas mentais. Esses modos distintos de pensar são correlacionados ao sucesso científico. Os cientistas que lançavam mão de formas visuais de pensamento para resolver os seus problemas ganhavam mais destaque em suas comunidades do que aqueles que se baseavam apenas nos modos verbal e simbólico.

Quanto mais amplo o alcance dos modos de pensar de que dispunha um cientista, maiores eram suas chances de sucesso.

Isso quer dizer que precisamos nos inscrever imediatamente em algum curso de teatro ou de pintura? Se você é como eu, e nunca levou suas aulas de arte a sério, deve se preocupar? Ou ainda: se você é um educador ou um pai consciente, deve submeter seus alunos ou seus filhos a atividades dessa espécie, sem levar em conta os interesses pessoais de cada um deles, com o objetivo único de desenvolver-lhes a criatividade no futuro?

Na maioria dos casos, a resposta é não.

As pessoas criativas conseguem integrar diferentes habilidades e conhecimentos. Sendo assim, para que os nossos passatempos tenham algum valor, deve existir alguma interação entre as nossas atividades intelectuais e estéticas.

Como disse o cientista cognitivo Howard E. Gruber, o que importa é a "rede de empreendimentos" que uma pessoa é capaz de desenvolver. Temos que identificar pontos de contato úteis em cada uma das atividades que praticamos, assim como as habilidades análogas exigidas de nós pelo trabalho em áreas aparentemente diversas.

Pessoas criativas desmontam comportamentos estereotipados da mesma maneira que derrubam, efetivamente, as fronteiras entre as mais diversas disciplinas. Têm a seu favor várias formas de treinamento, de ocupação e de expressão. Formas que ignoram aquelas categorias e expectativas às quais geralmente nos prendemos. De fato, como afirma o psicólogo Eliot Dole Hutchinson, para as pessoas criativas, as disciplinas simplesmente desaparecem. Muitas vezes, esquecemos que aquilo que parece ser uma barreira entre duas disciplinas se deve meramente a questões políticas — como dividir departamentos universitários, por exemplo.

O problema é que, às vezes, nossa própria linguagem e nossas próprias convenções nos atrapalham. Como devemos nos referir, por exemplo, à russa Sofia Kovalevskaya, famosa tanto como poetisa quanto como matemática? Ela dizia que os poetas devem ver o que outros não veem, e que os matemáticos fazem o mesmo. Sofia conseguia ver uma relação bastante clara onde nós, com raras exceções, não enxergamos coisa alguma.

O PROCESSO E O RESULTADO

Sob o ponto de vista dos Bemsteins, o pensamento do pesquisador de Harvard, Howard Gardner, famoso por sua teoria das inteligências múltiplas, padece de um problema grave. Em seu trabalho mais conhecido na área de criatividade, Gardner analisou a vida de sete pessoas mundialmente reconhecidas como grandes criadoras. Para ele, a inteligência não é uma coisa única, que se manifesta de maneira idêntica em todas as pessoas. Assim, cada um dos sete criadores foi citado como exemplo para cada um dos sete tipos de inteligência identificados.

Einstein representaria a inteligência lógico-matemática; Freud, a inteligência intrapessoal, Picasso seria um mestre visual-espacial; Stravinsky, um mestre musical, T.S. Eliot utilizaria a inteligência verbal; a dançarina Marta Graham, a inteligência corporal-cinestésica, e Gandhi teria sido um inovador no domínio das relações humanas, exercitando, para tanto, a sua inteligência interpessoal. Mais tarde, Gardner ampliou para oito o número das inteligências catalogadas: Darwin foi eleito, por ele, como representante do que chamou de inteligência naturalista (aquela voltada ao mundo biológico).

E é aqui que a coisa se complica um pouco. Já estudamos as implicações do termo "talento". Já vimos que dispor de uma ou outra vantagem em alguma área pode servir para despertar o interesse de alguém por alguma atividade, mas não para garantir o seu sucesso nela. Nem há motivos para crer que uma incipiente falta de sensibilidade em relação á determinada disciplina não possa ser compensada, posteriormente, por algum treino e muita determinação. Isso tudo faz parte do ferramental de uma disciplina. É algo natural.

É o que os Bernsteins chamam de diferença entre cognição e comunicação. Atividades diferentes desenvolvem aptidões diferentes. Um dançarino desenvolverá o ferramental necessário para exercer sua atividade do mesmo modo que um escritor o fará em sua área. O primeiro acabará demonstrando uma inteligência corporal-cinestésica mais apurada; o outro provavelmente desenvolverá sua inteligência verbal.

Apesar disso, uma vez processado por nosso cérebro, um pedaço qualquer de informação será sempre similar a qualquer outro. Uma coisa é a cognição, os processos mentais que ocorrem dentro de nossa mente. Outra, é a forma que encontramos para expressá-los. Os ouvidos, por exemplo, captam vibrações; os olhos, pontos de luz. No entanto, ao passar pelo cérebro, tudo é transformado em sinais que os neurônios possam compreender.

Steven Pinker diz que é como se o pensamento possuísse uma linguagem própria, o "mentalês". Essa linguagem do pensamento expressaria nosso conhecimento conceitual. Seria a língua usada para viabilizar o tráfego de informações entre nossos diferentes módulos mentais. Áreas diferentes processam as palavras que ouvimos e as imagens que vemos, mas, no fim, conversam por meio do mesmo idioma.

O que acontece, então, quando enriquecemos nossa vida mental com novos interesses, habilidades e conhecimentos? Segundo a hipótese dos Bernsteins, esse enriquecimento contribuiria para com aquilo que o químico e filósofo húngaro Michael Polanyi chamava de "conhecimento pessoal" — o entendimento intuitivo, sensorial, emocional e orgânico de como as coisas se comportam e o que significam.

Apesar de muitos rejeitarem a ideia de que o pensamento possa ocorrer sem uma formulação verbal ou lógica, grande parte das pessoas criativas é capaz de descrever a sensação de que sabem intuitivamente de algo antes mesmo de conseguirem entender o que aquilo significa.

Na verdade, para muitos artistas e cientistas, esse é um ponto crucial para seu trabalho: o processo de *traduzir* ideias, transformando-as nos produtos de um domínio específico. *Traduzem* observações, imagens, sentimentos, sensações, padrões e semelhanças e, com eles, criam produtos que podem ser reproduzidos e observados objetivamente. Albert Einstein, por exemplo, dizia resolver problemas de física usando apenas associações entre imagens e sensações e que, só depois de desenvolver esse "jogo" de maneira satisfatória, partia em busca de palavras e outros símbolos que pudessem ser aplicados àqueles problemas.

Uma pessoa escolhe o meio em que irá atuar e seu produto reflete essa escolha. O que vemos no mundo real são reflexos de ideias abstratas, transformadas em realidade pelas ferramentas de um domínio.

A escolha do indivíduo determina o domínio que será aprimorado por suas ideias, mas não o modo como estas serão concebidas. Voltemos ao sonho de Kekulé. Sonhar com uma cobra a morder o próprio rabo pode servir de modelo para um poema, um quadro, uma escultura ou uma canção. Como a matéria-prima de Kekulé era outra, ele a aplicou em seu domínio, a ciência.

AGORA PRESTE ATENÇÃO

Como já verificamos, nossa capacidade de prestar atenção em alguma coisa e de realmente nos esforçarmos por ela é bastante limitada. Vimos que, quando precisamos estudar e compreender um domínio, em todas as suas minúcias, a atenção é um elemento de suma importância. Agora, veremos que a influência e a relevância da atenção dentro do processo criativo não se limitam somente a isso. Procurar incongruências e semelhanças entre ideias e domínios, adicionar novos elementos e elaborar produtos inovadores são ações que exigem atenção.

A pesquisadora Ellen Langer, professora de psicologia de Harvard, é uma das maiores especialistas na área da atenção e de seus limites. É a ela que iremos recorrer para entender um pouco mais dessa atividade.

Ellen e outros pesquisadores desenvolveram os conceitos de atentividade (*mindfulness*) e desatentividade (*mindlessness*). A atentividade é o estado mental em que, sensíveis ao contexto em que estamos inseridos, apresentamos maior disposição para traçar novas distinções e explorar perspectivas renovadas. Já na desatentividade, estamos presos a estados mentais fixos, a generalizações instantâneas. Agimos movidos por perspectivas unilaterais, quase que automaticamente, desconsiderando o contexto ou os outros indivíduos envolvidos na situação que observamos.

Resumidamente: no estado de atentividade, estamos em posição de administrar um processo, em vez de simplesmente nos deixarmos conduzir por ele; no de desatentividade, é mais provável que o nosso comportamento seja levado por algumas "pistas" fornecidas pelo ambiente à nossa volta. Nosso comportamento é governado por regras e rotinas. Fazemos o que aprendemos a repetir em situações parecidas, sem pensar duas vezes no assunto.

À primeira vista, pode parecer que a atentividade é sempre preferível à desatentividade, mas isso não é verdade. A primeira modalidade é difícil e trabalhosa de manter, especialmente por um longo período de tempo. Tente permanecer em estado de alerta, ler um texto difícil ou empreender qualquer atividade que requeira um grande nível de concentração por várias e várias horas seguidas. Podemos fazer isso, é claro, ainda mais quando a situação assim nos exigir, mas o esforço extra nos cansa rapidamente.

Estar constantemente atento pode ter suas vantagens, mas nos custa muito. Precisamos viver e trabalhar sem desperdiçar nossos recursos mentais a cada momento, sem que haja necessidade para tanto. Temos que guardar nossas energias para quando realmente precisarmos.

E é aqui que entra a desatentividade.

Quando fazemos algo várias vezes, não precisamos mais pensar para fazê-lo novamente. É o que ocorre quando praticamos alguma habilidade até o ponto de ela nos parecer inata. É como quando estamos dirigindo. Às vezes, acontece de percebermos ter passado boa parte de uma viagem em "piloto automático" — essa expressão, aliás, é um bom sinônimo para o estado de desatentividade.

Um grande sinal de que realmente aprendemos alguma coisa é podermos executá-la sem prestar muita atenção. A fase de aprendizado é cansativa, pois, além dos erros e das frustrações de ser principiante em algo, envolve os custos da atentividade. Isso cansa. A desatentividade torna a execução mais "natural", mais fácil e rápida, poupando-nos energia e permitindo que nossa mente se ocupe de outras tarefas.

Lembre-se, por exemplo, de quando você aprendeu a dirigir. Você precisava calcular cada um de seus movimentos, cada ação a ser tomada, até tirar o carro do lugar, traçar o caminho desejado e chegar em segurança ao final da jornada. Provavelmente, isso está muito distante da realidade que você vive hoje, quando já é capaz de dirigir, ouvir música e conversar, simultaneamente.

Além da repetição, também podemos passar para o estado de desatentividade quando vemos ou ouvimos algo e o aceitamos sem questioná-lo. Quando uma informação nos é passada por uma autoridade, quando nos parece irrelevante no momento em que nos é revelada, ou quando nos é apresentada por meio de uma linguagem relativamente impositiva, tendemos a acreditar nela.

Langer dá um exemplo: Susan vai jantar na casa de um amigo e vê que, à mesa, o garfo foi posto à direita do prato. Imediatamente, ela sente que algo está errado. É como se algo natural tivesse sido violado. Todo mundo sabe que os garfos devem ser postos do lado esquerdo. Ela sabe que essa sensação de incômodo, de que há algo errado, é ridícula, mas não consegue explicá-la racionalmente, afinal, nunca perdeu tempo memorizando a disposição correta ou convencional dos talheres numa mesa de jantar. Mas, uma vez, quando ainda era pequena, ouviu de sua mãe que os garfos devem ficar à esquerda do prato. Desde então, é ali que devem ser colocados.

Quando nos tornamos desatentivos, trancamo-nos em um único entendimento das coisas. Outra vez, alguém contou a Susan que cavalos não comem carne. Anos depois, porém, viu alguém oferecer um cachorro-quente a um cavalo. Ao que parece, Susan estava mal-informada acerca de alguns caprichos da alimentação equina. Recebera aquela informação descontextualizada, de uma forma absoluta, definitiva, e nunca lhe ocorreu questioná-la. Até ver um cavalo comendo um cachorro-quente. Ellen Langer diz que, graças a essa falta de questionamentos, é mais fácil estarmos errados, o que acontece frequentemente, do que em dúvida em relação a um fato.

A CRIATIVIDADE   91

Pense na maneira como enxergamos a nós mesmos. Podemos achar que nascemos burros quando lemos um artigo que defende as causas genéticas da inteligência humana ou após nos sairmos mal em um teste de QI. Mas, como já notamos neste livro, os especialistas geralmente exageram em suas asserções e, muitas vezes, estão simplesmente errados. No entanto, a maior parte das informações que recebemos nos é passada de forma autoritária. "Uma família é composta por um pai, uma mãe e uma ou mais crianças." Tudo bem, está certo. Até o pai sair de casa.

Langer diz que, depois de aprender que só há uma maneira de definir o que é uma família, não parecerá correto a uma criança ouvir que "ainda somos uma família" após o divórcio dos pais. Uma forma inteligente de evitar esse equívoco seria ensinar aos pequenos que um conjunto de pessoas que compreenda um pai, uma mãe e seus filhos representa apenas um dos vários tipos possíveis de família. O mesmo vale para tudo o que aprendemos ou nos é ensinado.

Vamos, então, a um exemplo em nossa área. Langer e sua equipe mostraram um objeto a várias pessoas. Como parte do experimento que desenvolviam, descreviam esse objeto ou de forma absoluta ou de forma condicional. Algumas, portanto, receberam a informação de que o tal objeto *era* um brinquedo mastigável para cães; o restante das pessoas ouviu que aquilo *poderia ser* um brinquedo mastigável para cachorros. Em seguida, os estudiosos criaram a necessidade de os indivíduos pesquisados usarem uma borracha. Adivinhe quais deles pensaram em usar o brinquedinho canino daquela forma?

Somente aqueles que receberam a informação em termos condicionais.

O nome de um objeto é apenas uma forma de entendê-lo, mas, se aprendemos que um objeto é somente aquilo e nada mais, nunca faremos um uso criativo da informação que nos foi disponibilizada. No caso dessa experiência, uma mudança sutil na maneira de explicar algo verbalmente — de *é* para *pode ser* — foi capaz de alterar profundamente o desempenho das pessoas em um simples teste de criatividade.

É perturbador pensar que quase tudo que aprendemos em nossa cultura nos é apresentado dessa forma. Valorizamos a certeza. Queremos estar certos sobre tudo. Queremos saber para que servem as coisas. Aprendemos que as autoridades estão sempre certas sobre tudo que declaram. Aprendemos que o mundo é assim, que o céu é assado e ponto final. Aceitamos — sem sequer questioná-las — as respostas prontas que nossos pais e nossos professores nos endereçam desde que abandonamos o berço.

Em consequência disso, nós nos sentimos extremamente estúpidos sempre que uma ou outra circunstância nova nos surpreende, mostrando-nos que nem tudo o que nos ensinam é confiável. Langer conta que, para esse problema, há uma solução possível: tentar explorar a força da incerteza, aprendendo o que as coisas poderiam ser.

A atenção é a última peça que faltava à nova imagem que queríamos construir da mente criativa. Não nos basta contar com uma grande variedade de matéria-prima. A simples acumulação de conhecimento e de experiências não nos garante um bom desempenho criativo. Em muitos casos, aliás, o que acontece é que as pessoas criativas sabem se aproveitar muito melhor do produto de suas ideias e experiências, de seus conhecimentos e — por que não dizê-lo! — de seus devaneios. Não se trata apenas do que sabem, do que aprendem ou do que são, mas sim do que *fazem* com toda essa bagagem.

A BELEZA NO MUNDO

Se Einstein nunca tivesse nascido, será que o mundo já conheceria a Teoria da Relatividade? Se Bill Gates não tivesse abandonado a faculdade para fundar a Microsoft, será que, mesmo assim, teríamos computadores pessoais em nossas casas?

Uma pintura como a Mona Lisa pode ser considerada única. Se Leonardo nunca a tivesse pintado, poderíamos dizer que outro retrato poderia ocupar a sua posição de destaque na história da arte. Mas seria outra obra, provavelmente muito diferente da de Da Vinci. Mas e quando falamos de uma teoria científica ou de uma empresa de informática? Será que coisas tão pontuais como a Lei da Gravidade, o avião ou a locadora de vídeo podem ser consideradas criações únicas, ultra pessoais? Ou seriam apenas avanços óbvios que, desde o início dos tempos, esperavam a sua hora de vir à luz do dia, independentemente de quem os descobrisse ou criasse primeiro?

A CRIATIVIDADE
93

Como vimos, para que alguém possa propor uma inovação a algum domínio, é preciso que tenha, à disposição, todos os elementos necessários à criação daquela novidade. Alguém que nunca ouviu uma música na vida não irá compor um concerto de piano. Alguém que não conhece os princípios básicos da aerodinâmica não conseguirá criar um avião. É preciso que a sociedade em que vive também conheça esses princípios. É impossível construir um avião numa sociedade que não entende nada de aerodinâmica.

Mas se determinados elementos, fundamentais a uma descoberta, já estiverem disponíveis a um bom número de indivíduos criativos de uma mesma época, e se esses mesmos elementos já tiverem sido muito bem assimilados por determinada cultura ou sociedade, será que podemos dizer que tal descoberta é inevitável? Será que não só o progresso é algo inevitável, mas também a direção que toma?

O processo científico é uma revelação gradual de fatos e de teorias que, por sua vez, passam a ser usados como elementos para se chegar a novos fatos e teorias. Será que mais cedo ou mais tarde alguém descobriria a gravidade, a relatividade ou o DNA se Newton, Einstein, James Watson e Francis Crick nunca tivessem existido? De acordo com essa linha de raciocínio, um Leonardo Da Vinci seria insubstituível, mas um Einstein, não. Seu trabalho acabaria sendo realizado por outro cientista. Ou não?

E é aqui que entra o valor da estética do indivíduo criador.

Vamos voltar à história de Charles Darwin, de quem falamos no início do livro. Em outubro de 1836, o Beagle retomava à Inglaterra. Segundo o britânico Michael White — autor de *Rivalidades Produtivas* —, após quase cinco anos de viagens marítimas, Darwin trazia consigo 1.383 páginas de anotações sobre geologia; 368 sobre zoologia; 1.529 espécimes catalogados e conservados em álcool; 3.907 exemplares de ossos, pedaços de pele e espécimes diversos; um filhote vivo de cágado das Ilhas Galápagos, e um diário de viagem de 770 páginas: material suficiente para se manter ocupado pelo resto da vida.

Em suas notas de viagem, podemos notar os primeiros sinais da teoria da evolução que Darwin viria a conceber. Ele já suspeitava da origem comum de várias espécies, e já observava a sua necessidade de se adaptarem às condições climáticas ou geográficas das regiões onde viviam. As anotações e a direção das pesquisas de Darwin, portanto, mostram-nos que as raízes de sua teoria surgiram realmente muito cedo. Mas, apesar de suas ideias já existirem — pelo menos, em essência —, Darwin sabia que muitas não seriam aceitas facilmente, tanto pelo mundo científico quanto pela sociedade em geral. Ele precisava de boas evidências para prová-las. Precisava de uma teoria à prova de falhas, sem furos. Uma simples ideia não bastava.

Assim, Darwin publicou vários estudos: sobre geologia, sobre botânica e sobre a vida das cracas, uma espécie séssil de crustáceo marinho. Interessavam ao cientista as ligações existentes entre os mais diversos tipos de cracas e o efeito do cruzamento entre as mais distintas variedades de orquídeas. Nesse meio-tempo, além de refinar a sua teoria sem precisar trazer a evolução prematuramente à tona, Darwin ainda conseguiu construir uma boa reputação no mundo científico. Algo essencial para que, mais tarde, fosse ouvido com deferência no momento mais adequado à divulgação de suas propostas revolucionárias.

Em 1842, segundo consta em seu diário, Darwin registrou pela primeira vez suas ideias por escrito, de forma ordenada, em um resumo de 35 páginas. Dois anos depois, já tinha produzido um texto de cerca de 50 mil palavras. Sempre cauteloso com a qualidade de sua criação e o teor de suas teorias, Darwin ainda preferia não publicá-lo.

Ao que parece, esperou tempo demais. Em junho de 1858, veio o susto: Alfred Russel Wallace, um naturalista com o qual mantinha correspondência, pedia-lhe, via carta, uma opinião sobre determinado artigo de sua autoria. Para surpresa de Darwin, o artigo era bastante semelhante a seu manuscrito de 1842.

Voltemos ao zeitgeist. Na verdade, Darwin não foi o primeiro a falar em evolução das espécies. Foi o primeiro a desvendar o mecanismo por meio do qual ela poderia estar acontecendo. Outros cientistas já pesquisavam e publicavam suas ideias sobre o assunto. Dois anos antes, o próprio Wallace já tinha publicado um artigo em que analisava várias evidências em favor da evolução, mas sem chegar a elaborar uma teoria sobre o tema. As pistas, sem dúvida, já estavam todas lá. Bastava que alguém as colhesse, que juntasse os elementos certos, da forma correta.

Darwin foi o primeiro a pensar numa teoria viável, mas os dois trabalhos, o de Darwin e o de Wallace, acabaram sendo apresentados à comunidade científica ao mesmo tempo. No entanto, a teoria darwiniana possuía algo mais.

A CRIATIVIDADE 95

E o que poderia transformar-se numa tremenda discussão acabou de modo amigável: Wallace reconheceu que a teoria de Darwin era mais elegante do que a sua. Tanto que nem houve disputa sobre a qual dos dois cabia o título de criador da Teoria da Evolução. Darwin recebeu todos os créditos e todo o reconhecimento.

Outra contenda científica famosa foi a que envolveu Newton e o alemão Gottfried Leibniz a respeito da criação do cálculo. Bem mais feia, essa questão acabou mal. Newton acusou Leibniz de plágio. Apesar disso, as teorias dos dois cientistas diferiam uma da outra. A notação de Newton é mais complicada que a do alemão. O cientista inglês dava mais importância ao conceito de diferenciação, relegando ao de integração um papel mais subordinado. Já Leibniz dava mais valor à integração numérica.

É interessante notar que a matéria-prima dos dois cientistas se sobrepunha uma à outra, mas não completamente. Newton fora influenciado por seu professor, Isaac Barrow, e Leibniz, pelo filósofo e matemático francês Blaise Pascal. Newton buscava um tratamento mais prático, que pudesse ser usado em problemas de mecânica; Leibniz procurava desenvolver uma linguagem teórica universal.

Segundo Dean Simonton, foi o pensamento de Leibniz, adotado no continente europeu, que tornou possível o trabalho posterior de gente como Jakob e Johann Bernoulli, G.F.A. de l'Hospital e Leonard Euler. O pensamento de Newton, abraçado patrioticamente pelos ingleses, acabou congelando o desenvolvimento da matemática no Reino Unido.

Agora podemos voltar à questão: quando os elementos estão "no ar" de uma sociedade, podemos, afinal, dizer que um cientista (ou qualquer outro profissional) está realmente sendo criativo ao apanhá-los e combiná-los?

A resposta é sim. O biólogo molecular Cunther Stent tenha talvez dado a melhor declaração a respeito do papel desempenhado por um cientista criativo:

Se Watson e Crick não tivessem existido, as ideias que eles nos forneceram em um único pacote teriam surgido muito mais gradualmente, em um período de muitos meses ou anos. O Dr. B poderia ter visto que o DNA é uma hélice dupla e o Dr. C poderia ter, mais tarde, reconhecido as ligações de hidrogênio entre as cordas. O Dr. D poderia ter proposto uma ligação complementar de purina-pirimidina, e o Dr. E, um mecanismo de replicação adenina-timina e guanina-citosina. Durante todo esse tempo, os doutores H, I, J, K e L estariam confundindo toda a questão, publicando estruturas incorretas de tempos em tempos.

Os elementos continuariam todos lá, mas, a forma como seriam reunidos, lapidados e apresentados à comunidade científica, não. Se o norte-americano Jeff Bezos nunca tivesse montado uma livraria virtual preocupada em registrar também o gosto literário de cada um de seus clientes — como faz a sua Amazon — se Bill Gates nunca tivesse decidido trabalhar com computadores, e se Albert Einstein houvesse morrido ainda na infância, muitos elementos de suas criações já poderiam, é claro, estar entre nós. Mas, certamente, não da mesma forma.

Ao falar de Darwin e de Wallace utilizei o termo "elegante". Essa palavra, que imprime um valor estético a teorias e criações científicas, é usada sempre que se deseja elogiar oficialmente um trabalho criativo. Faz parte do jargão dos cientistas.

Bem, o mundo lá fora é caótico. Mas, aqui, nós podemos alinhar, com certa ordem, o trabalho de três criadores: o pintor, que transforma uma profusão de cores em imagens plenas de significação; o cientista, que faz o mesmo com as informações de que dispõe para criar uma inovação ou comprovar uma nova teoria; e o empresário, que trabalha de forma semelhante, em seu domínio, manipulando seus recursos produtivos. Sendo assim, o criador é aquele que, navegando pelo caos, consegue combinar os elementos certos, da forma certa e na hora certa. Mas, para que isso aconteça, um diferencial de extrema relevância é o conceito de beleza desenvolvido por cada criador.

O físico britânico Paul Dirac declarou, certa vez, que Erwin Schrödinger, físico austríaco, falhara ao publicar determinada equação de onda relativista porque as suas previsões seriam inconsistentes. Segundo Dirac, não batiam com os resultados experimentais. Conseguiu, então, resolver o problema, ignorando os fatos concretos e tendo como alvo simplesmente a elegância matemática. Ao fazer isso, Dirac ganhou um Nobel. E garantiu que é muito mais importante extrair beleza de uma equação do que fazê-la encaixar-se em

A CRIATIVIDADE

algum experimento. Ou seja: se alguém busca a beleza em suas equações — e se possui uma boa percepção da matemática e da estética —, essa pessoa está a meio caminho de um progresso palpável.

Diz o ditado que a beleza está nos olhos de quem a vê. E a grande interferência da estética no processo científico se percebe justa e facilmente nesse ponto. Devido a questões estéticas, muitas das desavenças surgidas entre os cientistas que combatem ou defendem uma ou outra ideia podem se basear apenas nas diferenças de gosto de cada um, e não na lógica.

Vejamos um exemplo interessante. Em meados de 1920, apareceram duas teorias diferentes acerca da mecânica quântica. A primeira, descrita em termos de partículas, era do físico alemão Wemer Heisenberg, a segunda, de Erwin Schrödinger, era descrita em termos de ondas. A divergência entre eles foi notável. Tanto que Heisenberg afirmou considerar a teoria de Schrödinger "nojenta". Curiosamente, o próprio autor da teoria "nojenta" possuía uma opinião parecida. Sobre a "elegância" de seu trabalho, o austríaco teria dito: "Eu fui desencorajado, senão repelido, pelo que me parecia ser um difícil método de álgebra transcendental, que desafiava qualquer visualização."

No fim, provou-se que os dois métodos, o de Schrödinger e o de Heisenberg, equivaliam-se matematicamente. De fato, existia uma correspondência perfeita de um para o outro. Para escolher a melhor das duas teorias, um cientista poderia basear-se não na lógica, mas sim naquilo que considerasse mais elegante ou mais belo em sua ciência. Preciso dizer qual foi a teoria "vencedora"?

Com tudo que vimos até agora, é seguro afirmar que a realidade é um fluxo contínuo de uma infinidade de elementos. Em outras palavras, uma grande confusão. Uma pessoa criativa é aquela que consegue recortar um pedaço dessa realidade, empacotá-la e apresentá-la aos outros. O artista pode misturar tintas; o cientista, teorias; o homem de negócios, recursos.

Criadores famosos de várias áreas trabalham por motivos surpreendentemente parecidos. Eles querem trazer um pouco de ordem ao caos, fazer algo que perpetue o seu nome; algo que trará algum progresso à humanidade. Esses fatores explicam por que grande parte dessas pessoas relata possuir algo como uma missão. Muitas vezes, seus interesses e suas obras são tão diferentes, tão extraordinários, que, observados de fora, podem parecer um pouco desconexos.

No entanto, os indivíduos criativos enxergam, ali, uma conexão. Sua visão de mundo original deve muito a seu senso estético apurado.

Para criar, cada pessoa possui seus elementos e pensamentos, suas ideias, habilidades e técnicas. Mas o que é uma boa ideia? O que torna bom um trabalho? Possuir gosto pessoal refinado faz toda diferença. Sem ele, um produto não seria, nunca, o reflexo único de seu criador.

Você pode testemunhar a explosão de uma estrela e achar aquilo tudo muito bonito. Você pode perder alguns minutos de seu dia admirando a pororoca e considerá-la deslumbrante. Você pode interpretar a fusão de duas grandes empresas como uma espécie de dança clássica corporativa, um balé gigante em que duas entidades se encontram, enamoram-se e precisam se adaptar uma à outra e, por isso, considerar aquele episódio um dos espetáculos mais envolventes e românticos do universo.

Gosto não se discute, é verdade, mas, para nossa sorte, há milhares de atividades diferentes em cada um dos muitos domínios de que já ouvimos falar. Em algum lugar, uma hora ou outra, cada um de nós encontrará aquilo que considera belo.

Essa é a grande bênção que receberam as pessoas criativas. A maioria pode não alcançar a fama ou a fortuna, mas conquistou algo que falta à maioria de nós: trabalha diariamente com aquilo que considera a coisa mais linda no mundo.

Então, quando você estiver na dúvida, quando não souber o que fazer nem para onde ir, uma questão que vale a pena levantar é a seguinte: "O que é belo para mim?"

Da mesma forma, ao avaliar uma inovação qualquer, uma obra de arte, uma teoria ou até um novo produto, você pode sair ganhando, caso pergunte a si mesmo: "Tudo bem. Isto pode muito bem ser uma inovação dentro deste domínio. Mas será que é belo?"

Descubra o que o atrai. Descubra onde está aquilo que você considera bonito. E mergulhe na beleza, sem maiores compromissos. Isso não demanda um projeto específico ou muito rigoroso. A maioria dos grandes criadores não sabe dizer exatamente aonde o levarão seus esforços, só contam com um senso estético sofisticado para guiá-los, mergulham na beleza e esperam, com alguma sorte, poder criar algo a partir dela.

VIAGENS INTERNAS E EXTERNAS

Já falamos sobre o talento. Vimos que as habilidades lendárias atribuídas às pessoas criativas nada mais são do que o fruto de anos e anos de dedicação e trabalho. E que a criatividade é parte integrante de nossa natureza, uma função comum de nosso cérebro. Também aprendemos que usamos nossas experiências passadas e investimos nossa criatividade na tentativa de prever o que nos acontecerá no futuro. Quando somos apresentados a alguém ou quando estudamos o novo design de uma máquina, estamos usando nossos velhos conhecimentos para tentar adivinhar o que o futuro nos reserva acerca daquelas novidades.

Verificamos que, de vez em quando, podemos ser surpreendidos por essas previsões. Somos atraídos pela surpresa e, do mesmo modo como somos surpreendidos por uma boa história ou por uma piada, podemos ser surpreendidos pelas relações existentes entre várias de nossas ideias.

Depois, percebemos que, para tornar essas surpresas mais frequentes entre nós, devemos enriquecer os elementos mentais de que dispomos. Vimos que pessoas criativas, intencionalmente ou não, fazem exatamente isso: buscam mais elementos, tanto dentro quanto fora de si. Analisamos casos de pessoas criativas mudadas por forças que estavam além de seu controle, como movimentos migratórios, pobreza e doenças. Mas aprendemos que essas experiências podem ocorrer com todos nós. Não basta que passemos por elas, precisamos aproveitá-las de algum jeito.

Assim, chegamos àquela grande capacidade de estabelecer ligações entre domínios, situações, imagens e quaisquer outros "elementos diferentes" que as pessoas criativas parecem aprender a elaborar tão bem. Também podemos dizer que isso não é algo exclusivo delas. Todos nós passamos por experiências próprias, desenvolvemos nossas habilidades e tentamos entender o que se passa conosco. As pessoas criativas só parecem prestar mais atenção a isso. Prestar atenção ao mundo quer dizer escutá-lo, e não só ouvi-lo, enxergá-lo, e não só olhá-lo, pensá-lo, e não só aceitá-lo.

Além disso, não podemos nos esquecer da importância do senso de estética nesse processo, pois este nos ajuda a definir qual será nosso trabalho; nos auxilia a separar as boas das más ideias e dar a elas uma forma concreta;

e nos mantém, enquanto criadores, motivados a seguir em frente. Há maior motivação do que trabalhar naquilo que consideramos belo?

Mas temos novas questões a levantar. O que é um "elemento diferente"? O que é "belo"? Onde devemos encontrar esses elementos? Se isso tudo parece subjetivo demais para você, é porque é subjetivo mesmo. Não tenha dúvidas.

Pessoas criativas quebram barreiras erguidas entre dois ou mais domínios distintos, possuem diversos interesses e adicionam elementos inusitados como sonhos, imagens e gostos pessoais à obra a que se dedicam. Por um lado, isso torna difícil qualificarmos objetivamente o que é um elemento de matéria-prima; por outro, também mostra que, de pessoa para pessoa — dependendo do que está buscando, de como vê o seu domínio de atuação e do que está disposta a fazer e aceitar em nome de seu trabalho —, qualquer experiência, conhecimento ou sensação pode se tornar um importante componente criativo.

Vejamos a história de duas pessoas interessantes. Uma encontrou a peça que faltava para empreender sua inovação ao entrar em contato com o mundo exterior; a outra a encontrou dentro de si mesma.

GARFIELD E A CRIAÇÃO DE *MAGIC*

O norte-americano Richard Garfield possui Ph.D. em matemática combinatória. Em 1991, quando ainda era um estudante, desenhou um jogo de tabuleiro, o *RoboRally,* e tentou convencer uma pequena empresa chamada *Wizards of the Coast* a produzi-lo. Peter Adkison, presidente da Wizards, não gostou do produto, e sugeriu que Garfield voltasse para casa e desenvolvesse algo mais dinâmico, portátil e menos dispendioso.

Garfield teve que aceitar a sugestão. Na época, ele já se entretinha, fazia algum tempo, com outra ideia para um jogo. Mas uma ideia despretensiosa, quase um *hobby*, na verdade. De vez em quando, apanhava um baralho que vinha desenvolvendo — e que batizara de *Magic* — e brincava um pouco com alguns amigos. Sem compromissos maiores, testava novas regras para o jogo ou simplesmente pensava um pouco mais sobre ele. Quando *Magic: the Gathe-*

A CRIATIVIDADE 101

ring — um TCG (Trading Card Game - Jogo de Cartas Colecionáveis) — foi lançado oficialmente, em 1993, seu criador já trabalhava nele havia oito anos.

O momento crucial dessa história se dera no Oregon. Garfield, em um momento de lazer, visitava a queda-d'água de Multnomah, quando, de repente, teve um *insight*. Percebeu algo simples: as cartas de um jogo de baralho não precisariam ser sempre as mesmas, sempre iguais, limitadas.

Garfield levou alguns meses para transformar aquela ideia em um novo produto. Vamos às linhas gerais de sua criação.

Jogos de cartas e de tabuleiro se baseiam em um conjunto rígido de regras que determinam os recursos de que cada jogador dispõe e as ações que cada participante pode efetivar, durante uma partida, para alcançar seus objetivos. Esses recursos e ações tendem a ser estáticos. Um jogo de xadrez sempre começa do mesmo jeito: as peças de cada jogador devem estar reunidas de um mesmo lado do tabuleiro. Com o baralho, acontece algo parecido. Apesar de existirem várias modalidades de jogos, há um universo limitado de números, letras e naipes disponíveis, mas, para se jogar pôquer, truco ou tranca, o baralho é sempre o mesmo.

Em *Magic,* cada jogador começa com um deque de 60 cartas. Existem várias categorias de cartas, que representam diversos recursos, magias e criaturas diferentes. O objetivo de um jogador é, estrategicamente, utilizar as cartas que guarda consigo para derrotar seus adversários. Antes de se iniciar uma partida, cada participante pode montar o seu próprio deque, escolhendo os monstros, as terras e as magias de sua preferência. É nesse ponto que *Magic* se diferencia dos outros jogos.

Apesar de ser um jogo de cartas, ele é absolutamente imprevisível.

Seu inimigo pode sempre lançar mão de uma carta que você, antes daquela jogada, não conhecia.

Você pode comprar 60 cartas de uma vez e sentir-se apto para jogar, mas muitos jogadores podem comprar muito mais do que isso, no desejo de aprimorar seus deques. Isso também cria um vasto mercado de trocas entre os fãs de *Magic*. Em alguns leilões na internet, por exemplo, algumas cartas, excepcionalmente poderosas, alcançam valores de até US$700. Alguns colecionadores também vendem cartas específicas para as necessidades de cada um de seus "clientes". Os jogadores vivem experimentando estratégias e conjuntos de cartas diferentes, o que dá mais dinamismo ao jogo, diminuindo a familiarização e o subsequente desinteresse pelo produto. O aspecto dinâmico e de certa forma imprevisível de *Magic* fez nascer uma grande comunidade, na qual os jogadores, além de competirem entre si, negociam cartas e trocam ideias durante o jogo.

Ao eliminar a restrição a um número limitado de cartas em seu novo baralho, Richard Garfield inventou um jogo não só divertido, mas lucrativo. Em 1993, após o lançamento de *Magic,* a Wizards of the Coast, então uma pequena empresa onde trabalhavam sete pessoas, faturou US$200 milhões. Em 1994, faturou US$40 milhões. Ainda hoje, a Wizards continua lançando novos deques e novas versões de seu jogo, e o público continua comprando os novos lançamentos. Segundo o website da Wizards, *Magic* possui mais de seis milhões de jogadores ativos espalhados pelo mundo.

IRWIN E A ARTE DE PRESTAR ATENÇÃO

A esta altura do texto, você já deve suspeitar do seguinte: circular, viajar e possuir uma vida ativa são atividades saudáveis á criatividade. Uma coisa, no entanto, sempre me incomodou. O que dizer do artista que, para criar, isola-se do mundo? Parece que estamos sempre relevando aquelas histórias que levam em conta a importância da meditação e do autoconhecimento.

No Oriente, sempre se deu muita atenção àquelas tantas jornadas que acontecem no interior de nossas mentes e elas, realmente, podem ser tão importantes quanto nossas experiências no mundo "real", externo. Quando estudamos a biografia de criadores famosos, e quando analisamos seus momentos de criação, um aspecto desse assunto costuma sempre vir à tona. O local onde uma experiência ocorre não é tão importante quanto a sua própria ocorrência. Em outras palavras: uma experiência pode ocorrer tanto no mundo "lá fora" quanto na mente do indivíduo que a vivencia.

Nem todos os que viajam a um lugar distante ou passam por experiências extraordinárias conseguem transferir isso para seus trabalhos. Ao mesmo tempo, nem todos os que parecem imóveis, estão parados de verdade. Uma pessoa pode assistir a um filme, comer um pacote de pipoca e esquecer tudo que viu logo em seguida; outra pode se inspirar com aquela mesma obra de arte, interpretá-la de alguma forma original e mudar sua maneira de ver o mundo após ter vivido aquela experiência.

Voltamos, assim, ao processo de prestar atenção ao mundo. Não interessa se a viagem por meio da qual se buscarão novos estímulos se dará pelo mundo exterior, pelo mundo do conhecimento ou pela alma de um criador. A experiência não é algo que acontece *com* as pessoas. É o que as pessoas *fazem do que acontece com* elas. Não basta viajar, participar de eventos culturais ou conhecer várias pessoas. O importante é como percebemos, assimilamos e reutilizamos essas coisas.

É assim que abandonamos aquela posição incômoda de "vítimas das circunstâncias". Tornamo-nos agentes. Se a experiência é algo que depende não do que ocorre, mas de como uma ocorrência é interpretada, todos podemos enriquecer nosso leque de experiências simplesmente ao buscar transformar eventos e pensamentos cotidianos em oportunidades constantes de aumentar a complexidade de nossa visão de mundo.

Claro, uma viagem pelo mundo é um meio confortável e divertido de se adquirir uma nova perspectiva sobre várias coisas, mas, guardadas as devidas proporções, um bom livro também pode fazer isso. Vamos a um caso interessante.

A escritora Denise Shekerjian, autora de um livro sobre os ganhadores da MacArthur Fellowship — uma bolsa em dinheiro concedida, nos Estados Unidos, a várias pessoas que se destacam em suas áreas —, conta a história do artista plástico norte-americano Robert Irwin. Aos 29 anos, ele já era um sucesso. Irwin possuía grande número de trabalhos já concluídos e uma vasta rede de contatos com outros artistas. Também já expunha suas obras em galerias de grande prestígio internacional.

Mas Irwin chegou à conclusão de que nada disso fazia dele um artista. Assim como aquelas crianças que imitam os seus ídolos, que se vestem e comportam-se como eles, agir como um artista não o tornava, propriamente, um artista. Apesar de todo o seu treinamento e de todo o sucesso que já havia conquistado, Irwin decidiu que ainda não era um artista de verdade. E essa decisão o levou a uma jornada impressionante.

Ele havia construído sua reputação ao trabalhar com o expressionismo abstrato. Aos 30 anos, causava-lhe profunda insatisfação o fato de qualquer trabalho seu, formatado dentro desse rótulo, poder ser interpretado de diversos modos diferentes por várias pessoas. Um mero rabisco podia ser considerado um arco-íris ou uma ponte. E podia, na verdade, receber qualquer outra interpretação. Incomodava-o a ideia de que uma pintura pudesse se parecer com algo diferente da pintura em si. Irwin não queria que suas pinturas fossem "lidas" de um modo diferente, mesmo que por um breve momento. Com isso em mente, intuiu que uma linha horizontal, movendo-se através de um campo colorido, seria uma das imagens menos passíveis de sofrer interpretações alternativas. E aqui começa a aventura.

Quanto mais ele trabalhava com a pintura de sua linha horizontal ideal, mais complicada a obra se tornava para ele. Mais questões surgiam — sobre o próprio ato de se fazer arte, inclusive. Gradualmente, Irwin foi se afastando das distrações do seu dia a dia. Confinou-se em seu estúdio, onde fazia e refazia a mesma coisa. Os dias viraram semanas, as semanas se tornaram meses. Vinte e dois deles.

Em seu autoexílio, Irwin trabalhava sem parar. Começou com telas coloridas sobre as quais passavam duas linhas paralelas. Ele examinava suas pinturas durante horas. Tirava cochilos de 15 ou 20 minutos (caía no sono, muitas vezes sem perceber) e voltava ao trabalho assim que reabria os olhos. Perguntava-se se não deveria transportar aquelas linhas um pouco mais para cima. Ou um pouco mais para baixo, quem sabe? Qual seria o significado delas quando colocadas justamente ali, sobre determinado ponto do quadro? E o que estas diziam sobre seus preconceitos e valores culturais? Seu trabalho refletiria algum tipo de condicionamento social que buscasse alguma ordem? Que fatores conseguiria quebrar se movesse aquelas linhas, novamente, para cima ou para baixo? Esse questionamento obsessivo alterou completamente a sua percepção das coisas.

Acabou entediado, o que de certa forma considerou uma libertação. Naquele estágio, a arte deixava de ser algo relacionado a todo aquele besteirol ligado às musas e à inspiração com que os deuses, às vezes, resolvem nos presentear. Aquilo tinha mais a ver com os rigores da autodisciplina e com a exploração das sensibilidades e do senso estético de Irwin.

Ainda assim, o artista não se permitia sair do ateliê. Continuava estudando as suas linhas horizontais. Nunca aceitaria conclusões superficiais, apressadas. Pelo contrário. Escolheu trilhar um caminho comum aos jovens brilhantes, aqueles que arriscam tudo para serem verdadeiramente grandes. Ou alcançam o sucesso ou, durante o processo, autodestroem-se.

Ao final de quase dois anos, Irwin, aos 35, tinha uma série de 10 pinturas e 22 linhas. Sua experiência impactou todo o mundo das artes.

Irwin percebeu, por exemplo, que uma pequena rachadura na parede de seu estúdio o afetava, sim, antes ou mesmo depois de consertada. Assim, concluiu, o ambiente à sua volta também afetaria o seu trabalho. Isso mudou a direção de seus trabalhos posteriores, que chamou de "projetos gerados pelo local". Robert Irwin montava suas obras de acordo com o ambiente em que estivessem inseridas. Passou a ser convidado a fazer isso em locais públicos. Uma vez desmontadas, retiradas do local para o qual foram projetadas, transferidas para outro ambiente, essas obras tornavam-se outra coisa. Não eram mais aquele mesmo trabalho, original.

SER COMPLICADO

Uma viagem pode fazê-lo prestar mais atenção ao comportamento das pessoas de outras culturas, ou à maneira como, no fim das contas, somos todos parecidos. Uma cena de filme pode-lhe servir de ponto de partida à criação de uma corrente de pensamentos novos; ideias que, associadas a uma lembrança remota de sua infância, podem, por sua vez, resultar na solução para aquele problema que o vem incomodando há tanto tempo.

Começamos a estudar aqui algumas das dificuldades associadas ao trabalho criativo. Os elementos certos, favoráveis à criação, precisam se unir, em nossas mentes, da forma certa e na hora certa. O problema é que todos esses "certos" dependem mais do gosto pessoal de cada criador, da área de atuação que ele escolheu para si e da atividade que preferiu desenvolver ao longo de sua vida do que de algum outro parâmetro bem definido. Infelizmente, para se obterem novas ideias, não há método infalível a ser adotado.

Mas as pessoas criativas, querendo ou não, misturam a complexidade do trabalho criativo à de suas próprias vidas. Acumulam mais elementos e experiências do que a média das outras pessoas, prestam mais atenção ao mundo e, com muito esforço e dedicação, tentam administrar seus conhecimentos de modo a transformá-los em inovações.

Mas nossa história ainda não está completa. Iniciamos discorrendo sobre o mundo onde vivem os indivíduos criativos. Com o exemplo da Mona Lisa, estudamos as questões que dizem respeito à criatividade e à atribuição da criatividade. De acordo com nossa necessidade, fomos nos dedicando, cada vez mais, a uma análise mais detalhada do mundo mental e de sua importância no processo criativo. Agora é hora de voltarmos a abrir nosso foco.

Vivendo a vida criativa

- ✓ Talento não existe. Desenvolve-se. Por mais que se possa dizer que alguém tem vocação para determinada atividade, atingir um bom desempenho em qualquer domínio exige tempo e dedicação.

- ✓ Pode um atleta ou um músico ser criativo? Sim. Os melhores músicos não são conhecidos somente por executarem mecanicamente uma obra, mas por acrescentarem aquele "algo mais", que é a sua interpretação, a sua assinatura. Quanto aos esportes, muitos abrem amplo espaço para as ações não estruturadas, como o futebol ou o tênis. Além disso, atletas de alta performance aprendem a não repetir sempre as mesmas atitudes e estratégias.

- ✓ Observar coisas novas alavanca a nossa criatividade. Procure se colocar em contato com outras realidades e culturas. Simplesmente falar mais de um idioma nos favorece a criatividade. Ao nos comunicarmos em outra língua, aproximamo-nos de novas culturas e novos modos de pensar e também nos expomos aos produtos criativos dessa cultura distinta.

A CRIATIVIDADE

✓ Diversifique seus interesses e habilidades. Arranje um *hobby*, aprenda algo novo, matricule-se em algum curso, leia livros sobre diversos assuntos. Pessoas criativas são boas no que fazem, mas não se limitam à sua área. A leitura onívora é típica das pessoas altamente criativas.

✓ Não só de conhecimento vive a diversidade. O sociólogo norte-americano Ronald S. Burt mostrou que os contatos sociais também podem favorecer sua criatividade. Quando você conhece pessoas de perfis, profissões e realidades diferentes, está se expondo a novos conhecimentos, informações, experiências e visões de mundo. É claro que é muito mais confortável manter seu círculo de amizades tradicional, mas, convenhamos, o que seus tradicionais colegas de profissão podem-lhe contar que você ainda não saiba? Arrisque conhecer pessoas diferentes.

✓ Com tudo isso, você ainda precisa ser bom em algo. Todas as pessoas criativas possuem conhecimentos e ferramentas capazes de transformar suas ideias em produtos concretos. Elas mantêm interesse central em suas vidas e desenvolvem habilidades específicas para trabalhar em suas áreas. Você precisa ser bom em algo para, posicionando-se bem numa área de atuação, poder inserir, nesta, as suas variações.

✓ Esqueça todos aqueles livros e conselhos sobre como "pensar como Einstein" ou coisa parecida. O que você precisa é encontrar sua própria voz. É inútil tentar imitar o pensamento dos outros, pois é a nossa matéria-prima que nos torna únicos. O que podemos fazer é tentar imitar hábitos e comportamentos alheios. Lembre-se: não é o que você faz, mas como você faz. Procure pensar sobre as seguintes questões: como suas experiências, habilidades e conhecimentos mudam sua visão de mundo? O que elas têm em comum? Como alteram sua definição do belo?

✓ Não se preocupe em procurar ideias. As ideias o encontrarão. Seu principal trabalho é procurar estímulos.

- ✓ Apesar de não existirem fórmulas, algumas coisas podem melhorar o seu processo criativo. O truque é aprender a criar melhores condições para que seu trabalho aconteça. Um ambiente rico em estímulos pode facilitar o surgimento de ideias, desde que se preste a devida atenção aos elementos que o enriquecem. Por outro lado, se esses estímulos são invasivos, como ruídos inevitáveis e incômodos, o trabalho criativo será prejudicado. Paisagens, figuras, textos, sons e objetos podem ajudar. Algumas pessoas costumam montar um "quadro de ideias", com diversas imagens e estímulos interessantes, ao qual recorrem sempre que precisam.

- ✓ Se você está em busca de uma solução, afaste-se brevemente do problema em questão. Jerry Hirshberg, lendário designer chefe da Nissan Internacional, esvaziava o seu escritório e levava todo mundo ao cinema justamente quando um problema parecia obcecá-los. Fazia isso sempre que as ideias se estagnavam, ou quando um prazo se apertava. Com o que já aprendemos sobre a atividade cerebral e as hierarquias associativas, podemos dizer que "não trabalhar" pode ser justamente o que você precisa fazer para resolver seus problemas de forma criativa.

- ✓ Experimente fatores e atividades que possam conduzi-lo a um estado mental que facilite a criatividade. A música e a realização de exercícios, por exemplo, parecem favorecê-la. Atividades semiautônomas, como dirigir e caminhar, também podem ajudar. Procure estímulos ou realize atividades diferentes quando sentir que suas ideias não estão fluindo.

- ✓ Lembre-se da relação da criatividade não só com as artes, mas com o humor. Este também parece positivo. Algumas experiências sugerem que se expor ao humor antes de tentar ter ideias pode facilitar o trabalho criativo. Muitas pessoas criativas e muitos pesquisadores se referem à criatividade como o ato de brincar com o trabalho ou com os seus elementos. Também há evidências de que o uso de jogos e da fantasia favoreçam o processo criativo. Pessoas que sonham acordadas

A CRIATIVIDADE

mais frequentemente produzem histórias mais originais. Algo simples como ver um vídeo engraçado ou ouvir uma piada pode ajudar.

✓ Existem algumas técnicas que podem ajudá-lo a criar conexões diferentes e originais entre alguns conceitos:

1. Quais são as convenções de sua área de atuação ou de seu objeto de interesse? Questione cada uma, procurando destruí-la ou substituí-la por outra coisa. Duvide de cada elemento que compõe os seus problemas, tentando, também, substituí-lo ou eliminá-lo.

2. Pense em termos de categorias, não em elementos específicos.

3. Insira um elemento de "sorteio" em seu processo criativo. Quando estiver encalhado numa questão, abra um dicionário, uma página de um livro, ao acaso; navegue pela internet, consulte um volume de citações ou qualquer outra coisa. Procure relacionar o que você viu com seu problema, sua empresa, seu trabalho e assim por diante. Pergunte-se o que esses elementos têm em comum e em que diferem.

4. "Cave" as redes de conceitos. Peça para alguém lhe descrever a organização em que trabalha, e essa pessoa lhe dará uma resposta bastante simples. Pressione-a um pouco, e ela começará a detalhá-la. Novas relações e conclusões serão percebidas e o resultado lhe dará uma perspectiva mais complexa em relação à sua questão.

Vamos agora observar a figura a seguir, adaptada de Dean Simonton.

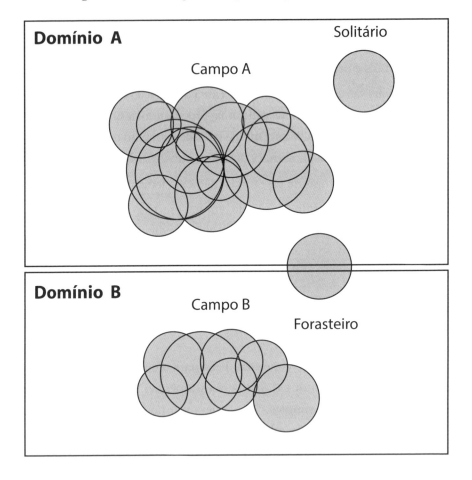

Aqui, podemos ver algumas coisas interessantes. A figura nos mostra dois domínios: A e B. Digamos que a área de cada retângulo contenha todo o conhecimento existente em cada domínio, e que cada círculo represente uma pessoa que trabalhe nele.

É impossível aprender tudo sobre alguma coisa. Por isso, devido a seu gosto pessoal, a seu treinamento e a suas possibilidades, cada pessoa detém apenas uma pequena quantidade de todo o conhecimento de cada domínio. É essa quantia pessoal de matéria-prima que ela usará para fazer a sua inovação.

Como cada um possui experiências e conhecimentos, no mínimo, um pouco diferentes dos conhecimentos e das experiências dos outros, ninguém ocupa exatamente a mesma posição que outra pessoa em um mesmo domínio.

Como você pode ver na figura, algumas pessoas possuem mais matéria-prima, outras, menos, algumas ocupam posições mais centrais, outras, marginais. Juntas, porém, elas formam o campo de seu domínio, compartilhando várias ideias entre si. (Lembre-se de que nosso desenho é um exemplo extremamente simplificado. Domínios de verdade possuem milhares de participantes.)

Cada domínio também é diferente do outro. Existem domínios maiores e menores, com mais ou menos indivíduos atuando, e com campos mais dispersos e concentrados.

Analisar a criatividade dessa forma nos traz uma bela vantagem. Fazendo isso, podemos entender e visualizar melhor a influência que os campos e os domínios exercem sobre a posição que cada pessoa ocupará dentro deles.

Observe, por exemplo, um indivíduo completamente inserido no campo do Domínio A. O que podemos dizer sobre ele?

A primeira coisa que fica evidente é que muitas, senão todas as suas ideias, são compartilhadas por pelo menos um de seus colegas. Isso pode lhe dar algum conforto. Como ele compartilha ideias com outros, não terá dificuldades em convencer um número suficiente de pessoas acerca da validade de seu trabalho. Por outro lado, o que você me diria de suas chances de chegar a uma inovação em seu domínio? Com tudo que vimos sobre o papel da variedade de matéria-prima, é bastante seguro dizer que suas chances de manter uma produção criativa são realmente pequenas.

Em contraste, olhe para a figura do lobo solitário. Esta representa aquele indivíduo que, muitas vezes, precisa criar um campo para si mesmo, "inaugurando" uma área nova e atraindo novos indivíduos para tal. Ele pode trabalhar no mesmo domínio que vários outros, mas possui ideias muito diferentes das de seus colegas.

Como podemos ver, ele está cavando uma posição única em seu domínio. Por agir de um modo particular, o lobo solitário tem mais chances de gerar produtos originais do que o resto de seu campo. Por outro lado, ele está sozinho. Como vimos no exemplo de Freud, o sucesso pode vir acompanhado de grandes recompensas, mas os riscos de não ser aceito pelo campo — e, literalmente, de encerrar sua carreira isolando-se em algum canto — são grandes.

Mas não precisamos nos ater somente a esses casos extremos. Na mesma figura podemos identificar vários indivíduos trabalhando na periferia de seus campos. Eles não dividem todas as suas ideias com os outros, mas conseguem trabalhar em suas áreas ao mesmo tempo em que desenvolvem interesses pessoais. Dessa maneira, aumentam suas chances de chegar a algo criativo sem necessariamente precisarem se isolar de seu campo. Podemos ver alguém como Darwin trabalhando de forma semelhante.

Por último, também podemos analisar a figura do forasteiro. O forasteiro é alguém que traz considerável quantidade de matéria-prima "de fora para dentro" de algum domínio. Vejamos a ilustração: ele é alguém treinado no Domínio B, mas que, por algum motivo, começou a atuar no Domínio A. Ao fazer isso, suas contribuições ao novo domínio podem ser consideradas criativas e inovadoras por seu novo campo, mas permanecem triviais em sua área de origem.

O escritor norte-americano Robert W. Weisberg, professor de psicologia da Temple University, considera muito importante esse tipo de análise. Para afirmá-lo, ele utiliza um exemplo criado por Edward de Bono. Este último conta que os fisiologistas passaram anos tentando entender, sem sucesso, qual seria a utilidade de certos arcos presentes nos túbulos renais. Costumava-se assumir que esses túbulos não teriam função alguma. Seriam resquícios de algo que, com a evolução dos rins, havia perdido sua utilidade primitiva. Um dia, um engenheiro olhou para esses mesmos arcos e propôs que poderiam fazer parte de alguma espécie de multiplicador de corrente oposta, um equipamento de engenharia usado para aumentar concentrações de líquidos.

De Bono conta essa história para ilustrar o valor que possuem as "visões de fora" e sugere a seus leitores que, para resolverem um problema, precisam adotar perspectivas novas. Nesse caso, a de um engenheiro, por isso, os leitores deveriam romper com os padrões de seus conhecimentos tradicionais.

Mas Weisberg aponta uma falha nesse raciocínio: os médicos podem ter visto a resolução daquele problema como criativa, mas tudo o que o engenheiro fez foi utilizar seus velhos conhecimentos de engenharia. Como se diz por aí, quando tudo que você tem é um martelo, só irá enxergar pregos à sua frente. E foi isso que o engenheiro fez. Sua perspectiva era inovadora apenas para os fisiologistas, a matéria-prima do engenheiro diferia completamente da dos outros. Não bastaria a um daqueles fisiologistas encarar o problema sob outra perspectiva. Era o engenheiro quem detinha os elementos necessários para decifrar o enigma. Ele simplesmente o encontrou, combinou-os em sua matéria-prima e os aplicou à questão.

Ou seja: foram os fisiologistas (e o próprio de Bono) que interpretaram aquela situação como sendo criativa. Assim, construíram uma narrativa que pretendia evidenciar essa interpretação, mas o processo mental do engenheiro não foi criativo; a aplicação de sua ideia é que foi.

Só porque o processo mental de um indivíduo não foi especialmente criativo, não podemos dizer que seu produto final não tenha obtido resultado criativo. De fato, muitas das ideias que consideramos inovadoras são somente conceitos já comuns a um domínio de repente aplicados a outro. Podemos realizar muitos trabalhos criativos dessa forma, sem precisarmos apelar para nenhum processo mental em especial. É isso que nos mostra a próxima história.

FAZENDO O QUE SEMPRE FIZ, FUI CRIATIVO E NÃO SOU MAIS

Vamos viajar para o mundo da astronomia em meados de 1800. Em 1846, o matemático e astrônomo francês Urbain Jean Joseph Leverrier resolveu correr um risco. Naquela época, o último planeta do sistema solar ainda era Urano. Recém-descoberto, Urano ainda representava alguns problemas para os astrônomos do século XIX. Certas observações sugeriam que o planeta se desviava da órbita por onde — segundo previa a Lei da Gravitação de Newton — deveria trafegar.

Diz a lenda que Isaac Newton, depois de tomar uma maçã na cabeça, descobriu a Lei da Gravidade. Um tempo depois (entre 1665 e 1666), com toda a modéstia que o caracterizava, tentou provar que as regras que regiam a queda de uma simples maçã eram as mesmas que se aplicavam à órbita dos planetas. Concluiu que a força de gravidade existente entre a Terra e qualquer outro objeto é inversamente proporcional ao quadrado da distância que separa os centros desse objeto e do nosso planeta. Bonito, não?

E então veio Urano. A teoria e as observações diretas feitas pelos astrônomos pareciam "não bater". O planeta se recusava a estar onde os cientistas esperavam que estivesse. Supôs-se até que a física de Newton não se aplicava aos locais mais afastados do espaço. Será que a Física era falha?

Após efetivar exaustiva quantidade de cálculos, Leverrier entrou na história: o astrônomo percebeu que a existência de um planeta mais distante do que Urano resolveria a distorção na órbita deste último. Em outras palavras, o problema não era Urano, mas a imagem que tínhamos de nosso sistema solar. Estava incompleta. Leverrier anunciou, então, a existência do planeta Netuno. Sem nunca tê-lo visto.

Imagine o ridículo a que um astrônomo se submetia, naqueles tempos, ao anunciar a existência de todo um planeta com base apenas em seus cálculos matemáticos. Para se ter uma ideia, Leverrier não conseguiu convencer os observatórios ingleses e franceses a procurar Netuno. Mas convenceu dois astrônomos: o alemão Johann Gottfried Galle e o dinamarquês Heinrich Louis d'Arrest, de um observatório berlinense.

Não é preciso dizer que Netuno existia de verdade. Em 23 de setembro de 1846, alguns dias após iniciar a busca, a dupla de Berlim realmente encontrou o planeta, bem próximo ao ponto onde Leverrier previu que estaria.

Como não poderia deixar de ser, Leverrier, aos 35 anos, tornou-se uma celebridade científica. A ideia de um astrônomo descobrir um planeta sem nunca ter feito quaisquer observações por si mesmo, apenas usando seu raciocínio e seus cálculos matemáticos, causou assombro entre os colegas. A física newtoniana mais uma vez se confirmava, encontrando em Leverrier o seu grande salvador.

Mas tudo que é bom dura pouco. Como tudo que atinge o seu ápice, essa história também precisa começar a afundar.

Do outro lado do sistema solar, Leverrier percebeu que havia um problema com a órbita de Mercúrio. De novo, ele não podia ignorar uma diferença detectada entre o que se esperava da órbita daquele planeta e o que verdadeiramente se observava em relação a seu comportamento. Era preciso uma explicação.

Após 13 anos de busca, em 12 de setembro de 1859, nosso herói anunciava a existência de um outro planeta insuspeitado, ainda mais próximo do Sol que Mercúrio. O novo planeta proposto por Leverrier corrigiria os erros apresentados pela órbita mercuriana. Agora, era só apontar os telescópios para o céu e encontrá-lo.

Em dezembro do mesmo ano, um médico e astrônomo amador chamado Edmond Lescarbault anunciou ter visto o planeta. Após uma conversa com o doutor francês, Leverrier chegou à conclusão de que aquele era um homem honesto, e que devia estar falando a verdade. Apesar de nunca ter checado a descoberta com propriedade, Leverrier batizou o novo planeta de Vulcano e, sem demora, começou a fazer os cálculos. Queria definir o tamanho e a órbita de Vulcano, bem como as melhores coordenadas para observá-lo. Leverrier voltou aos holofotes, triunfante, orgulhoso por haver revelado a existência de um segundo planeta apenas pela força de sua matemática.

Mas havia algo de errado com aquela história, afinal, apesar de eu não ter prestado muita atenção às minhas aulas de geografia, não lembro de nenhum planeta localizado entre Mercúrio e o Sol. E a única referência que tenho de um lugar chamado Vulcano é o Sr. Spock, personagem da série de ficção científica *Jornada nas Estrelas*.

Você já deve estar desconfiado de como nossa história acaba. O tal planeta nunca foi encontrado. Leverrier passou o resto de sua vida refazendo e divulgando novos cálculos. Progressivamente, foi perdendo seu *status* no mundo científico. Seu último cálculo data de 1877, o ano de sua morte. Em 1915, um jovem físico chamado Albert Einstein publicou sua teoria geral da relatividade, que explicou o comportamento da órbita de Mercúrio sem precisar relacioná-lo à existência de outro planeta.

A ironia nisso tudo é que Leverrier, o salvador da física newtoniana, graças à sua inteligência e à sua capacidade de calcular, realizou algo fantástico ao prever a existência de Netuno, mas, ao tentar repetir o feito, chegou aos limites de sua ciência, pressagiando suas falhas e abrindo caminho para uma nova teoria. O salvador tornou-se o prenúncio do fim.

A história de Leverrier resume muito bem tudo o que vimos até agora a respeito do trabalho criativo. Ele escolheu um problema — as distorções na gravitação dos planetas — e atacou-o com tudo que tinha. O astrônomo utilizou seu conhecimento e suas ideias para chegar a uma solução original.

Essa solução encaixou-se com o problema. Seu trabalho foi aceito pelo seu campo, e seu criador, comemorado.

Para enfrentarmos um problema ou realizarmos um trabalho, contamos somente com o nosso próprio repertório de ideias. Elas não surgem por acaso. Precisam vir de algum lugar. Nossos conhecimentos e nossas informações são a matéria-prima com que contamos para lidar com o mundo. Se Leverrier não soubesse cálculo, não faria o que fez, por mais que tivesse grandes ideias e fosse bom em associações. Propor a existência de um planeta só lhe ocorreu porque os elementos daquela ideia já estavam à sua frente, disponíveis. O mesmo pode-se dizer sobre os elementos das ideias de Einstein ou de qualquer outra pessoa.

Cada pessoa (ou cada grupo) utiliza seus conhecimentos únicos, diferenciados, sobre os domínios e os campos em que atua. Muitas vezes, determinado indivíduo conseguirá combinar informações velhas a uma nova questão, ideia ou percepção. Com isso, chegará a algo realmente inovador. Em alguns casos, ele poderá obter algum sucesso, alguma vitória, até acabar superado por alguém que detenha um novo conjunto de ideias e percepções.

A história de Leverrier é apenas uma lembrança dessa dinâmica do processo criativo. Podemos culpá-lo por algo? Talvez por haver insistido demais em seu erro, apesar da falta de evidências que comprovassem sua teoria. Mas, por outro lado, não é de uma fé cega no próprio trabalho que depende boa parte do trabalho criativo? Quantos artistas, revolucionários e empresários foram chamados de loucos quando começaram a trabalhar?

A mesma motivação que faz com que alguns indivíduos cheguem a criações impressionantes faz com que outros não cheguem a lugar nenhum. Rótulos como sucesso e fracasso ou genialidade e loucura são relativos e, quase sempre, pouco úteis quando falamos em criatividade. Isso fica claro quando percebemos que as pessoas consideradas criativas também são aquelas cujos currículos contabilizam maior número de erros. Tudo isso nos mostra a importância de ignorarmos a opinião alheia — motivo de muitas realizações criativas, e também, ironicamente, de muitos desastres de igual proporção.

O episódio de Leverrier nos prova que a geração de ideias, a descoberta e tudo que vimos até o momento, são fatores extremamente importantes no trabalho criativo, mas que não são a história toda. Tão importantes quanto eles são o domínio, o campo e, em maior escala, o mundo em que os criadores estão inseridos. A seguir, analisaremos melhor esses elementos.

O FAMIGERADO PARADIGMA

Um certo romantismo retrata a pessoa criativa como um indivíduo totalmente avesso a regras. Apesar disso, todos precisamos seguir algumas. Nossas ações estão restringidas pelas características dos campos e dos domínios que elegemos como nossos.

Os domínios costumam restringir as ideias que entram no processo combinatório do trabalho criativo e regular o grau em que podem se combinar livremente. Os domínios também definem os critérios que decidirão o que constitui uma boa combinação. Por exemplo: na literatura, ou na pintura, os artistas podem inserir uma infinidade de elementos retirados de sua experiência diária, enquanto na prática científica, um cientista precisa se ater às ideias que circulam em seu domínio específico.

O número, as variações e a extensão das mudanças podem ser muito grandes. Nas artes, é possível misturar sentimentos, conhecimentos e elementos diferentes de uma forma mais direta. Já numa ciência como a química, um cientista precisa traduzir suas ideias para o idioma usado na comunicação de seu domínio e de seu campo, precisa falar a linguagem específica de sua disciplina. Um artista que vê um cachorro na rua pode inseri-lo em seu trabalho. Para um cientista, isso exigiria mais alguns passos de raciocínio e abstração. Além disso, é necessário recorrer a diversas formalidades — como fórmulas, notações e, em muitos casos, experiências —, até que um cientista consiga apresentar suas ideias para determinado campo.

Uma palavra importante quando falamos de um domínio qualquer é "paradigma". O problema é que, como muitas outras palavras que soam "importantes", esta já foi exaurida, esgotada, por pretensos especialistas e autoridades. Mas quando ouvi um político, na televisão, declarar que seu governo "quebraria alguns paradigmas", achei que já estava na hora de revermos o assunto.

Thomas Kuhn, físico norte-americano que resolveu estudar como o avanço científico funcionava, foi o maior responsável pela popularização do termo "paradigma". Ele o definia como o conjunto de leis, teorias, aplicações e instrumentos que fornecem exemplos práticos de como é realizada a pesquisa científica em determinada área. De acordo com Kuhn, os cientistas de um paradigma compartilhariam os mesmos padrões e as mesmas regras em sua prática profissional. Em outras palavras, paradigma é a visão de mundo que os cientistas de um mesmo domínio compartilham entre si, e na qual se baseiam para realizar seu trabalho.

Por exemplo: você pode falar sobre as leis da termodinâmica com o pessoal da física e com a turma da química. O problema é que essas duas disciplinas enxergam os processos envolvidos nessas leis de modo diferente. Usando a perspectiva da física, você pode chegar a conclusões bobas ou até erradas se analisadas sob o ponto de vista dos químicos. E vice-versa.

Csikszentmihalyi conta a história de um professor de química que enviou um artigo a um jornal científico. O artigo foi rejeitado por dois avaliadores, ambos físicos. Quando pediu para o trabalho ser revisto por avaliadores da área de química, a opinião foi revertida e o artigo foi aceito.

Outro efeito importante do paradigma é a facilidade com que uma inovação pode ser descartada ou reconhecida como válida. Isso depende de como o conhecimento é organizado no domínio específico em que uma inovação ocorre. Um domínio como a matemática, por exemplo, possui uma organização relativamente mais fechada. Seu sistema de regras é mais restrito, ao favorecer a clareza e impedir a redundância das ideias propostas a seu campo.

É relativamente simples para um jovem assimilar as regras básicas do domínio e, em poucos anos, estar apto a propor algumas modificações dentro deste. Pelo mesmo motivo, quando ele propõe uma mudança, é fácil para os outros membros do domínio avaliarem sua validade, aceitando-a ou não. As novidades viajam e são julgadas rapidamente. Há meios objetivos de se avaliar a utilidade de cada inovação e é por isso que muitas vezes lemos, nos jornais, notícias que nos dão conta da resolução de um teorema ou de uma equação.

Nas ciências sociais, ocorre o oposto. É preciso décadas para que um cientista social assimile as regras de seu domínio. Quando uma novidade é proposta, o campo pode levar anos para avaliar sua validade. É necessário um trabalho mais extenso de convencimento ou de fornecimento de provas por parte de um criador até que sua inovação seja finalmente aceita como parte do domínio.

Isso explica algumas observações feitas pelos próprios integrantes dessas diferentes áreas. Domínios mais fechados, como a música e a matemática, esperam que seus criadores produzam, já na juventude, seus melhores trabalhos. Em áreas como a filosofia, espera-se que os mais velhos redijam suas "grandes obras" no final de suas carreiras.

No caso do desenvolvimento científico, não é difícil perceber que algumas disciplinas são mais paradigmáticas que outras. As ciências exatas, em geral, possuem mais regras e restrições que as humanas, por exemplo. Com mais regras e restrições, o criador possui liberdade menor de ação, mas, em compensação, os problemas que enfrenta e as soluções que encontra tendem a ser mais bem definidos. Como consequência, é muito mais fácil medir a qualidade dos avanços nessas áreas mais restritas.

O físico alemão Heinz Maier-Leibnitz conta que, certa vez, durante um pequeno seminário em Munique, foi interrompido por um aluno da pós-graduação, que lhe pediu para ir ao quadro. Ali, o estudante sugeriu uma nova maneira de representar determinado comportamento de uma partícula subatômica. Leibnitz concordou que a solução do aluno significava uma melhoria e o cumprimentou pela ideia. Logo, o professor passou a receber telefonemas de colegas de outras universidades alemãs, perguntando se o boato de que um de seus pupilos teria chegado a tal conclusão era verdadeiro. Na semana seguinte, os telefonemas começaram a vir dos Estados Unidos.

Imagine essa história numa área como a da administração. Um aluno se levanta durante a apresentação de um professor, rabisca uma ideia no quadro-negro e, em pouco tempo, aquela novidade está se espalhando pelo mundo. Altamente improvável, não?

Isso não significa que a administração — ou qualquer outra ciência social "mais difusa", como a filosofia — seja mais "resistente" às inovações.

O que acontece é que o seu sistema de ideias é tão difuso que exige de um criador alguns bons anos de dedicação àquela novidade. O tal estudante de administração teria que escrever e reescrever seus argumentos ou arranjar outra forma de prová-los até que eles pudessem ser reconhecidos como algo relevante.

LOUCURAS E EXCENTRICIDADES

O próprio comportamento de muitas pessoas criativas pode ser explicado pelo campo e pelo domínio onde estão inseridas.

Ao contrário do que o imaginário popular concebe, não há um padrão de comportamento para a pessoa criativa. A criatividade não é exclusividade de quem fala, se veste ou se comporta de um modo diferente. Muitos engravatados realizam trabalhos mais criativos do que alguns maltrapilhos que fantasiam "lutar contra o sistema".

De fato, pessoas criativas tendem a preferir roupas despojadas e confortáveis. E não ligam muito para convenções sociais. Como vimos, muitas cultivam hábitos e comportamentos que parecem fugir à norma, mas isso pode estar mais ligado à dedicação que têm a seu trabalho do que à vontade de provar qualquer outra coisa.

Da mesma forma, volta e meia um livro ou uma matéria de revista tenta nos explicar a criatividade, ou a produtividade de certos indivíduos notórios, relacionando-a a algum problema mental. Essa influência chegou até nós diretamente dos gregos, que viam a criatividade — aquele presente dos deuses — muitas vezes como uma faca de dois gumes: toda inspiração divina poderia conter um revés, cobrar um preço caro de quem a recebesse.

Na verdade, esperamos que nossos "criativos" se comportem de forma diferente. Csikszentmihalyi data do início da era romântica a tendência moderna de se esperar dos artistas algum comportamento diferenciado. Um texto de Vasari, de 1550, mostra que ele se preocupava com a personalidade dos jovens artistas italianos de sua época, que, segundo ele, apresentavam "certos elementos de selvageria e loucura". Isso os fazia parecer estranhos e excêntricos. Csikszentmihalyi lembra que há vários exemplos de grandes artistas bem ajustados ao mundo, o que descarta a necessidade da neurose para o sucesso das atividades criativas.

Associar a loucura ao comportamento criativo pode parecer coerente. Como explicar, afinal, os comportamentos diferenciados desses indivíduos? Por que seus níveis de atividade, dedicação e rejeição a normas e padrões sociais são muito mais elevados que os de outras pessoas? Tudo bem, mas se acreditarmos nisso, essa primeira conclusão nos faria agir como o Dr. Simão Bacamarte, o

A CRIATIVIDADE

famoso alienista do livro de Machado de Assis, que diagnosticava problemas mentais em todos que lhe apareciam pela frente.

Agora que entendemos um pouco mais da dinâmica da criatividade, podemos explicar tudo isso de uma maneira mais plausível. Vamos começar com o famigerado clichê do artista torturado. Existem, realmente, algumas evidências que associam a criatividade de alguém a certos sintomas relacionados à depressão e à obsessão clínicas. A pergunta, no entanto, é a seguinte: a galinha veio antes do ovo? Muitas vezes, os comportamentos tidos como bizarros são simplesmente reflexos do próprio campo a que pertencem os criadores.

O uso excessivo de drogas e de bebidas alcoólicas e até alguns transtornos mentais podem refletir as dificuldades vivenciadas em campos que prometem muito, mas que recompensam apenas alguns indivíduos, como o das artes e o da ciência. Outra explicação diz respeito ao processo de adaptação a que se submete um candidato que pretenda passar pelo teste de seu campo. Se a imagem que se tem de um artista é a daquele bicho em frequente estado de depressão, alienado do mundo, ansioso por ser aceito pelo campo que escolheu, é provável que muitos novatos vistam a máscara correspondente às expectativas dos outros e tornem-se bichos alienados e depressivos.

Grande parte desse tipo de comportamento pode ser atribuída ao estereótipo que se cultiva acerca dos integrantes de cada campo. Se quero me tornar uma estrela do rock, é melhor eu começar a me comportar como tal. Por outro lado, se eu realmente me tornar uma estrela do rock (ou se, pelo menos, estiver a meio caminho disso), já poderei abandonar de vez os comportamentos estereotipados relacionados ao gênero e desenvolver meu próprio estilo.

Assim, muito dos comportamentos alternativos que detectamos em cada domínio pode representar somente uma tentativa de adaptação das pessoas ao seu campo. É preciso "ser aceito" — e isso inclui se vestir, falar e até se comportar como os outros. Da mesma forma que um jovem advogado veste um terno e um jovem publicitário uma calça jeans, nada mais natural que um jovem artista saia por aí de roupas rasgadas e cabelo tingido de roxo.

A SOCIEDADE

Se um campo é formado pelos indivíduos que possuem algum poder de decisão sobre o futuro de um domínio específico, a sociedade exerce influência semelhante sobre as pessoas criativas. Mas, em vez de se limitar a uma área de conhecimento, ela atinge todos os que vivem em um local e durante um período de tempo específicos.

É a sociedade que estabelece quais ideias serão aceitas e compartilhadas por todos os indivíduos inseridos, que define essa ou aquela restrição a uma proposta e a direção que as iniciativas de criatividade deverão tomar, como um todo. Curiosamente, a influência da sociedade no processo criativo é uma das maiores provas de que usar palavras como "talento" e "vocação" para explicar a excelência de alguém em determinada área pode ser um erro. Essa influência é um novo e poderoso argumento contra o mito da criatividade.

Um sinal de que a criatividade, apesar de desenvolvida em áreas específicas, não é algo inato, pode ser encontrado quando analisamos a história da humanidade e vemos como os mais diversos domínios se desenvolveram em diferentes períodos e sociedades. Se a criatividade em alguma área depende de algum talento ou de algum dom em especial, uma civilização reconhecida por suas obras de engenharia, como a egípcia, somente teve a sorte de contar com o nascimento, à mesma época, de vários engenheiros talentosos sob a sua bandeira?

O cenário que primeiro me vem à mente quando falamos da influência da sociedade na criatividade é a Itália dos séculos XV e XVI. A Renascença — marcada por um intenso desenvolvimento, principalmente no domínio das das artes visuais — acabou se espalhando por toda a Europa. No século XVII, vemos o aparecimento de grandes músicos na Itália. Alguns desses compositores, instrumentistas, construtores de instrumentos e outros profissionais ligados à área, dirigiram-se a Madri e a Viena, levando consigo a sua arte. No século XVIII, era a vez de os músicos germânicos brilharem.

Em nosso tempo, podemos verificar também que alguns domínios são preferidos por grande parte das pessoas. No começo do século XX, logo após a Primeira Guerra Mundial, a física atraía as melhores mentes do mundo, que espantavam a sociedade com suas descobertas. Pouco depois da Segunda

Guerra, começou a onda das ciências biológicas e biomédicas. Será que tudo isso é apenas coincidência?

Uma vez que colocamos a criatividade dentro de seu contexto, fica claro que esta se adapta às mais diferentes áreas e que é influenciada pelo meio em que as pessoas vivem.

A sociedade escolhe seus heróis e conta histórias sobre eles. É admirando cientistas, políticos, artistas ou homens de negócios que os jovens decidem quais carreiras seguirão. É percebendo quais atividades são as mais bem remuneradas e reconhecidas que esses jovens conseguirão o apoio de suas famílias. Contudo, por si só, a sociedade não determina a criatividade, ela pode incentivá-la ou dificultar o seu desenvolvimento, conforme aconteceu durante a famosa "Idade das Trevas" — como muitos chamam o período medieval.

Segundo o biólogo romeno naturalizado norte-americano, George Emil Palade, a criatividade parece exibir uma grande margem de adaptabilidade às condições de seu ambiente, ao panorama econômico e ao espírito de seu tempo. O porquê disso já lhe deve parecer bastante óbvio. Criatividade é algo que dá trabalho, e os seus recursos precisam estar sempre disponíveis. Um contato inicial com um domínio exige que o indivíduo acumule informações sobre ele e possua os meios de subsistência para sobreviver enquanto isso. Um número razoável de pessoas deve ter a chance de escolher ser e fazer o que quiser. E a informação e os meios necessários para se alcançar o que se deseja devem estar sempre à nossa mão.

Isso nos leva a uma pesquisa do norte-americano Richard Florida, professor de desenvolvimento econômico da Carnegie Mellon University, e autor do livro *The Rise of the Creative Class (A Ascensão da Classe Criativa)*. Florida estudava os locais que as empresas de alta tecnologia e as pessoas talentosas escolhiam para se fixar quando conheceu um estudante de doutorado que pesquisava os padrões de localização de homossexuais nos Estados Unidos.

Surpreendentemente, ao compararem os dados, eles perceberam que os lugares mais favorecidos pela alta tecnologia pareciam ser os mesmos que contavam com uma alta concentração de homossexuais. O número de habitantes homossexuais de uma região possuía correlação tão forte com os dados de Florida que ele utilizou o "índice gay" como indicador do nível de abertura a ideias e a pessoas diferentes de uma cidade. Ele também descobriu resultados parecidos com outros fatores, como o "índice de boemia", por exemplo — medida usada para contabilizar artistas e escritores em geral.

A pesquisa de Richard Florida e, principalmente, o seu índice gay foram bastante criticados. É evidente que apenas o nome desse índice já pode incomodar os mais puritanos, mas, agora que aprendemos um pouco mais sobre criatividade, temos condições de entender melhor esse fenômeno.

Que local você diria ser mais atraente às pessoas criativas? Que local daria mais chances a seus habitantes de exercitarem sua criatividade? Uma cidadezinha conservadora do interior ou uma, maior, mais populosa, onde as pessoas tenham liberdade para ser o que quiserem?

Pessoas criativas precisam de liberdade e de diversidade de ideias. A criatividade flui melhor onde se encontram mais etnias e culturas diferentes, mais opções culturais, maiores oportunidades de trabalho e opções de carreira, entretenimento e desenvolvimento. Não é de surpreender que o trabalho criativo aflore na diversidade e fuja da monotonia e do puritanismo.

Liberdade de ação é igualmente importante. De nada adianta possuirmos motivação para mudar o mundo se nascemos em um país cujo governo determina que passaremos a vida trabalhando numa fábrica de canhões. A restrição não precisa ser totalitária. O contexto histórico de uma região ou de um país pode ditar a possibilidade e o rumo de cada trabalho criativo.

Dean Simonton, por exemplo, verificou que os períodos mais criativos da história dos Estados Unidos se alternam respeitando o espaço de uma geração entre eles. Ao que parece, uma geração precisa trabalhar mais quando os tempos estão mais difíceis, para que a próxima possa se beneficiar dos recursos obtidos pelos que a precederam, só assim aquela geração poderá desenvolver trabalhos criativos e originais.

A guerra também é um caso interessante. Em geral, diminui a produção criativa coletiva de um povo. Ao mesmo tempo, esta a acentua em áreas relevantes para a batalha. Meios de locomoção e tecnologia de armamentos, por exemplo, são áreas bastante favorecidas durante uma guerra. Enquanto o conflito não acaba, muitas outras áreas "menos importantes" são obrigadas a esperar pacientemente pela paz.

Os exemplos e as imagens disponíveis numa sociedade em determinado momento de sua história também são ótimas fontes de inspiração para a sua juventude. Estes fazem com que a sociedade inteira ande em determinada direção.

Na Renascença, os artistas foram muito celebrados, o que atraiu muita gente para aquele mesmo domínio. O mesmo acontece nas "áreas quentes" em que vemos nossos jovens entrarem, hoje. Se há presença maciça de empresários e de executivos na mídia, causa espanto que muitos jovens resolvam seguir esse caminho?

Vários cientistas possuem relação especial com a ficção científica, atribuindo a esta o motivo principal de seu interesse pela ciência. O britânico Steven Hawking, considerado um dos maiores cientistas em atividade, diz ter sido inspirado por ela. O escritor Isaac Asimov, entusiasmado pela ficção científica, tornou-se bioquímico e acabou fazendo o caminho inverso: passou a escrever sobre o tema e a inspirar novas gerações.

Os exemplos e os incentivos que uma sociedade fornece a seus jovens são grandes indicadores da direção que a criatividade de sua população está tomando. Mas, de todos esses incentivos, existe um especialmente interessante, o qual examinaremos agora.

DINHEIRO

Certa vez, durante uma palestra sobre criatividade, quando falei sobre determinado empresário de sucesso, ouvi o seguinte comentário de um integrante da plateia: "Ah, mas ele já era rico. Com dinheiro, é fácil fazer o que se quer."

O público tende a valorizar mais os exemplos de pessoas que, mesmo sem recursos financeiros, realizam atos criativos. Gente como Albert Einstein, que, por ter escrito seus artigos sobre a Teoria da Relatividade na mesa de sua cozinha, é mais valorizado que um empresário que tenha herdado a empresa de seu pai.

No entanto, apesar de existir certo ressentimento em relação ao empresariado, nunca ouvi ninguém chamando Leonardo Da Vinci de ganancioso. Considerado uma das pessoas mais criativas que já passaram pelo planeta,

Leonardo serviu aos líderes de Florença, aos duques de Milão, aos papas de Roma e ao rei da França. Mudava-se constantemente. Sempre em busca de uma cidade que lhe oferecesse bolsas de estudo e onde conseguisse um preço melhor por suas pinturas e esculturas.

E, assim, temos a pergunta: dinheiro faz bem à criatividade?

Sim e não.

Na criatividade, o dinheiro permite que uma atividade seja desenvolvida. Primeiro: todo mundo precisa sobreviver. É preciso possuir ou ganhar dinheiro suficiente para arcar com o longo treinamento exigido pelo trabalho criativo. Se você está trabalhando como um louco apenas para pagar as suas contas, ou se está morrendo de fome, dificilmente se arriscará em algum domínio. Segundo: o dinheiro permite acesso ao domínio escolhido. Se você quer escrever poesia, por exemplo, basta uma caneta e uma folha de papel. Para fazer um filme, é preciso equipamentos, material e pessoal. Montar uma empresa que ofereça serviços pela internet é relativamente barato. Uma que produza desenhos animados, não.

Isso torna mais fácil trabalhar com literatura do que com física de alta energia. Para fazer experimentos com esta última, você precisa arranjar um acelerador de partículas de alguns bilhões de dólares. Mas, vencida essa restrição inicial, todos os trabalhos criativos possuem dinâmica semelhante. Os riscos são altos; os erros, muitos. E sempre é preciso abrir mão de algum conforto, de alguma segurança.

O dinheiro permite que uma atividade seja empreendida, mas também não lhe garante nada. Ele não aumentará as chances de seu trabalho sair melhor.

Uma coisa é ter recursos para fazer algo, outra é ter sucesso nisso. Lembre-se de um daqueles filmes que, mesmo recheados de efeitos especiais milionários, carecem totalmente de graça e conteúdo.

O que devem fazer, então, as pessoas que não têm acesso direto a algo criativo, ou que não dispõem de tempo para se dedicar integralmente à criatividade? Estão fadadas a viver insatisfeitas, em empregos nada apaixonantes, mas que lhes permitem sobreviver? Seria solução se largassem seus empregos e fossem atrás de seus sonhos?

É hora de recorrer a Hugh Macleod. Ele é publicitário, mas também construiu uma bela carreira artística ao desenhar no verso de cartões de visita.

A CRIATIVIDADE

Macleod participou de um site chamado Changethis, para o qual se enviam manifestos sobre os mais diversos assuntos. Lá, ele publicou o texto "How to be creative" (Como Ser Criativo).

É bastante interessante a sua teoria sobre o sexo e o dinheiro. Hugh recomenda a uma pessoa criativa que tenha dois tipos de atividades: uma *sexy* e criativa, e outra que lhe pague as contas. Alguns conseguem reunir essas duas atividades em um mesmo trabalho. Mas a maioria é incapaz de se sustentar só com a parte mais *sexy* de suas atividades. Dependendo do trabalho escolhido — como escrever poesia, por exemplo —, pode ser praticamente impossível atingir um nível profissional tão cômodo que lhe permita abandonar o resto de suas obrigações.

Por isso, é bom pensar em novas ideias ou novas vocações como outras atividades. Pense, por exemplo, no jovem músico que possui um trabalho "comum". Ele é assistente de escritório no horário comercial e trabalha com música nas horas vagas, esperando que um dia as coisas não lhe sejam tão difíceis. Segundo Macleod, esse dia pode até chegar, mas a dualidade entre dinheiro e sexo, entre trabalhar por lucro ou por prazer, tende a perdurar.

Um dos exemplos mais conhecidos talvez seja o do químico Antoine Lavoisier. Filho de um advogado, ele passou pelas melhores escolas francesas até se tornar coletor de impostos. Essa atividade, na França do século XVIII, era, no mínimo, suspeita. Uma empresa pagava por concessões e dava um adiantamento ao governo. Depois, podia cobrar impostos da população como bem entendesse e guardar para si a diferença entre o que arrecadava e o que repassava ao governo, enriquecendo os membros da própria organização. Segundo Michael White, o objetivo de Lavoisier sempre foi se tornar rico o mais rápido possível para poder se dedicar livremente à ciência, o que ocorreu quando ele tinha 25 anos.

E Lavoisier, realmente, dedicou-se à ciência. Nos anos seguintes, estabeleceu as bases da química moderna, enquanto vivia confortavelmente entre a elite francesa. Durante esse período, identificou e deu nome ao oxigênio, trabalhou para afastar a química de suas raízes alquimistas e ajudou a fixar uma nomenclatura e novos métodos de trabalho para a sua disciplina.

Isso até Robespierre e a Revolução Francesa cruzarem o seu caminho. Em seu último apelo, Lavoisier pediu que fosse poupado da morte, pois ainda teria muitos trabalhos científicos importantes pela frente. Ouviu o juiz lhe responder, secamente: "A revolução não precisa de cientistas."

Em 8 de maio de 1794, Lavoisier foi levado à guilhotina. No dia seguinte, o cientista Joseph Louis Lagrange comentaria: "Levou apenas um momento para que sua cabeça fosse cortada, e cem anos podem não nos dar outra como ela."

Vivendo a vida criativa

✓ É possível ser criativo sem recorrer a nenhuma ideia em especial. Muitas inovações ocorreram simplesmente quando alguém aplicou o conhecimento de um domínio a outro. Procurar semelhanças escondidas entre o domínio em que você atua e outras áreas do conhecimento é um meio promissor de gerar inovações. Não procure apenas ideias para o seu mercado. Procure mercados para suas ideias.

✓ Procure examinar sua própria posição em seu domínio e em seu campo. Será que não está na hora de procurar elementos novos e se dirigir à periferia, para aumentar suas chances de ser criativo? Será que você não se isolou demais e já está na hora de voltar? Avalie se a posição em que você se encontra atualmente é aquela que vai ao encontro de seus objetivos.

✓ E quanto a restrições de tempo, dinheiro, idade ou coisas do gênero? É claro que, se você não possui um tostão no banco, abrir uma empresa que dependa de uma frota de aviões pode ser um sonho distante. Ainda assim, a história está repleta de indivíduos que passaram por grandes dificuldades sem desistir de seus objetivos. A falta de dinheiro limita o que você pode fazer agora, mas não o que você pode fazer para consegui-lo. Quanto à idade, sim, é possível se voltar à atividade criativa e até obter sucesso em fases avançadas da vida. Isso é ainda mais válido para domínios e campos que imponham menos restrições a novos integrantes e ideias.

DESTRUIÇÃO CRIATIVA

Já que estamos falando do trabalho de Hugh Macleod, vamos comentar a primeira regra publicada em seu texto sobre criatividade. Ignore todos, ele diz. Você não tem como saber quão boa é uma ideia até esta ser criada. Nem você, nem ninguém. Você pode até tentar compartilhar suas ideias com os outros, mas Hugh nos dá duas boas razões para evitar fazê-lo.

A primeira: ninguém pode entender completamente o que está se passando na sua cabeça, não importa o quanto tente ou o quanto você tente lhe explicar. Mesmo que saiba exatamente aonde ir, dificilmente conseguirá transmitir esse conceito a outra pessoa exatamente como você imaginou.

A segunda: o ser humano é resistente a mudanças. As pessoas à sua volta estão acostumadas a vê-lo de certa forma. Quando você propõe uma mudança, significa que algo em você está mudando, ou que irá mudar no futuro. Para Hugh, as pessoas gostam de nós como nós somos. Elas aprenderam a amar o que somos, não aquilo que queremos nos tornar. Logo, podem resistir a uma simples ideia de mudança.

Isso é ainda pior com nossos colegas de trabalho já acostumados a determinado nível de controle na relação que possuem conosco. Segundo Hugh, boas ideias sempre têm o poder de alterar estruturas, e é por isso que se resiste a elas. Como diz o artista/publicitário, elas custam caro. Por isso, poucos as têm ou têm coragem de levá-las adiante.

O melhor que temos a fazer, então, é ignorar todo mundo e seguir em frente.

Não só Hugh, mas muitas pessoas (e empresas) eminentes fazem questão de deixar registrada a sua aversão pela exposição precoce de uma ideia ou de um produto. Também deixam claro que não importa o que os outros pensem de um trabalho antes de ele estar pronto e disponível no mercado.

Será que essa percepção possui alguma ligação com a realidade? Vamos examiná-la mais a fundo.

Veja a figura a seguir. Ela representa um mercado. Podemos definir um mercado como um agrupamento informal de compradores, vendedores, proprietários e outros intermediários que se reúnem para realizar trocas.

Ouvimos falar muito no mercado de capitais, onde esses elementos se unem para trocar coisas como dinheiro e ações. Mas nossa definição não precisa se limitar a isso. Podemos também ver o mercado de informações, por exemplo, com produtores, vendedores e compradores desse tipo de produto. Também há o mercado de ideias. Nesses casos, o simples consumo de uma informação ou de uma ideia pode ser visto como uma compra. Assim como nós compramos uma pizza com o nosso dinheiro, compramos uma informação com a nossa atenção. Uma ideia, compramos com a nossa aceitação.

A figura a seguir pode servir de analogia a qualquer mercado genérico. O retângulo central é o nosso mercado e faz fronteira com uma área cinzenta, que representa tudo aquilo que está fora dele. A região circular é a central, onde as empresas estão estabelecidas, onde as ideias se transformam em conhecimento comum e são compartilhadas por todos, onde os elementos presentes são vistos, em grande parte, como definidores do mercado específico.

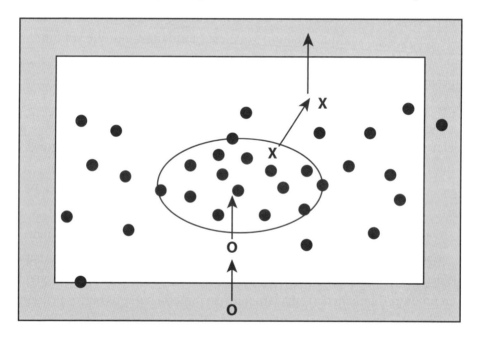

Os pontos pretos representam produtos. Como se pode ver, há produtos fora do mercado, outros estão na sua fronteira, tentando entrar, e há vários espalhados dentro dele, incluindo aqueles que ocupam posição central.

O economista austríaco Joseph A. Schumpeter foi o primeiro a ver a mudança como algo essencial. Enquanto a maioria dos economistas estava preocupada com a continuidade dos movimentos econômicos — com o que o capitalismo

A CRIATIVIDADE

faz para manter e administrar estruturas já existentes —, Schumpeter via a descontinuidade como sua verdadeira característica essencial. Na visão do economista, o capitalismo cria e destrói estruturas, em um movimento cíclico.

Segundo Schumpeter, quem move a economia é o empreendedor inovador. Após esse empreendedor criar um novo produto, surgem os seus imitadores, que investem recursos para produzir bens com base naquela inovação original. Esses investimentos aquecem a economia, gerando prosperidade, mas, à medida que aquela inovação se torna comum, a taxa de crescimento do mercado diminui e ele começa a esfriar. Isso até um novo empreendedor iniciar uma nova onda de investimentos, baseada em outra novidade.

A dinâmica acontece da seguinte forma: as inovações vêm da periferia do mercado, seguindo em direção a seu centro. Quando a inovação cumpre esse caminho, ela se estabelece numa posição central até ser deslocada por outra inovação. O que era novo começa a se dirigir, novamente, à periferia, abrindo espaço para novas ideias.

Quem está no centro recebe e controla os melhores recursos. Os produtos e as empresas centrais já estão estabelecidos e vendem bem. Suas ideias são aceitas com maior facilidade. Naquele ponto, os cientistas e os artistas são mais conhecidos. Quando você está na periferia, corre um risco muito grande de ver seu trabalho dar errado; mas o empreendedor aceita esse risco, de olho nas recompensas que poderá receber ao conseguir estabelecer sua iniciativa.

Entendendo essa dinâmica é possível compreender a natureza do processo criativo em qualquer área: as tentativas de mudança ocorrem na periferia. É lá, longe do "estabelecimento", que novas formas de ver e de lidar com o mundo são lançadas. Portanto, também é lá que deve ocorrer a maior parte dos casos de exclusão. O caminho até o centro pode ser longo e acidentado, e a grande maioria acaba ficando pelo caminho.

No centro da figura estão empresas e ideias já estabelecidas, que trabalham de modo mais processual. Isso quer dizer que quem está ali continua repetindo os mesmos padrões que o fizeram chegar à sua posição atual. Uma empresa que já foi considerada inovadora agora possui uma marca e uma linha de produtos estabelecidos. As ideias de um cientista que já foi tido como radical agora são rotuladas como "senso comum". A empresa se torna líder de mercado; o cientista, referência em sua área.

Observe os pontos localizados na fronteira do mercado. Para entrarem no retângulo, devem conquistar seu espaço modificando uma situação que já existe. Como ninguém gosta de ver seu lugar ocupado por outro, todos os inovadores devem estar preparados para enfrentar grandes resistências e uma competitividade feroz.

Alguém que consegue que seu produto, sua ideia ou até seu senso estético ocupe posição de destaque em seu domínio irá querer, é claro, que as coisas continuem como estão. O físico Max Planck expressou isso por meio de uma frase posteriormente conhecida como o "princípio de Planck": "Uma nova verdade científica não triunfa porque convence seus oponentes e os faz ver a luz, mas porque seus oponentes eventualmente morrem e uma nova geração cresce já familiarizada a ela."

Em outras palavras, à medida que um cientista envelhece, ele tende a se tornar menos receptivo a novas ideias (que podem ameaçar a boa posição das suas e, consequentemente, o seu *status* no mundo científico). Ninguém quer ver o trabalho de sua vida ameaçado, portanto, é normal que quem esteja no centro abrace um certo tradicionalismo. Trata-se, afinal, da *sua* tradição.

Vamos tentar visualizar isso. Observe o ponto "O" na figura. No início, ele se encontra fora do mercado. Alguém tenta fazê-lo cruzar a fronteira. Se tal criador tiver sucesso, aquela novidade entrará no mercado, dirigindo-se ao centro dele. Para que possa continuar avançando, o ponto "O" deve abrir seu próprio espaço no mercado, deslocando todos aqueles pontos que já estavam confortavelmente instalados em seus lugares. O ponto "X", por exemplo, com a entrada de "O", começa a se mover para a periferia. Acabará excluído do mercado.

Imagine que o ponto "X" representa o videocassete, e o "O", o DVD. Antes, o videocassete ocupava o centro do mercado. Até que veio uma inovação, o DVD, e o empurrou para o lado. Enquanto as vendas de DVD cresciam, encolhiam-se as de videocassete. Atualmente, o DVD ocupa a posição central no mercado de vídeo doméstico, e o videocassete parece cada vez mais destinado aos museus de tecnologia. E será assim até outra inovação surgir e desbancar o DVD.

Schumpeter chamava esse processo de destruição criativa. O velho e estabelecido acaba perdendo sua eficácia. Inovações preenchem lacunas e resolvem

A CRIATIVIDADE

problemas de forma mais eficiente e adequada. O novo substitui o antigo, em um fluxo constante de criação, destruição e renovação.

Em nossa figura, os pontos possuem papel ativo. São produtos criados por empresas e pessoas que participam de um esforço consciente para encaixar, da melhor forma possível, os frutos de seu trabalho dentro do mercado. Este, no entanto, não possui consciência ou vontade própria. Sua natureza é outra. O mercado controla os processos, não os resultados, em outras palavras, ele é a arena em que os participantes irão competir.

Como em qualquer esporte, há, aqui, regras básicas de participação. Cada jogador procura vencer tomando ações restringidas por essas regras. Mas apenas um campo e um regulamento não fazem um jogo. O que define uma partida de futebol é o enfrentamento de dois times adversários em um lugar próprio para isso; é o confronto entre jogadores que tentam atingir seus objetivos, obedecendo às regras que definem o que é o futebol.

O mercado é o jogo.

Assim como um torcedor pode afirmar que um jogo foi chato ou divertido, é possível observar mercados em crescimento, estagnados ou decadentes. É possível ver mercados mais velozes e mercados mais lentos. É possível identificar aqueles que recebem bem seus novos participantes e aqueles que são mais fechados.

Cada mercado estabelece os meios e as condições com que um ponto pode tentar empurrar o outro, mas não define diretamente qual dos dois vencerá a briga. Novos e velhos concorrentes entram e saem constantemente de campo, competindo pelos recursos que cada mercado oferece.

O videocassete, por exemplo, sobreviveu a uma batalha ocorrida entre o final da década de 1970 e começo da de 1980. A Sony foi a primeira empresa a lançar o produto no mercado, atraindo imediatamente a ira dos estúdios de Hollywood. Preocupava-os a possibilidade de os consumidores terem a liberdade de gravar e copiar seus filmes e programas preferidos em casa. Para piorar, com isso eles também teriam a opção de pular os comerciais. As grandes produtoras de conteúdo, capitaneadas pela Universal, processaram a Sony em 1976. A briga se arrastou por muitos anos, chegando até o Congresso americano. Em 1982, Jack Valenti, presidente da Associação de Filmes de Cinema dos Estados Unidos (Motion Picture Association of America), fez uma declaração que ficou famosa: "O videocassete está para o produtor de filmes e para o público americano como o estrangulador de Boston para as mulheres sozinhas em casa."

Felizmente, a Suprema Corte decidiu que a tecnologia era legal. Os próprios estúdios aprenderam a lucrar com a venda e a locação de fitas de videocassete. Ironicamente, as fitas da Sony com o padrão Betamax já estavam abrindo espaço para o VHS, que se tornou o padrão reinante da era do videocassete.

Esse exemplo — e o fato de até hoje vermos grupos de empresas e indivíduos se erguendo contra novas tecnologias — mostra como os ocupantes das posições centrais do mercado nem sempre ficam felizes quando precisam se mover um pouquinho para o lado. Muitas vezes, aliás, eles lançam mão de tudo que está a seu alcance para impedirem uma mudança.

E isso é somente metade do problema. Uma novidade, além de enfrentar a resistência e a concorrência de membros já estabelecidos no mercado, compete também com todos os inovadores em potencial.

O jornalista norte-americano James Surowiecki, por exemplo, diz que nos Estados Unidos, na primeira década do século XX, havia centenas de empresas que produziam automóveis. Como não havia um padrão definido, rodavam por aí até alguns veículos de três rodas, movidos à bateria ou a vapor. Todos os concorrentes defendiam suas ideias próprias sobre o que seria um carro e como este deveria funcionar. Por elas, digladiavam-se no mercado.

Conforme o tempo passa, padrões, ideias, produtos e fabricantes são selecionados. O mercado começa a se definir melhor. Como consequência, as variações de um mesmo produto começam a diminuir em formato e em quantidade.

Cada elemento aceito como parte integrante do mercado significa uma limitação na forma como se pode competir, o que não é de todo ruim. Uma vez que todos nós concordamos que um carro deve ter quatro rodas, podemos trabalhar para produzir o melhor carro possível sem ter que, literalmente, reinventar a roda toda vez que quisermos desenhar um novo. Isso até alguém reinventar um carro de três rodas e nos convencer de que este funciona melhor do que aquele com o qual já estamos acostumados.

É assim que indústrias inteiras se formam, consolidam-se e, eventualmente, morrem. Começamos com grandes variações e tentativas. À medida que os

A CRIATIVIDADE

principais concorrentes, as linhas de produtos e os padrões utilizados pelos fabricantes começam a se estabelecer, evoluímos gradualmente para um universo de poucas mudanças globais, algumas em nível local — como inovações de injeção eletrônica, por exemplo. Grande parte do trabalho passa a ocorrer de modo processual. No começo, há muita novidade e pouca repetição, no final, temos muita repetição e pouca novidade, até alguém resolver mudar as regras do jogo e reiniciar o processo.

Um mercado novo representa um campo sem jogadores. Como ainda não existe muita gente ocupando as posições centrais, a ideia de poder ditar a direção de uma nova área e receber os benefícios disso atrai muita gente. A competição será enorme e as regras, poucas. A variedade de tentativas e opções é imensa. Isso acontece até o mercado começar a definir os seus padrões. É quando os vencedores são declarados e os perdedores irão chorar em outra freguesia.

A área da internet atraiu milhões de empreendedores nos anos 90. Hoje, apesar de não haver mais tantos candidatos ao sucesso como havia antes, muitos ainda competem por algumas áreas centrais. Ainda coexistem diferentes padrões de música, vídeo e comunicação pessoal, cada qual dependendo de um programa próprio para funcionar. Essas opções eram muitas. Já diminuíram e tendem a diminuir ainda mais, conforme esses mercados forem se estabelecendo.

É normal que um mercado novo também atraia as melhores mentes (ou as mais ávidas). Se a internet é um ramo "quente", é natural que muitos sejam atraídos por ela na esperança de se estabelecerem como pioneiros ou expoentes. À medida que as posições centrais de um mercado começam a ser ocupadas, o espaço e a liberdade de ação para eventuais novos competidores diminuem. Resta-lhes buscar outros mercados "quentes", como a biotecnologia, ou esperar pela próxima mudança.

Schumpeter se referia ao movimento de grupos industriais e aos ciclos econômicos como um todo, mas ele era economista, por isso, observou a dinâmica em sua área, deixando as restantes para que nós mesmos avaliássemos. Do ponto de vista da criatividade, qualquer indústria ou domínio apresenta uma dinâmica muito parecida. No começo, atrairá um grande número de variações, que brigarão pela hegemonia naquele domínio. Conforme a área se consolida, desaceleram-se o crescimento e as variações, abrindo espaço para o início de um novo ciclo.

Outra característica dessa dinâmica vale a pena ser mencionada. Um domínio começa com algumas preposições, teorias e ideias básicas, tornando-se mais complexo ao longo do tempo, até que chega um momento em que seu grande corpo de conhecimento acumulado permite que os empreendedores atuem somente em um pedaço dele, gerando, assim, "crias" do domínio inicial.

Na física, na psicologia, na administração e até nas artes, para onde você olhar é possível observar essa dinâmica. As disciplinas evoluem, desdobram-se em novas especialidades, com domínios e campos próprios. Muitas vezes, um domínio inicial se divide em tantos outros, que fica até difícil para as pessoas que atuam em domínios "irmãos" concordarem em relação a qualquer coisa.

A DESTRUIÇÃO CRIATIVA NO INDIVÍDUO

Os norte-americanos Richard Foster e Sara Kaplan — autores do livro *Destruição Criativa* — sugeriram que as empresas bem-sucedidas de hoje são aquelas que conseguem trazer o conceito de destruição criativa para dentro delas. De acordo com a dupla, enquanto o mercado evolui cada vez mais rapidamente, por meio de ciclos constantes de criação e destruição, as empresas são organizações tradicionalmente baseadas na continuidade.

A maioria delas é criada para continuar fazendo aquilo que sempre fez bem. Maximizam sua produção, cortam custos e buscam clientes e recursos. Sempre procuram crescer e aprimorar-se nas mesmas áreas que, no passado, garantiram o seu sucesso. E tudo vai muito bem. Até o mercado mudar.

Foster e Kaplan propõem às empresas que funcionem como o mercado, que tentem imitar a sua dinâmica de destruição e criação, conforme a figura que estudamos algumas páginas atrás. Para tanto, as empresas devem criar novas opções e, de forma continuada, libertar-se de seus processos antigos.

A CRIATIVIDADE 137

Após empreenderem várias tentativas de inovação na periferia de um mercado, algumas ações podem, finalmente, emergir como vitoriosas, substituindo velhos processos e produtos. Ou as empresas abraçam a incerteza e os erros do processo criativo, ou acabam se tornando obsoletas.

O interessante é que a dinâmica que muitos teóricos de criatividade veem na produção de pessoas consideradas altamente criativas parece um espelho dessas mesmas ideias.

Os pesquisadores Robert Sternberg e Todd Lubart, no livro *Defying the Crowd,* propuseram um modelo de criatividade baseado em investimentos financeiros. Nele, as pessoas criativas procuram ativamente mais chances de "desafiar a multidão", como sugere o título da obra, e remar contra a maré.

A ideia básica é bastante simples: a maioria das pessoas sempre busca investimentos seguros. Elas seguem os conselhos de analistas, investem em fundos de baixo risco e em títulos do governo. Adorariam ganhar um pouco mais, mas odeiam a ideia de perder um pouco do que já têm. Por isso, os investimentos chamados de "conservadores" atraem muita gente. Não oferecem grandes ganhos, mas também não nos surpreendem muito, nem positiva nem negativamente.

No mercado financeiro, há também um outro tipo de investidor. Aquele que aceita o risco de perder parte de seu dinheiro em troca de um ganho superior. Essas pessoas procuram comprar em baixa e vender em alta, ou seja: quando todos estão vendendo, eles estão comprando. Quando todos estão comprando, eles estão vendendo.

Você sempre irá encontrar alguém disposto a investir em um negócio que não parece grande coisa se essa pessoa acreditar que aquele investimento pode render melhores frutos no futuro. São os chamados "investidores agressivos", que topam conviver com a chance de perder grandes somas de dinheiro diante da perspectiva de também ganhar muito quando o investimento der certo. A maioria de nós se encontra em algum ponto entre esses dois extremos. Alguns têm um perfil mais conservador; outros, mais agressivo.

No processo criativo, em vez de dinheiro, falamos de ideias e de trabalho. Enquanto a maior parte das pessoas opta por caminhos mais "seguros", as consideradas criativas se arriscam, entram em áreas novas, menos procuradas. E o resultado de seu trabalho, a partir dessa escolha, é capaz de atrair novas pessoas àquelas áreas antes inexploradas. O mesmo acontece com uma opção de investimento. Se ela já tiver mostrado bons resultados, atrairá novos investidores.

Nesse momento, é comum as pessoas criativas procurarem mudar novamente. Buscam um novo assunto, algo em baixa, com que trabalhar, e deixam que outras pessoas continuem desenvolvendo seus trabalhos naquela área antiga, da mesma forma que um investidor vende suas ações "em alta" depois de perceber que muita gente também decidiu que aquele era um bom investimento.

E aqui voltamos ao conselho de Hugh Macleod. Dificilmente alguém será bem recebido ao afirmar, em público, que investiu seu dinheiro numa empresa falida ou que comprou um imóvel numa região desvalorizada. Quem faz isso, geralmente, ouve alguns conselhos prudentes: "Faça o que todos estão fazendo"; "invista naquelas opções 'seguras' em que todos estão investindo"; "compre o que os outros estão comprando". Como diria Macleod, é melhor ignorá-los.

Coisa semelhante será dita para quem declarar sua intenção de seguir uma carreira não usual, ou de se dedicar a uma atividade levemente fora do padrão. Imagine que você resolva, de uma hora para outra, estudar a língua russa. Qual será a reação das pessoas à sua volta? Não seria mais útil estudar inglês, por exemplo?

Essa mesma dinâmica serve para os trabalhos individuais. As pessoas criativas assumem mais riscos e fogem dos padrões convencionais para desenvolver uma atividade específica. Mesmo quando trabalha na mesma área que os outros, alguém criativo teoricamente arrisca muito mais, procurando assuntos novos, polêmicos ou pouco explorados.

Podemos ver como isso acontece ao analisar o exemplo do matemático francês Benoit Mandelbrot, o criador do fractal.

Na geometria que aprendemos na escola, as formas são perfeitas. Um círculo é um círculo, um quadrado é um quadrado. O problema é que o mundo real nem sempre corresponde a essa perfeição. Como desenhar uma árvore, por exemplo, usando as equações e as formas da geometria tradicional?

Mandelbrot define o estudo do fractal como a ciência da imperfeição. Uma figura fractal pode se parecer com uma árvore, um gráfico financeiro ou uma galáxia. Por meio da geometria fractal, é possível desenvolver equações que desenhem formas complexas e imperfeitas, parecidas com as que encontramos

A CRIATIVIDADE

no "mundo real". Na geometria euclidiana, a "tradicional", o máximo que conseguimos quando queremos retratar uma imagem mais complexa é fazer composições de quadrados, círculos e outras formas perfeitas.

Você já deve ter percebido, portanto, que o estudo do fractal possui aplicações nas mais diversas áreas, da topologia à computação gráfica, das finanças às artes.

Como muitos outros criadores bem-sucedidos, Mandelbrot não se limita às fronteiras de apenas uma disciplina. É ele quem o diz: "A ciência seria arruinada se (como faz o esporte) colocasse a competição acima de tudo, e se esclarecesse as regras da competição retirando-se totalmente para especialidades definidas com rigor. Os raros eruditos nômades por opção são essenciais ao bem-estar das disciplinas estáticas."

Mandelbrot é uma figura controversa. Há quem diga que sua criação, o fractal, é apenas uma mistura de elementos que já haviam sido criados por outros matemáticos. Ao ler o trabalho do próprio Mandelbrot, salta-nos à vista o uso excessivo de expressões como "eu fiz", "eu criei" e outras afirmações autorreferentes. Ele tende ao autoengrandecimento de seus feitos e de sua biografia, o que muitas vezes é visto com maus olhos pelo mundo objetivo da ciência.

Mandelbrot ostenta outra característica capaz de irritar seus colegas. Segundo o jornalista norte-americano James Gleick — autor de um conhecido livro sobre a ciência do caos, da qual o fractal faria parte —, Mandelbrot costuma entrar e sair de diversas disciplinas fazendo conjecturas e levantando probabilidades. Com isso, ele se aproveita de uma lacuna na atividade científica: carreiras nessa área são construídas e destruídas com base nas previsões ou nas descobertas feitas pelos cientistas. Explica-se: se um pesquisador fala que algo é provável e outro prova aquele fato; quem é o responsável pela descoberta? É complicado. Enfim, acusa-se Mandelbrot de confortavelmente levantar hipóteses científicas e, sem dar-se ao trabalho de comprová-las, deixar todo o serviço braçal para os seus colegas. Assim, sempre que alguém chega a uma conclusão parecida com qualquer coisa que Mandelbrot já tenha sugerido, ele pode reclamar a descoberta para si. De acordo com Gleick, os críticos dizem que o primeiro livro de Mandelbrot é abrangente demais, o que lhe permite clamar a primazia sobre muitas futuras descobertas na área do caos.

Por muitas vezes, Mandelbrot foi mal recebido pelos cientistas dos campos em que resolveu se aventurar. Por isso, autodenominou-se um marginal solitário. De fato, a enumeração dos cargos que vem ocupando ao longo dos anos parece um tanto surreal. Ensinou Economia em Harvard, Engenharia em Yale e Fisiologia na faculdade Einstein de Medicina. Atualmente, é professor de Ciências Matemáticas em Yale e pesquisador da IEM. Não surpreende que, pelo caminho, tenha pisado em tantos calos.

Observe como essa dinâmica é semelhante à do processo de destruição criativa. O empreendedor insere sua novidade em um domínio, busca fazer suas ideias serem aceitas naquela área e, a seguir, passa para a próxima.

Como a chance de uma inovação ser aceita é sempre muito baixa, é comum vermos pessoas criativas atuando em vários domínios, assumindo iniciativas diferentes, muitas vezes ao mesmo tempo. Cavando um pouco mais na área de finanças, na qual Lubart e Stemberg se inspiraram, percebemos que esse comportamento remonta a outra questão do mercado financeiro.

É o velho "não guarde todos os ovos na mesma cesta", ou, em termos mais técnicos, trata-se da diversificação de investimentos. É arriscado concentrarmos todos os nossos recursos em um só lugar, portanto, não devemos colocar todo o nosso dinheiro em um fundo somente, nem comprar ações de uma única empresa. Devemos montar uma carteira de investimentos.

Se você investe em ações, arriscará muito ao comprá-las de uma só empresa ou de um único setor. Em vez de apostar tudo no setor de mineração, por exemplo, você pode diversificar, dividindo seu dinheiro entre empresas de mineração e de serviços e em bancos, e ainda aplicar parte do investimento em um fundo de renda fixa. Assim, seus recursos não dependem somente de uma fonte. Quando um investimento estiver em baixa, os outros podem equilibrar as suas contas. A diversificação é uma forma de diminuir o risco de se entrar com tudo em um negócio arriscado, também é uma maneira de não desperdiçar boas oportunidades — que é o que acontece quando nos limitamos a escolhas conservadoras. A ideia é chegar a um equilíbrio, definir a parcela de risco que aceitamos correr pelos nossos investimentos.

Empresas fazem isso ao atuar com produtos e mercados diferentes. E pessoas criativas fazem isso ao atuar em diversos projetos e atividades ao mesmo tempo.

A CRIATIVIDADE

Numa pesquisa realizada entre cientistas, Dean Simonton identificou três comportamentos típicos entre os que foram considerados criativos. Primeiro: eles trabalhavam simultaneamente em vários projetos diferentes. Muitos mantinham, por períodos mais longos, um ou dois projetos de "alto risco", ao mesmo tempo em que trabalhavam em projetos mais seguros, que lhes trouxessem ganhos mais imediatos e lhes permitissem dar continuidade a suas carreiras. Darwin, como vimos, publicou diversos trabalhos nas áreas de biologia e geologia, enquanto aprimorava sua teoria da evolução. Muitos dos grandes mestres do Renascimento aceitavam trabalhos por comissão — como pintar retratos de clientes que podiam pagar bem —, enquanto se dedicavam a outras obras.

Segundo: os cientistas criativos pesquisados por Simonton também se envolviam mais com outras atividades relacionadas à sua profissão — como participação em congressos, trocas de correspondência entre colegas e leituras relativas à sua área. E terceiro: também se entregavam a mais atividades recreativas. Liam e se mantinham atualizados sobre outras áreas. E se dedicavam a *hobbies* ligados à criatividade e ao intelecto.

Manter uma rede diversificada de interesses e de produção é um modo de se reproduzir, em um nível individual, o processo de destruição criativa. Várias atividades se alternam, competindo pelo tempo de um indivíduo. Assim, lições aprendidas em um local podem ser carregadas para outro, gerando uma ou mais inovações.

Também nos é possível trocar de atividade durante a solução de um problema especialmente difícil, enquanto ainda nos falta aquela "peça" que, por fim, resolveria o quebra-cabeça. Muitas vezes, o simples fato de nos dedicarmos a outra tarefa pode ativar cadeias mentais diferentes, que nos ofereçam uma solução nova àquele problema que deixamos "descansando". Desenvolver várias atividades também é uma boa saída para evitar que fiquemos parados quando uma questão parece insolúvel.

Vamos visitar o norte-americano Richard Feynman, considerado um dos maiores representantes da Física Moderna. A maioria dos professores e pesquisadores universitários vê suas atividades em sala de aula apenas como uma chateação que precisam aturar enquanto desenvolvem suas pesquisas.

Feynman dizia que, apesar de haver tido a chance de se dedicar somente à pesquisa, nunca abriu mão de dar aulas.

Realmente, quando as coisas estão fluindo bem, os horários e a preparação das aulas podem ser considerados interrupções, mas, e quanto àqueles longos períodos de tempo em que nada parece acontecer? Como diz Feynman, pode ser que você trabalhe em um desses institutos de pesquisa que, de um cientista, só querem que ele passe o dia inteiro 'sentado' tendo as suas ideias. Ótimo. Digamos, no entanto, que, neste momento, você não esteja tendo ideia alguma. Então, é correto afirmar que você não está fazendo nada. Você nem pode dizer para si mesmo: "Ao menos, estou dando as minhas aulas." Com isso, você pode ser atacado por um ligeiro complexo de culpa ou mesmo por uma pequena depressão. Isso o fará se preocupar ainda mais por não *estar tendo ideias*.

Feynman diz que preparar aulas e responder a perguntas de estudantes o faz reexaminar as ideias básicas de sua área, e que isso, muitas vezes, pode levá-lo a desenvolver novas ideias e pesquisas.

O físico conta que, certa vez, na Universidade de Cornell, percebeu-se levemente deprimido. Simplesmente não conseguia fazer pesquisas. A angústia de não criar nada o impedia de enxergar como é complicado para um jovem professor preparar boas aulas. Ele se esforçava em seu trabalho, lia para se distrair, mas ainda sentia pena de si mesmo por achar que não estava produzindo. Feynman também recebia ofertas fantásticas de trabalho. Cada uma delas só servia para lhe aumentar um pouco mais o nervosismo. Todo mundo o achava genial, mas ele sabia que estava acabado. Quando será que os outros iriam notar?

Foi quando Feynman descobriu algo sobre si mesmo. Ele costumava *gostar* de física. *Brincar* com ela. Aquilo parecia ter se perdido porque, no início, ele nem se importava se os trabalhos, os pensamentos ou as teorias que estava desenvolvendo representariam ou não um grande avanço para a Física Nuclear.

Concluiu então que, se ele já possuía um emprego — dar aulas na universidade — e se podia ler *O Livro das Mil e Uma Noites* por prazer, em casa, ele também podia voltar a pensar em Física só para se divertir. Por prazer.

Algum tempo depois, sentado na cantina da universidade, Feynman viu um estudante jogar um prato para cima. Percebeu que a rotação do prato era mais rápida que a sua vibração. Calculou o seu movimento e a aceleração das suas partículas e mostrou os resultados a outro físico. O outro lhe disse: "Muito interessante, mas para que isso serve?" Para nada. Feynman estava apenas voltando a se divertir com a Física.

Seus cálculos com vibrações o levaram às órbitas dos elétrons e, depois, à eletrodinâmica quântica. Seus diagramas e suas brincadeiras a partir daquele prato que rodopiava no ar da cantina lhe renderam o prêmio Nobel em 1965.

Perceba como é possível identificar a dinâmica da destruição criativa nessa história. O cientista notou que já possuía uma atividade principal que, além de ser considerada um "trabalho", era também remunerada e ainda o auxiliava a encontrar novas ideias na periferia do mercado em que atuava. Se Feynman não estivesse dando aulas, dificilmente teria parado de se preocupar com a "utilidade das coisas". Nunca teria "perdido seu tempo" calculando a velocidade de pratos voadores por aí.

É isso que significa agir na periferia. Perceba como essa história ainda se encaixa perfeitamente com várias outras coisas de que já falamos. Devemos prestar atenção ao que está a nossa volta e utilizar o maior número de elementos diferentes em nosso processo criativo.

CRIATIVIDADE E IMAGINAÇÃO

Já percorremos boa parte do caminho em nossa viagem pela criatividade. Vimos suas origens e também o mito que se formou sobre ela. Estudamos o que se diz sobre o indivíduo criativo e a influência do mundo sobre ele e o seu trabalho. Falamos da geração e da aceitação de ideias e inovações em um domínio e no mercado, e da evolução cíclica da criatividade por meio da criação e da destruição. Mas ainda nos falta algo. Você consegue adivinhar o que é?

Vou lhe dar uma pista. Vamos falar sobre aquele seu parente ou conhecido muito talentoso.

Todo mundo tem um: é aquela pessoa que nunca deu muito certo em nada do que fez. Muitos deles passam boa parte de suas vidas em frente à televisão ou atolados em alguma ocupação bizarra. Sabe de quem estou falando? Daquela pessoa de quem sempre se ouvem comentários como estes: "Mas ele é tão talentoso", "sempre foi tão criativo", e "tinha tudo para dar certo". A conversa sempre evolui para a conclusão de que esse nosso parente, muito inteligente e promissor, era tão criativo que não deu certo.

E aqui reside uma das confusões mais comuns em relação à criatividade. Nosso primo, considerado "criativo demais" para o seu próprio bem, não tem nada de criativo. O que ele tem é uma imaginação fértil.

Muitas vezes, vemos esses conceitos confundidos. Se há algum estereótipo que se atribua comumente à pessoa criativa é o do sonhador. Alguém cuja mente fervilha de ideias. "Ele é muito criativo, mas está perdido", ouvimos dizer por aí. Mas será que essa frase está correta?

Preste atenção à palavra criatividade. Em sua raiz, está o verbo *criar*. Fazer alguma coisa, tornar algo real. Frequentemente, criação é confundida com imaginação. Uma mente fértil, um "caldeirão de ideias", certamente favorece a criatividade, mas não é, sob hipótese alguma, a caraterística principal de um indivíduo que possamos chamar de criativo.

E é aqui que a maioria dos textos sobre criatividade escorrega. Quase todos os livros sobre o assunto prometem ajudar o leitor a ter melhores ideias. Mas só isso não basta.

Apesar de divergirem em alguns detalhes, os pesquisadores da criatividade costumam concordar em dois pontos: para alguém ser chamado de criativo, precisa contar com duas características essenciais.

A primeira é a originalidade. O indivíduo deve ser capaz de gerar ideias novas, surpreendentes e não usuais. Isso tudo pode ser muito bom, mas a história também tem um outro lado. Pessoas que sofrem de transtornos mentais; como a esquizofrenia, por exemplo, são capazes de gerar ideias e pensamentos que podem ser considerados altamente originais.

É daí que vem a metade que nos falta à equação. Uma ideia criativa não é só original. Também deve ser adaptativa.

Costumamos dizer que algo é adaptativo, conforme sua capacidade de se ajustar ao ambiente e funcionar dentro dele. Para algo ser adaptativo, também deve trazer alguma contribuição positiva para a vida de seu criador. Assim, as ilusões e alucinações de um esquizofrênico podem ser altamente originais, mas pouco adaptativas. E muitas pessoas que não sofrem de transtorno mental algum também podem apresentar comportamentos originais considerados mais excêntricos do que criativos.

Por outro lado, realizamos muitas atividades adaptativas em nosso dia a dia, sem demonstrar qualquer originalidade nelas. O modo como você prepara o jantar, por exemplo, é adaptativo.

No trabalho criativo é preciso que originalidade e adaptatividade coexistam. Essa relação não é algo teórico, tirado de livros-texto. Muitas pessoas consideradas extremamente criativas nos deixaram relatos acerca dessa dualidade.

Igor Stravinsky, por exemplo, disse que a invenção pressupõe a imaginação, mas que não deve ser confundida com ela. O que nós imaginamos não irá se tornar necessariamente algo concreto, enquanto uma invenção não é nada se não for transformada em realidade. Para o compositor, o que importa não é a imaginação, mas o que ele chama de imaginação criativa, definida como a habilidade de passar do nível de conceituação para o de realização.

Originalidade sem ação é devaneio. Ação sem originalidade é repetição. Na criatividade, um depende do outro para existir.

PRODUTIVIDADE

Por mais que se fale em imaginação, talento, ideias e iluminação, o fato é que um indivíduo criativo é reconhecido pelo produto de seu trabalho. Einstein não construiu sua celebridade pondo a língua para fora na hora de bater retratos. O que o levou para baixo dos holofotes foi o seu trabalho científico. É claro que seu comportamento informal e curioso pode ter contribuído para disseminar sua fama, uma vez que ela já estava lá.

Jung disse que toda pessoa criativa é uma síntese de dois elementos. De um lado, é um ser humano com uma vida pessoal; do outro, um processo criativo impessoal. Pode-se até olhar para a sua constituição psíquica, à procura de pistas sobre sua personalidade, mas, para entender sua capacidade artística, é preciso observar suas realizações criativas. Seria um erro tentar entender o modo de vida de um oficial do exército ou de um cardeal com base em fatores pessoais. O correto é observar o papel que ele desempenha. O mesmo deve ser feito com quem trabalha com a criatividade.

Por mais que seja interessante estudar os processos mentais, as personalidades e as condições sociais que levam alguém a um produto criativo, o mais importante é que o tal produto exista. O criador e seu processo de criação são somente meios para se chegar a esse fim. O que realmente nos interessa é o legado do criador. Só consideramos alguém criativo hoje porque ele produziu algo ontem.

A produtividade, então, é a primeira condição da criatividade. Mais do que isso, é um dos melhores indicadores de criatividade em qualquer área.

Bach, por exemplo, escrevia uma cantata por semana. Umas saíam boas, outras, ruins. Mesmo doente ou cansado, ele continuava produzindo. Mozart escreveu mais de 600 peças musicais, 30 vezes mais que Tartini, um compositor conhecido, mas de fama reduzida. Será coincidência que quase um quinto de toda a música clássica apresentada hoje em dia provenha da lavra de apenas três compositores: Bach, Mozart e Beethoven?

Em todas as áreas, parece haver uma pequena elite, extremamente produtiva. Na área científica, isso é evidente há muito tempo. Um estudo de Wayne Dennis, de 1955, analisou a produtividade em cinco áreas diferentes. Em todas as disciplinas, 10% dos cientistas ativos eram responsáveis por aproximadamente 50% das publicações. Por outro lado, aproximadamente metade de todos os cientistas tinha chegado a apenas uma contribuição. A produção de metade dos cientistas ativos não correspondia à dos 10% mais produtivos. Se todas essas pessoas e seus trabalhos simplesmente desaparecessem, o mundo continuaria com 82% de suas publicações científicas.

Os grandes cientistas são extremamente prolíficos. Darwin publicou 119 trabalhos, Einstein, 607, e o matemático Leonard Euler, 856. Paul Erdos também é um belo exemplo: todas as posses desse matemático húngaro cabiam em duas maletas. Ele nunca se fixou em lugar nenhum, muito menos teve emprego permanente. Erdos rodava o mundo batendo à porta de colegas e anunciando sua chegada: "Meu cérebro está aberto", proclamava. Ele dizia que sua principal capacidade era transformar café (e, há quem o diga, anfetaminas) em teoremas matemáticos. Recusava-se a se ocupar de tarefas "mundanas".

Não sabia dirigir. Não fazia suas próprias torradas. Mas seus anfitriões não se incomodavam com isso. Todos ansiavam por trabalhar com ele.

Tanta excentricidade foi compensada. Erdos publicou 1,5 mil artigos e trabalhou com 507 coautores diferentes. Até hoje, uma brincadeira no campo da matemática tenta descobrir a quantos graus de separação está cada cientista do grande Paul Erdos. Seus 507 colaboradores ganharam um número especial: são os Erdos 1. As pessoas que escreveram artigos com os coautores de Erdos são chamadas de Erdos 2. E assim por diante.

Thomas Edison, dono de 1.093 patentes, procurava se manter criativo instituindo "cotas" de ideias para si próprio e para seus assistentes.

Edison se obrigava a apresentar uma invenção "menor"a cada dez dias. E uma grande a cada seis meses. Durante sua carreira, Pablo Picasso produziu mais de 20 mil obras nos mais diversos meios e estilos.

David Ogilvy, um dos publicitários mais bem-sucedidos de todos os tempos, conta como aprendeu na cozinha a administrar uma empresa de propaganda. Antes de aventurar-se pelo mundo publicitário, Ogilvy era um dos 37 cozinheiros do Hotel Majestic, em Paris. Ele conta que aprendeu tudo o que sabe sobre liderança com o seu chefe na época, o *chef* Pitard.

Não havia cozinheiro melhor que Monsieur Pitard. Devido às responsabilidades de seu cargo, passava a maior parte do tempo em seu escritório, planejando menus, checando contas e comprando suprimentos. Uma vez por semana, no entanto, ele se levantava, ia para a cozinha e preparava algo, enquanto uma multidão se formava ao seu redor para observar sua técnica. Ogilvy diz que nunca parou de redigir algumas peças publicitárias para lembrar aos seus subalternos que ainda não "havia perdido a mão".

Monsieur Pitard não tolerava incompetência ou atitudes relaxadas. Despedia sumariamente aqueles que deixavam cair o nível do serviço. Ogilvy diz que fica furioso ao ouvir um empregado seu dizer a um cliente que algo não pode ser entregue na data prometida. Promessas são sempre cumpridas, a qualquer custo.

Pois Pitard não se derretia em elogios à sua equipe talentosa. Deixava-os para as ocasiões realmente especiais. Ogilvy procura ter o mesmo comportamento, esperando que um elogio bem feito na hora certa tenha maior valor que vários cumprimentos seguidos. De fato, em 1992, o psicólogo norte-americano Robert Eisenberger mostrou que indivíduos que costumam receber recompensas por se mostrarem esforçados tendem a se esforçar mais do que os indivíduos recompensados por atividades realizadas com pouco esforço.

Pitard ganhava muito mais que um simples cozinheiro, e não escondia esse fato. Isso alimentava a ambição dos jovens *chefs*. A cozinha estava sempre limpa para não passar uma impressão de desleixo. Quando o almoço e o jantar eram servidos, Pitard ficava perto do balcão, inspecionando cada prato, e mandando voltar os que estivessem fora do padrão. O publicitário adaptou todos esses comportamentos à sua prática. Mais importante que isso: Ogilvy se lembra de sentir-se extremamente cansado após a jornada de 63 horas semanais a que se submetia. Chegava acabado ao seu único dia de folga na semana. Mas Pitard trabalhava 77 horas e folgava um dia a cada quinzena. Ogilvy, já consagrado como publicitário, seguia uma agenda parecida com a do seu ex-chefe. Seus executivos se sentiam motivados a fazer hora extra quando viam que seu chefe trabalhava mais do que eles.

O compositor russo Piotr Ilitch Tchaikovsky dizia que a composição não seria somente um exercício do intelecto. Tchaikovsky falava de inspiração, mas a definia de um modo interessante. Para ele, não havia dúvida de que os grandes gênios, de vez em quando, trabalhavam, sim, com alguma ajuda dela. Mas a inspiração seria uma convidada que nem sempre responde a nossos convites. O compositor defendia o trabalho. E afirmava que qualquer artista que tenha algum respeito por si próprio não poderia nunca cruzar os braços sob o pretexto de não estar inspirado.

Devemos trabalhar para que encontremos a inspiração no meio do caminho, e não esperar por ela, sob o risco de nos tornarmos indolentes ou apáticos. A inspiração vem para aqueles que vencem essa estagnação inicial. Tchaikovsky encontrou a inspiração ao continuar trabalhando sem inspiração nenhuma. Se ele tivesse esperado por ela, teria ficado parado, imóvel. Não sairia do lugar. Mas insistiu, e encontrou a inspiração durante o processo.

Jacob Rabinow possuía mais de 200 patentes em seu nome. Também atuava como examinador do escritório de patentes dos Estados Unidos. O famoso inventor nos deu a sua receita: primeiro, dizia ele, é preciso absorver uma quantia imensa de informação na área em que você pretende atuar. Se você

A CRIATIVIDADE

quer escrever música, deve entender muito do assunto. Se você mora numa ilha deserta, o máximo que irá aprender é a assobiar como os pássaros. Você pode até ser bom nisso, mas não espere criar algo como a *Quinta Sinfonia* de Beethoven.

Para chegarmos aos limites de uma área, antes precisamos conhecê-la muito bem. Rabinow contava que, como funcionário do escritório de patentes, normalmente via pessoas chegarem com produtos simplesmente inviáveis. Uma invenção que aparecia muito era a "máquina de moto-perpétuo", que funcionaria sozinha, para sempre, sem eletricidade e sem desperdício de energia. Bem, muita gente dedica vários anos de suas vidas a suas invenções. Então, quando Rabinow tentava explicar a esses pretensos inventores que seus produtos não funcionavam, que violavam a segunda lei da termodinâmica, recebia respostas como esta: "Não me venha com essas leis de Washington."

Mas voltemos à receita de Rabinow. Em segundo lugar, uma pessoa deve estar sempre disposta a colocar a mão na massa. Isso envolve muito trabalho. E, por último, devemos saber reconhecer o lixo e nos livrarmos dele, pois ninguém tem apenas boas ideias. De fato, dá trabalho ser criativo.

O roqueiro Frank Zappa dizia que costumava passar 16 horas seguidas sentado, portando somente tinta e papel, eventualmente se levantando apenas para comer alguma coisa ou tomar um café. E, assim, passava semanas, meses, compondo. Stravinsky achava o termo *artista* pretensioso demais, pois em qualquer campo, mesmo no intelectual, não se espera que as pessoas fiquem apenas pensando e refletindo sobre um tema, mas que produzam algo.

Produtividade. Essa condição, apesar de não ser suficiente, é a única necessária à criatividade. Agora, já podemos perceber qual é a face mais nociva do mito da criatividade. É difícil imaginar alguém atingindo um alto nível de produtividade, enquanto perde seu tempo imaginando novos usos para um tijolo. Realmente, as pessoas criativas tendem a organizar suas vidas em torno de suas atividades — e muitas, aliás, levam uma vida que alguns considerariam extremamente chata. A grande produtividade não aparece do nada, mas é resultado de muito esforço e dedicação. Como diz Howard Gardner, a criatividade é um compromisso sério para pessoas sérias. Não é algo que se aprenda em um seminário de fim de semana.

A LEI DAS CHANCES IGUAIS

Toda essa conversa sobre campos, domínios, destruição criativa e produtividade pode nos levar a uma hipótese interessante: será que os indivíduos criativos são apenas aqueles que aprenderam a lidar com seus domínios e campos de forma a fazer com que seus produtos sejam mais bem aceitos? Será que é possível aprender o que caracteriza um produto criativo, e fazê-lo migrar até o centro daquele nosso quadro sobre destruição criativa?

O problema com esse raciocínio já foi apontado, em 1959, pela economista inglesa Edith Penrose. Ela dizia que o ambiente não é um fator objetivo. Não podemos prever o que pode alterá-lo e de que modo isso irá ocorrer. Isso porque criamos uma imagem do ambiente, do "mundo lá fora", em nossas mentes. Com base nessa imagem é que corremos atrás de oportunidades e atentamos para eventuais restrições às nossas atividades. Por isso, ela acaba determinando o comportamento de um indivíduo no mundo real.

Também é por isso que, no fim das contas, toda inovação precisa ser testada nesse mundo real. Nossas decisões são tomadas com base naquilo que conhecemos e naquilo que cremos verdadeiro, mas nossas ações são efetivadas no mundo real, algo muito mais complexo e imprevisível. Nosso passado pode ser objetivo: tentamos algo e aquilo deu errado, ponto final. Não podemos dizer o mesmo sobre as chances de uma nova ideia no momento em que ela é lançada no mundo real.

Em outras palavras, uma empresa pode recorrer a toda pesquisa e a todo o planejamento do mundo, mas só terá certeza de ter acertado quando realmente lançar o seu novo produto no mercado. Um artista só saberá se sua criação é boa de verdade depois de expô-la.

O processo criativo é algo incerto. Um produto deve se encaixar perfeitamente em seu campo e em seu domínio, sendo aceito e utilizado por todos (ou, pelo menos, por um bom número de pessoas). Isso requer o alinhamento de um grande número de variáveis, que vão desde o valor intrínseco de um produto específico até a reação do campo às tentativas de seu criador. Por tudo isso, por mais experiência e conhecimento que se tenha, é praticamente impossível prever o que acontecerá com o seu produto, uma vez que ele seja colocado à prova em seu domínio.

A CRIATIVIDADE

Vamos voltar à nossa imagem inicial do "mercado das ideias". Digamos que você tenha acabado de criar um novo produto em sua área de atuação. Trata-se de um novo artigo científico, uma nova empresa etc.

Você está prestes a colocar sua ideia à prova. Isso significa que sua contribuição se encontra exatamente na fronteira de seu domínio. Ela está em cima da linha, metade para dentro, metade para fora. É aqui que se decide se o seu trabalho terá a chance de ser aceito pelo seu campo e, consequentemente, incorporado pelo seu domínio, ou se morrerá esquecido, como tantas outras iniciativas no processo de destruição criativa.

Olhando de fora, parece que as pessoas mais criativas simplesmente aprenderam a lançar seus produtos de uma forma mais efetiva. Um empresário aprende o que "dá certo" no mercado. Um grande cientista aprende a fazer pesquisas que tenham um grande impacto e uma grande aceitação. Mas a realidade é outra.

Uma das contribuições mais significativas de Dean Simonton foi a descoberta de que a distribuição de qualidade da produção de um indivíduo durante a sua carreira não difere da sua distribuição de quantidade.

Vamos explicar isso melhor.

Simonton começou analisando a carreira de diversos cientistas. A vantagem de analisar o trabalho criativo de cientistas é que existem medidas objetivas em relação à produção criativa dessas pessoas. Um cientista contribui para o seu meio escrevendo artigos científicos. Como eles sempre se baseiam em trabalhos de outros cientistas, é fácil ver quais artigos conseguiram chegar ao centro de seu domínio. Basta averiguar quais são os mais citados e reverenciados por seu campo.

Se fosse possível aprender a lidar com um campo e um domínio, certamente veríamos progressão da aceitação dos trabalhos dessas pessoas. Um cientista jovem provavelmente produziria vários trabalhos de baixo impacto. Conforme aprendesse a trabalhar em seu domínio, seus artigos passariam a ser aceitos com mais facilidade e maior frequência. Examinando atentamente a carreira de um cientista, seria de se esperar que encontrássemos vários trabalhos pouco importantes escritos durante a sua juventude, e mais trabalhos importantes produzidos depois de sua maturidade.

Mas não é o que acontece. Já mostramos que um número muito pequeno de indivíduos é responsável por um número desproporcional de contribuições para um domínio. A contribuição de Simonton foi demonstrar que os cientistas que possuíam mais trabalhos citados também eram aqueles que produziam os menos citados. A diferença estava na quantidade de tentativas.

Com isso, ele provou que o sucesso de um trabalho específico é uma função de probabilidade em relação à quantidade total de trabalhos de um cientista. Quanto mais trabalhos alguém publica, mais chances tem de conseguir publicar algo que venha a ser considerado de alta qualidade. A melhor medida para saber se alguém é criativo, portanto, é a sua produção.

Vamos pensar nisso um pouco. Como Simonton considera apenas os cientistas publicados em sua análise, isso quer dizer que é preciso ter algum conhecimento prévio de como um campo funciona. Ao menos, para fazer um trabalho e vencer as primeiras barreiras que lhe são impostas. Depois disso, no entanto, é a produtividade de um indivíduo o elemento que melhor responderá por seu sucesso.

A lei das chances iguais, como Simonton chamou o fenômeno, mostra-nos que as chances de um escritor produzir um *best-seller* têm relação direta com o seu número de fracassos. Para cada artigo considerado genial pelo estabelecimento, um cientista terá vários outros esquecidos ou ignorados por completo. Para cada obra-prima, existirão várias obras menores.

Uma pergunta que você pode estar se fazendo é a seguinte: E se as pessoas criativas são aquelas que mais produzem, e portanto as que mais erram, o que acontece com todos esses erros? Por que ouvimos falar sobre suas grandes conquistas, mas nunca escutamos nada sobre a quantidade de erros dessa gente?"

AO VENCEDOR, AS BATATAS!

Eu odeio revistas de negócios. Não me leve a mal. Muitas vezes, é possível encontrar algumas informações e reportagens interessantes. Mas eu as odeio.

Deixe-me explicar: quando leio essas revistas, sinto-me um inútil.

Todo mundo parece ser melhor que eu. Todos tiveram melhores ideias, possuem carreiras mais invejáveis, são mais inteligentes, mais ricos e até mais bonitos do que eu. Revistas assim existem em todas as áreas, é claro. Só estou falando das revistas de negócios porque esta é a área com que tenho mais contato. Mas você me entendeu. É impossível fechar uma revista dessas sem um sentimento de leve depressão e incompetência.

Vamos examinar esse fenômeno mais de perto: se alguém está numa revista, é porque sua empresa ou sua carreira está indo muito bem, obrigado. Claro, sempre existem dificuldades na vida de qualquer um. Aquele pior período, o do dinheiro curto, o das noites sem dormir, aquela dúvida sobre a própria competência e, muitas vezes, até os problemas familiares; nessas revistas, tudo isso já ficou para trás. Nelas, todo mundo aparece abraçado, sorrindo e usando roupas novas. Numa entrevista, alguém pode até falar que passou por maus bocados até atingir seus objetivos, pode inclusive comentar uma ou outra dúvida que o tenha perturbado no passado. Mas as reportagens, quase sempre, concentram-se no sucesso atual de seus personagens, nas decisões que tomaram e que os levaram a um belo desfecho. Depois disso, todos falam sobre seus planos para o futuro.

E quem pode culpá-los? Afinal, quando os holofotes finalmente caem sobre nós, queremos mostrar que somos realmente dignos de toda aquela atenção, de todo aquele reconhecimento. Acentuamos nossas vitórias e fazemos nossas derrotas não parecerem ter sido tão ruins assim.

O grande problema é que nós, como sociedade, tendemos a tirar retratos e a contar as histórias somente dos indivíduos que estão (ou já estiveram) em seu auge. Por mais que esse fenômeno seja ainda mais evidente na mídia, não podemos acusá-la de nada. Quem quer ser mostrado ao mundo quando está no fundo do poço? Queremos mais é esconder nossas marés de azar. E cantar nossas vitórias a plenos pulmões.

Barry M. Staw, professor de liderança e comunicação da Universidade da Califórnia, diz que, com tudo isso, estamos sempre fazendo a *celebração do vencedor*. Divulgamos aos quatro ventos nossos casos de sucesso e esquecemos sutilmente dos milhares de fracassos que antecederam as glórias atuais. Aliada à forma como nossa mente organiza informações em torno das histórias que conta ou que conhece, a celebração do vencedor é uma das principais causas do mito da criatividade, pois faz com que todos os casos que deram errado desapareçam.

Aqueles entre nós que obtêm sucesso suficiente para serem celebrados, acabam passando imagem positiva demais. Para piorar, como é preciso "dar certo" somente uma vez, todas as derrotas passadas são esquecidas, ocultando possíveis erros e outras tentativas frustradas. Os cientistas e os artistas que já examinamos, por exemplo, podem ser ou ter sido altamente prolíficos, mas somente uma pequena parte de suas criações é conhecida. Também os empreendedores são, muitas vezes, reconhecidos pela ideia mais recente e bem-sucedida que tiveram ou por apenas uma das empresas que abriram - aquela que, enfim, deu certo. Nisso, relevam-se todos os seus equívocos anteriores.

Exaltando o nosso sucesso e escondendo o nosso fracasso, em todos os níveis, criamos uma impressão de perfeição mitológica, a mesma que vemos naqueles relatos falsos sobre a criatividade.

Quando um empreendedor conquista algum sucesso, quando um cientista anuncia uma revolução ou quando um investidor ganha muito dinheiro, eles viram notícia. Biografias e livros de autoajuda são escritos a partir de suas experiências. Milhares de pessoas procuram imitá-los, buscando também para si alguma parcela do sucesso alheio, mas aquele mesmo empreendedor vitorioso pode ter acabado de sair de uma sequencia enorme de erros e derrotas. Basta, porém, haver se tornado um vencedor digno de crédito para que a nossa queda por mitos se encarregue de apagar o seu passado de fracassos.

Não que haja algo errado em dar todo o crédito possível a alguém que tenha contribuído significativamente com alguma área. O problema é a maneira como fazemos isso. A celebração do vencedor e o mito da criatividade nos deixam cegos. Não conseguimos ver o outro lado da questão.

A verdade é que a maioria dos cientistas nunca chega a uma grande descoberta. A maioria dos novos negócios irá quebrar em seus primeiros anos de existência e grande parte das tentativas de se produzir criativamente dentro das grandes empresas resulta em demissões. O trabalho criativo pode ser altamente envolvente e exigir muito tempo e dedicação de seu criador, mas seu resultado sempre é incerto.

O maior problema em não ver o papel dos erros e das falhas no trabalho criativo é que isso nos faz ignorar uma parte crucial desse processo. Quando gastamos nosso tempo enaltecendo nossos sucessos e escondendo nossos fracassos, criamos mitos impossíveis de serem igualados e, para piorar, pensamos neles como se fossem reais.

A maioria de nós, portanto, planeja uma carreira à prova de falhas só para descobrir que tudo que conseguiu foi uma carreira idêntica a todas as outras. Aprendemos a não arriscar, pois as perspectivas de fracasso nos assombram. Futuramente, podem até macular nossos currículos impecáveis.

É assim que, ao menor sinal de problemas, desistimos de nossos sonhos ou de aprender coisas novas. Aprendemos que quem é bom não erra, por isso, quando nosso restaurante recém-inaugurado começa a dar prejuízo, entramos em pânico e achamos que a culpa é nossa, mesmo que saibamos que a maioria dos pequenos negócios passa um bom tempo no vermelho antes de começar a andar, mesmo sabendo que boa parte deles fecha sem nunca ter dado lucro.

E é assim que, por muitos anos, a literatura sobre administração coloca conceitos como liderança, excelência e perfeição em um pedestal inatingível. Consequentemente, muitas empresas se concentraram naquilo que já sabiam fazer bem. Queriam fazê-lo cada vez melhor, até que as regras do jogo mudaram e elas foram atropeladas por novos concorrentes e tendências, armados de novas habilidades e de produtos inovadores. De repente, os dirigentes dessas empresas se pegaram pensando no que teriam feito de errado. Tudo, afinal, estava corretamente programado para dar certo.

Como já vimos neste livro, a criatividade envolve aceitar riscos. Em claro e bom português, isso quer dizer que, de vez em quando, você vai jogar tempo e dinheiro pela janela. De vez em quando, você se perguntará onde estava com a cabeça quando tomou determinada decisão. De vez em quando, você se arrependerá de ter agido dessa ou daquela maneira.

Aceitar o risco significa reconhecer que, por mais que façamos o melhor possível, às vezes isso não é o suficiente. O sucesso de um novo produto requer o alinhamento de várias condições, sendo que só algumas dependem diretamente de seu criador. A realização de um produto criativo depende da junção dos elementos certos no local e no momento certos. É preciso que uma inovação se adapte a seu domínio, é preciso que o seu campo a acolha, é preciso superar concorrentes e dificuldades, é preciso que, enquanto você estiver desenvolvendo a sua grande ideia, não ocorra, em seu domínio, nenhuma mudança relevante de paradigma. Imagine a reação de alguém que trabalhe há anos na construção de um telégrafo mais eficiente ao receber a notícia de que acabaram de inventar o telefone.

Aceitar riscos envolve aceitar o fracasso como parte do processo e aprender a manter a produtividade alta mesmo quando as coisas dão errado. Isso envolve aprender com nossos erros, usar nossas experiências e os conhecimentos que adquirimos como matéria-prima para novas tentativas, mais eficazes e contundentes.

O erro é parte integrante do processo criativo. Não existe criatividade sem erros, e não se pode sequer minimizá-los. Pensando bem, por que alguém iria querer diminuir o número de erros inerente ao processo criativo? Se, como acabamos de ver, a melhor medida para a produção criativa é a produtividade total, o melhor que podemos fazer para ter sucesso em alguma coisa é tentar aumentar o nosso número de erros, e não diminuí-los.

Ainda não consegui convencê-lo? Pois deixe eu lhe contar a história de um comprimido azul.

O QUE HÁ NUM SIMPLES NOME?

A peça: *Romeu e Julieta*. Na famosa cena da varanda, em que os dois jovens apaixonados se encontram às escondidas, Julieta pergunta a seu amado: "Que há num simples nome? A rosa, com outro nome, não teria igual perfume?"

Não. É o que responderiam muitos profissionais de marketing à personagem de William Shakespeare.

Pense nos nomes dos produtos à nossa volta. Quanto vale aquele selo que traz a marca da sua televisão, do seu computador ou até da água que você pede em um restaurante? Não basta saber que alguma coisa possui espinhos, caule, folhas e pétalas. Queremos um belo nome para acompanhá-la.

Se você já passou pela experiência de tentar batizar algo, sabe do que estou falando. Como resumir em uma ou duas palavras tudo que você quer dizer? Como fazer com que um cliente em potencial se interesse por você apenas ao ouvir o nome de sua empresa? Quantos restaurantes, empresas e produtos já fracassaram ou foram prejudicados por não possuírem o nome certo? O nome de algo deve passar a ideia de tudo que está por trás dele, assim como o título de um livro precisa conter ao menos uma ideia do que encontraremos.

À medida que a escala aumenta, a importância do nome decola. Uma empresa pode gastar milhões desenvolvendo um produto, e colocar tudo a perder dando-lhe um nome inadequado.

Estou exagerando? Vamos ver.

Imagine que estamos em 1992. Você está testando um novo remédio para o coração, desenvolvido no ano passado, e acaba descobrindo que, como efeito colateral, ele aumenta o fluxo de sangue para o pênis dos pacientes. Isso quer dizer que talvez você tenha descoberto uma cura para a impotência. Que nome dar a esse medicamento? Complicado, não?

A impotência sexual é um problema real, quase comum, no mundo todo, mas não é preciso dizer que existe um enorme estigma em torno dela. No Brasil, na própria campanha de lançamento dessa nova droga, Pelé aconselhava o uso do produto, mas fazia questão de declarar: "Eu não preciso." Basicamente, era um comercial em que o garoto propaganda nos mandava comprar algo ao mesmo tempo em que jurava, de pé junto, não necessitar dele. Belo encorajamento, não?

Como fazer alguém se animar a comprar uma droga para um mal tão "vergonhoso"? A empresa que a havia desenvolvido sabia que possuía a solução para um problema que afeta milhões e milhões de pessoas, mas, como vendê-la? Como fazer toda essa gente entrar em um consultório, encarar seu médico nos olhos, reconhecer o problema e revelar seu desejo de experimentar aquele novo produto? Apenas um passo errado e o preconceito que envolve o assunto poria tudo a perder, destruiria uma oportunidade única, para a empresa e para seus potenciais clientes.

Bem, vamos conhecer David Wood e seu braço direito criativo, R. John Fidelino.

Wood é um profissional experiente na área de marcas. Em 1979, chefiava o escritório norte-americano da *Interbrand* — na época, uma pequena firma, hoje um dos grandes nomes mundiais do setor. Wood saiu de lá para montar o seu próprio negócio, focado exclusivamente no mercado farmacêutico. Quando o

Viagra foi lançado, sua empresa se chamava *Wood Worldwide* (depois, comprada pela Interbrand, formou-se a *Interbrand Wood Healthcare*).

A evolução do mercado farmacêutico é um belo exemplo da evolução do mercado de consumo. Até pouco tempo atrás, sua meta era curar doenças. Você se sentia mal, ia ao médico e ele lhe receitava algo de nome estranho e científico que o curaria.

Da mesma forma, antes, um carro era um carro. Você só queria chegar a algum lugar com ele. Uma flor era uma flor, e pouco nos importava o nome da rosa. Então, veio a explosão do marketing. A partir dela, um carro já não era apenas um meio eficiente de se mover de um ponto a outro, mas uma declaração sua ao mundo, uma extensão de sua personalidade.

O norte-americano Douglas B. Holt, especialista e professor de Marketing da Universidade de Oxford, autor do livro *Como as Marcas se Tornam Ícones*, explica que os consumidores valorizam um produto tanto pelo que simboliza quanto pelo que efetivamente faz. As marcas são veículos de autoexpressão, de que os consumidores se aproveitam na hora de construir suas identidades. Eles buscam marcas que representem ideais que admiram, que os ajudem a expressar quem são ou gostariam de ser. Para entendermos isso, basta vermos o modo como definimos as marcas e como elas nos definem. O empresário que veste Armani e o atleta que usa Nike, por exemplo.

Na indústria farmacêutica, isso se refletiu na popularização do uso de seus produtos e, a partir da década de 1980, em um subsequente aumento dos lucros e da concorrência. Os avanços tecnológicos e o novo foco do setor, em marketing, permitiram o surgimento das drogas de "qualidade de vida". É só conferir a infinidade de suplementos e de produtos destinados não a "curar" um doente, mas a fazer seus usuários se sentirem melhor. Se as marcas são parte do que somos, tomar Prozac (nome que Wood também ajudou a criar) ou Viagra nos define tanto quanto calçar um par de tênis Adidas ou Reebok. A mera sobrevivência parece não ser mais nosso objetivo principal. Queremos nos sentir bem, aumentar a intensidade de nossa experiência no mundo.

Essa discussão pode parecer fútil, mas vamos pensar um pouco sobre isso. É muito mais confortável para um paciente falar em Prozac do que em depressão. É justamente esse o valor de um nome.

A CRIATIVIDADE

Uma marca permite a um paciente sentir-se a uma distância saudável de sua condição. A doença se torna menos pessoal, menos "dele", e transforma-se em algo mais universal. Um bom nome ajuda os pacientes a discutirem seus problemas com os médicos. É muito mais confortável perguntar desinteressadamente o que faz esse tal de Viagra do que falar sobre sua própria impotência sexual.

Parte importante dessa estratégia também reside em alterar o contexto da droga. Trata-se de uma tentativa de anular o estigma que a cerca, de convencer os pacientes a aceitarem um tratamento. Para nos referirmos à incontinência urinária, por exemplo, dizemos bexiga hiperativa. Reformula-se a relação do indivíduo com a sua condição para aumentar a busca por medicamentos.

Se parece complicado batizar uma empresa ou uma marca qualquer, imagine uma novidade farmacológica. A marca precisa passar uma imagem específica ao consumidor, mas também deve ressoar com a comunidade médica. É preciso soar inovador, sem fugir muito dos termos latinos habitualmente utilizados nessa área. Para ter algum apelo entre os médicos, um nome não pode se parecer demais com o de outros produtos. Nomes de remédio devem parecer algo químico e convencer a classe médica de que são capazes de cumprir uma função. De um lado, a marca deve ser voltada ao seu objetivo e à tradição; de outro, deve apelar à pessoa que irá consumir o produto, partindo daí para maior abstração. Botox, por exemplo, é um bloqueador neuromuscular — e um removedor de rugas.

A FDA (*Food and Drug Administration*) — a poderosa entidade que tem o poder de aprovar ou de manter uma droga fora do mercado norte-americano, o que lhe serve de trampolim para o resto do mundo — impõe várias restrições aos novos produtos que avalia. Estes não podem ser confusos ou levar seus consumidores a tirar conclusões pessoais sobre seus resultados. Também não podem passar informações sobre sua eficiência, sua dosagem ou seus possíveis usos alternativos. Some tudo isso às preocupações de um departamento de marketing em não lançar um nome parecido com o de um produto já existente, mas um nome que soe bem e seja atraente ao consumidor, e você terá uma ideia do tamanho do problema enfrentado por essas pessoas.

Um produto farmacêutico custa em torno de US$500 milhões em pesquisas. Após conseguir uma patente para ele, o relógio começa a correr.

Uma empresa deve lançar e ter lucro com um novo medicamento, enquanto não perde seus direitos de exclusividade e enquanto não surgirem opções similares no mercado. Quanto mais tempo a empresa perder no processo de aprovação ou no de marketing, menos tempo terá para receber os lucros de seu investimento. Todo o processo — propor um nome ao novo produto, avaliá-lo e lançá-lo — deve ser rápido e eficaz. Um atraso pode literalmente custar milhões. Como evitar isso?

Para encontrar um bom nome, Fidelino, o diretor criativo da Wood, recorre a poetas, escritores, jornalistas e todos aqueles que possam lhe dar novas sugestões e perspectivas. Muitas vezes, ele prepara e armazena nomes para produtos que ainda não existem. Também está sempre à procura de novas tendências, pois precisa sugerir, hoje, nomes que serão usados somente daqui a alguns anos.

Durante esse processo, a empresa realiza sessões com médicos, especialistas e potenciais usuários. Esses encontros são marcados para que se pesquem algumas ideias em meio à audiência. Eles ajudam os profissionais a entender melhor o seu mercado e a validar os próprios conceitos com um público adequado. Foi em um desses encontros que se identificou o grande estigma que maculava a questão da impotência. A palavra sugere fraqueza, falta de poder. E assim nasceu o termo "disfunção erétil".

Após trabalhar com as informações gerais sobre uma nova droga, a Wood costuma sugerir de 30 a 50 sugestões de nomes aos seus clientes. Numa dessas apresentações, foi escolhido o nome Viagra.

Viagra soa com uma antiga palavra grega, *ágora*, que significa algo como "mercado". Com isso, ela consegue nos soar familiar, mas, ao mesmo tempo, nova. "Vi" vem de "vitalidade", "vigor", enquanto que "agra" nos remete a "pegar", "agarrar".

Após todo esse papo, no entanto, Fidelino deixa escapar que a palavra Viagra, na verdade, já existia. Antes, planejava-se usá-la para batizar uma nova droga para os rins.

Outra empresa especializada em nomes, a Lexicon, sugeriu chamar de *blackberry* um aparelho de comunicação sem fio. A palavra nos faz pensar numa fruta pequena e saborosa (a terminação "berry", em inglês, é usada para designar frutas como o morango (*strawberry*). É também amigável e, quando relacionada a uma novidade eletrônica, passa a ideia de que não precisaremos ler um manual de 200 páginas para compreendê-la. Aquela palavra daria personalidade rápida e positiva para a marca. A Lexicon apresentou 43 nomes à consultoria da empresa que estava lançando o produto, e BlackBerry foi o escolhido.

Para inventar um nome, a Lexicon começa por um processo chamado de "navio de ouro", em homenagem a um certo capitão Tommy Tompson, oficial que encontrou, já naufragada, uma embarcação carregada com o metal precioso. Primeiramente, Tompson empreendeu uma grande varredura de sonar pelo fundo do mar. Essa pesquisa lhe apontou que, em vários pontos onde não deveria haver nada, havia massa. Essa informação foi usada para escolher os locais que seriam investigados novamente, por uma nova varredura. A Lexicon vê o seu método de forma parecida. Eles, primeiro, alargam seu espectro, depois, afinam seu foco.

Não são poupados esforços. No início, a direção da empresa, para fugir de respostas óbvias, chega a enganar seus colaboradores terceirizados. Eles são separados em grupos, que recebem como objetivo procurar nomes para produtos diferentes. No caso do BlackBerry, alguns deles receberam a tarefa de batizar um computador pessoal de uso acadêmico, outros, uma "nova forma de comunicação", e outros, ainda, uma ferramenta médica de diagnóstico. Como você pode perceber, apesar de serem diferentes, esses outros produtos possuem alguma relação com a categoria do produto verdadeiro. Foge-se, assim, do conceito original, mas sem ir muito longe.

Em seu processo, a Lexicon usa pessoas especializadas no assunto, como linguistas e profissionais da empresa contratante, e lança mão de uma variedade de outros procedimentos para chegar aos melhores candidatos possíveis.

O escritor norte-americano Alex Frankel, autor de *Wordcraft,* conta que a maioria das empresas que trabalham sugerindo nomes possui vários deles em seu banco de dados. Muitos costumam reaparecer em várias reuniões, sugeridos para vários produtos diferentes. O próprio Frankel, que, de vez em quando, trabalhava como "fonte de nomes", já tinha ouvido o termo BlackBerry numa reunião antiga. Alguém o tinha sugerido para uma rede ou algo similar.

O que está acontecendo aqui? Olhando para os exemplos do Viagra e do BlackBerry, temos a impressão de que toda essa conversa sobre as vantagens de um nome e os processos utilizados pelas empresas para criá-lo talvez sejam somente papo de consultor tentando vender seus produtos. Se os nomes já existiam, será que tudo isso faz sentido?

Voltemos para a questão das narrativas. Contamos histórias sobre as coisas à nossa volta. E isso também vale para todas as empresas e produtos que conhecemos. Um bom produto é aquele que nos conta uma história.

O trabalho dessas empresas começa a ficar mais claro. Para desenvolver uma infinidade de nomes, essas empresas acabam desenvolvendo uma grande quantidade de ideias e métodos. E elas os utilizam para filtrar gradualmente essas opções em direção àquilo que se deseja. Primeiro, é feito um grande processo de variação de opções; depois, de seleção; e, finalmente, de escolha da opção vencedora. Essas empresas tentam entender a história que cada produto ou empresa quer contar. Em seguida, procuram pelas palavras que melhor resumam essas histórias. O segredo não é criar uma palavra nova, mas possuir um grande número delas e escolher a que melhor se adapte a cada situação.

A IBM, outro exemplo citado por Frankel, pegou um termo que já existia, o "e-business", e o escolheu para contar a nova história da empresa.

Quando procurava por um nome, a consultoria *Accenture* também contratou uma dessas empresas. Ao mesmo tempo, pediu a seus 65 mil funcionários espalhados pelo mundo que enviassem sugestões. A empresa contratada gerou 3 mil nomes, e os funcionários, mais 2,6 mil. Desse conjunto, retirou-se a palavra vencedora.

Preste atenção ao processo, aos números envolvidos e à quantidade de erros e opções necessária para se chegar a um único nome.

Aqui podemos ver o mecanismo da criatividade trabalhando com toda a clareza possível. Existe um conceito, algo a que se quer chegar. Geram-se opções, refinam-se os resultados, desenvolvem-se as ideias elaboradas nas mais diversas direções. No fim, as que melhor se encaixam ao trabalho são utilizadas. Se você for esperto e guardar o máximo de cada experiência, pode acabar reutilizando, no futuro, alguns desses elementos. Ideias não usadas em um projeto hoje podem ser tudo de que você irá precisar amanhã. Mas é bom que você tenha muita força de vontade.

Vivendo a vida criativa

✓ Todo produto criativo está destinado a encontrar um grande rival no futuro. Ao conquistarmos uma boa posição, todos queremos continuar nela, por isso, o inovador de ontem é o tradicionalista de hoje. Lembre-se de que a destruição criativa sempre cobra o seu preço. Em um dia, você ganha a vida vendendo CDs e tudo vai bem. No outro, o filho de seu vizinho lhe mostra um modo de distribuir música de graça na internet. Creditar o seu sucesso atual somente ao sucesso que você alcançou no passado é ignorar essa dinâmica. Dedique parte de seu tempo e de seu dinheiro à periferia.

✓ A destruição criativa também nos diz que boa parte de suas tentativas de inovar dará errado. Isso não é desculpa para que desistamos de tentar coisas novas. Esteja preparado para administrar prejuízos e erros quando estes chegarem. Tente inovar - e você pode cometer erros, é claro. Não há problema nisso. Desista e, mais cedo ou mais tarde, você será algo obsoleto.

✓ Procure manter vários projetos paralelos. Você não precisa trabalhar em todos ao mesmo tempo. Mas lembre-se da dinâmica da destruição criativa. E tente trazê-la para sua própria prática.

✓ Use a destruição criativa: tente realizar uma ou duas ideias e conceda a elas um período de avaliação. Compare o "antes" e o "depois". Melhorou? Mantenha. Piorou? Destrua.

✓ Produza! Não importa o que aconteça, continue produzindo. Ideias precisam se tornar realidade, caso contrário, não passam de perda de tempo. Você pode mudar de campo ou de domínio, pode ter uma longa lista de erros em seu currículo, mas só fracassa quando deixa de tentar.

Capítulo 3

A Motivação

UMA ILUSTRE DESCONHECIDA

A não ser que você tenha passado boa parte de sua vida trancado numa caverna, deve conhecer a figura de Arnold Schwarzenegger. Começando a carreira como fisiculturista, Schwarzenegger conseguiu entrar no mundo do cinema e, neste, tornar-se ícone mundial (e que atire a primeira pedra aquele que nunca tiver dito "hasta la vista, baby"). Como se isso não bastasse, em 2003, o ator conseguiu se eleger governador da Califórnia, um estado cujo PIB é maior que o de quase todos os países do mundo.

Em sua autobiografia, *Arnold: The Education of a Bodybuilder (Arnold: A Educação de um Fisiculturista)*, ele diz que sempre impôs padrões altíssimos para si mesmo. Isso sempre o forçava a confrontar suas próprias inadequações. Quando lhe disseram que suas panturrilhas eram muito finas para ganhar uma competição de fisiculturismo, ele pegou todas as suas calças e as cortou logo abaixo do joelho. Andar de calças curtas lembrava-o constantemente da existência daquele problema. Assim, ele conseguiu concentrar-se em suas panturrilhas e encarar um vigoroso programa de exercícios para aumentá-las.

Uma conversa sobre as panturrilhas de Schwarzenegger pode ser a última coisa que você esperava encontrar neste livro, mas, convenhamos, ele não precisa ser seu ator favorito para reconhecermos que sua trajetória de vida é algo respeitável. Para nós, o mais importante é que essa história, ainda dos seus tempos de principiante, mostra-nos exatamente o tipo de motivação e dedicação que deveria ser invejado e copiado por todos.

Schwarzenegger pode não ser um ícone da criatividade, mas o sucesso que conquistou, tanto em sua vida pessoal quanto na profissional, torna-o o exemplo ideal para abrir um capítulo sobre motivação. O que, afinal, move esses gigantes?

LIVRE PARA SE PERDER

A motivação como um todo é um campo à parte, não isento de sua dose própria de xamanismo e de receitas milagrosas, de consultores que juram de pé junto que andar sobre o fogo, ou torrar sacos de dinheiro em seminários tornará sua equipe mais motivada. O efeito disso tudo costuma durar uns 40 minutos — a duração média da viagem da sua equipe de volta ao escritório.

Mas não se preocupe. Neste livro, não iremos discorrer sobre como encontrar o seu verdadeiro "eu" e, ao mesmo tempo, enriquecer e viver feliz para sempre. Aqui, vamos pintar um quadro sobre o papel da motivação no trabalho criativo, já que esta pode ser o grande fator que irá impulsioná-lo.

A motivação individual potencializa aqueles efeitos cognitivos responsáveis pela criatividade. Uma pessoa motivada capta mais informações para incrementar seu processo criativo, adquire mais conhecimentos e habilidades e os desenvolve melhor. Ela também se expõe a um número bem mais elevado de experiências. Com mais opções a seu alcance, é provável que realize associações mais variadas e em maior quantidade, e que possua energia suficiente para transformá-las em algo criativo.

Como, afinal, tudo isso ocorre?

A MOTIVAÇÃO

Imagine que você está em um labirinto. Em um labirinto comum, o seu trabalho seria encontrar a única saída existente. Esse, no entanto, é um labirinto diferente. Ao entrar por um de seus lados, você vê claramente uma saída do lado oposto. O caminho é simplesmente uma linha reta, no entanto, há várias outras portas à vista, ao longo do corredor principal. Você pode se desviar da linha reta e experimentar uma delas.

Esses novos caminhos podem levá-lo a saídas diferentes e desconhecidas. O problema é que da porta de qualquer uma dessas entradas opcionais, você não vê a saída. Vê outros corredores. Essas entradas, sim, é que se parecem com os labirintos tradicionais e precisarão ser exploradas exaustivamente até serem vencidas. Algumas, inclusive, podem dirigi-lo a diversos becos sem saída.

E o que você faz? Segue em frente em direção à saída óbvia? Ou se aventura por aqueles desvios, por aquelas saídas desconhecidas?

Depende de sua vontade de encarar o labirinto. Se você só quer sair dali antes da hora do jantar, andará em linha reta, mas se é daqueles que sentem prazer ao trilhar caminhos diferentes, optará naturalmente pelas portas alternativas. Após anos de pesquisa sobre a relação entre criatividade e motivação, foi a essa conclusão que chegou a professora de Harvard, Teresa Amabile. Uma conclusão bastante simples, você dirá, mas, muitas vezes, estas são as melhores.

A linha reta representa um modo direto e processual de resolver um problema. Isso quer dizer que, ao segui-la, você resolve um problema do modo como aprendeu que deve ser resolvido: chegando à mesma resposta a que qualquer outra pessoa chegaria.

A pessoa que escolhe andar em linha reta, pensando no jantar de logo mais, representa o indivíduo que é motivado por fatores externos ou extrínsecos. Esse indivíduo realiza uma tarefa como um meio para atingir um fim definido. O aluno recebe um problema de matemática (que detesta) de seu professor e tenta resolvê-lo logo para poder ir jogar videogame. Exatamente como esse aluno, essas pessoas simplesmente querem acabar o que devem fazer para receber a recompensa prevista. Por isso, é mais provável que optem por maneiras diretas e comprovadas de resolver qualquer coisa, gerando resultados dificilmente inovadores.

De outra natureza é a motivação intrínseca. Pessoas motivadas intrinsecamente são aquelas que apreciam o simples ato de realizar uma tarefa, que gostam dos trâmites do processo que envolve a busca por novas soluções. Elas são mais propensas a explorar minuciosamente o labirinto.

A motivação intrínseca é boa para a criatividade, a extrínseca, pode ser um problema. Incentivos e controles vindos de fora são típicos da maturidade. Precisamos recebê-los em número suficiente para mantermos uma vida digna. Isso, muitas vezes, envolve cumprir prazos, obedecer aos outros, responder a expectativas e realizar tarefas de que não gostamos.

Recompensas externas podem ser boas, são um fato da vida profissional e, geralmente, necessárias para a manutenção de nosso bem-estar. Por outro lado, sob o ponto de vista da criatividade, elas podem nos prejudicar enormemente. Expectativas, restrições ou o simples prospecto de empreendermos algo de olho na recompensa que aquilo nos trará podem travar nosso desempenho criativo.

Vamos, por exemplo, à reação de T.S. Eliot ao ser premiado com o Nobel de Literatura. "Cedo demais", ele disse. "O Nobel é um ingresso para o próprio funeral. Ninguém jamais fez algo depois de ganhar um."

Ou vejamos Woody Allen, que afirma preferir seu trabalho como escritor e comediante à sua obra cinematográfica. Isso porque a produção de um filme depende de várias funções e pessoas diferentes e, muitas vezes, é preciso se submeter ao controle e à influência delas durante várias fases do processo. Como escritor e comediante, é ele quem decide tudo.

O comediante/cineasta sempre buscou seu próprio caminho, evitando se sujeitar a comandos e a padrões externos. Woody Allen não gostava de ir à aula, que frequentemente matava, e foi reprovado em seu primeiro semestre na faculdade. Desde cedo, rejeitava as expectativas que os outros tinham dele. Em vez de ir à escola, preferia andar por Manhattan e observar as pessoas na rua, ir ao cinema e a lojas de mágica. Foi um autodidata em música, literatura, filosofia, história, mágica e claro — cinematografia. Na noite em que recebeu o Oscar pelo filme *Annie Hall,* de 1977, estava muito ocupado para ir à cerimônia. Como fazia todas as segundas à noite, tocava clarinete com sua banda de jazz numa casa noturna nova-iorquina.

Segundo Amabile, muitos indivíduos criativos evitam tarefas em que se sentem pressionados pelos outros, mas mergulham profundamente nos trabalhos que vão ao encontro de seus interesses. Muitos tentam ignorar o mundo exterior. Outros lutam com todas as suas forças contra as suas imposições.

O interessante é que não precisamos considerar isso uma característica da personalidade desses indivíduos, como costumam fazer os que relacionam múltiplas desordens sociais ao comportamento das pessoas criativas. Esses indivíduos podem ter descoberto, intuitivamente, a relação que existe entre motivação interna e criatividade. Só isso.

Há, por exemplo, aquela famosa frase de Picasso: "Quando nós inventamos o cubismo, não estávamos tentando inventar o cubismo, mas expressar o que havia dentro de nós." Há também um comentário notório do escritor russo Joseph Brodsky, que garantia nunca se importar com o que acontecia ao seu trabalho. Ele dizia não dar muita importância a prêmios e recompensas. O principal seria o processo de escrita em si.

Apesar de reconhecer que podia ser considerado um escritor bem-sucedido, Brodsky sugeria que se comparasse o quanto ganhava um escritor em relação a outros profissionais, como advogados e dentistas, da cidade onde morava, Nova York, seu "sucesso", se definido em termos financeiros, não parecia tão valioso assim. Brodsky sequer se referia a si mesmo como escritor. Preferia dizer que era professor. O objetivo dele não era chegar rapidamente ao fim do labirinto, mas aproveitar o processo envolvido.

O escritor norte-americano Thomas Clayton Wolfe deixou registrada a forma como a calorosa recepção a seu primeiro livro o paralisou por muito tempo até poder escrever o segundo. Os jornais se referiam a ele como a um dos "novos escritores americanos" a que se devia prestar atenção. Críticos esperavam ansiosamente por seu próximo lançamento. Seu trabalho era discutido por outros autores.

Toda aquela atenção era muito maior do que qualquer coisa que ele pudesse esperar. Os debates sobre o futuro de sua escrita, a expectativa gerada em torno e a apreensão que o cercava, o medo de se tornar mais um jovem promissor que deu errado; tudo isso começara a pesar sobre Wolfe.

Seis meses após estrear no mercado, percebeu que ainda não tinha escrito nada novo. Tinha passado todo aquele tempo consumido por uma grande variedade de sentimentos que, partindo da raiva e passando pela tristeza, chegavam à arrogância. Mesmo não tendo um prazo para entregar um próximo livro, todos queriam saber se ele já estaria pronto. Após um ano e meio de bloqueio, era impossível para ele escutar a pergunta: "E o próximo livro?" Por mais bem-intencionada que fosse, provocava-lhe desespero angustiante, que ainda o acompanharia pelos três anos seguintes.

A criatividade é motivada pela diversão e pela satisfação que determinado processo pode proporcionar às pessoas. É preciso realmente gostar de se perder pelo labirinto para passar horas explorando seus caminhos. Não é possível expandir as fronteiras de um domínio se não se obtém prazer durante a caminhada. O problema é que esse prazer interno, tão essencial, pode ser facilmente abalado. Como consequência, a criatividade pode ser inibida por uma série de elementos externos que diminuem o senso de diversão, de controle e de prazer de uma atividade.

Imagine, por exemplo, que você resolva entrar no labirinto, mas, por algum motivo qualquer, seja obrigado a levar consigo aquele seu conhecido meio chato. A cada passo, ele lhe pergunta: "Estamos chegando?" A cada curva, quer saber: "Tem certeza de que este é o melhor caminho?" E, de vez em quando, demonstra certa empolgação: "Mal posso esperar para ver o final disso!" Qual seria o efeito desses comentários sobre a sua motivação? Eu iria querer sair correndo...

Ao que parece, quanto mais ruído no labirinto, pior para a pessoa criativa. Isso pode explicar o isolamento a que se submetem muitos artistas e cientistas quando querem trabalhar. Querem ser deixados em paz.

Outro fator a ser considerado são as recompensas que um indivíduo recebe por seu trabalho criativo. À primeira vista, um modo simples de estimular a criatividade seria oferecer algo por ela. Uma empresa pode até tentar distribuir bônus em dinheiro para aqueles funcionários que lhe apresentarem algumas boas ideias. Mas, infelizmente, a coisa não é tão simples assim.

Dinheiro e outras coisas do gênero são ótimos, porém, podem gerar ruído desnecessário ao processo criativo, causando impacto na motivação das pessoas criativas.

Fazer algo porque você quer fazê-lo é mais favorável à sua criatividade do que fazê-lo de olho em um benefício qualquer. Voltemos àquele exemplo:

imagine-se atravessando o labirinto e pensando no seu jantar. A simples distração causada por um elemento externo já pode lhe atrapalhar. Mas a situação pode ficar ainda pior: uma coisa é fazer algo por que você quer fazê-lo, outra é fazer algo porque aquilo é um meio de chegar ao que realmente lhe interessa. Esse "algo" pode acabar sendo visto mais como um obstáculo colocado entre você e o seu objetivo do que como uma atividade que tenha valor próprio.

Teresa Amabile solicitou a vários artistas que lhe enviassem alguns de seus trabalhos, tanto os feitos sob encomenda, quanto os criados espontaneamente, sem promessas de comissão. A criatividade de todos foi julgada por uma equipe de especialistas. Os trabalhos feitos sem comissão receberam notas mais altas do que os realizados para atender aos pedidos de algum cliente. Os artistas, no entanto, atribuíram esse resultado não ao recebimento do dinheiro em si, mas às restrições impostas pelo fato de terem sido encomendados por um contratante.

A motivação intrínseca também pode sofrer danos devido à falta de condições adequadas de trabalho e de situações que desviem o foco do criador. O problema é que, na maioria das vezes, esses elementos estão além do controle da pessoa que deseja fazer algum trabalho criativo.

Uma das colegas de Teresa Amabile, a psicóloga Beth A. Hennessey, enumera quais seriam os cinco assassinos da motivação intrínseca: a expectativa de recompensas, a expectativa de avaliações, a vigilância, os limites restritos de tempo e a competição. Não importa se estamos falando de crianças ou de cientistas septuagenários. Qualquer um desses cinco elementos tem o poder de prejudicar enormemente um trabalho criativo.

É curioso que, como sociedade, estruturemos os ambientes onde ocorrem nossa educação, nossas pesquisas e o nosso desenvolvimento — lugares onde passamos grande parte de nossas vidas — de forma a prejudicar, senão a destruir completamente, nossa motivação intrínseca e nossa criatividade.

Lembre-se de suas experiências na escola, na faculdade ou em quase todas as empresas por onde você já passou. Se fizer isso, provavelmente encontrará esses cinco "assassinos" reunidos no mesmo local.

MOTIVAR OU DESMOTIVAR, EIS A QUESTÃO

A questão da motivação nos intriga: como, afinal, conseguir mais dela?

Quando falamos de outros fatores relacionados ao trabalho criativo, as soluções são mais diretas. Quando dizemos que este exige o conhecimento profundo de um domínio, a boa notícia é que sabemos treinar pessoas para isso. Quando dizemos que é preciso aumentar nosso estoque de matéria-prima para inserirmos um número mais satisfatório de elementos em nosso processo criativo, sabemos que devemos nos submeter a novos contatos, experiências e conhecimentos e tentar prestar mais atenção ao mundo que nos cerca.

A motivação intrínseca é mais complicada. Não posso simplesmente lhe dizer: "Ei, seja mais motivado!" Isso é algo que deve vir de dentro. É preciso fazer com que alguém aceite despender sua energia e sua dedicação por conta própria, de bom grado, e não devido a algum fator externo. O problema é que tudo que uma pessoa tenta fazer para motivar outra pode ser considerado fator externo. Como resolver isso?

A abordagem precisa ser mais sutil. Não podemos fazer algo que aja diretamente sobre a motivação intrínseca de alguém. Precisamos agir de forma indireta. O segredo parece estar na criação de condições para que a motivação intrínseca apareça, e esta ocorre sempre que os elementos à volta de uma pessoa parecem estimulá-la em favor da realização de uma atividade. Logo, precisamos nos concentrar em fatores que favoreçam o seu aparecimento e reduzir o efeito daqueles que a prejudicam.

Um desses fatores é a autodeterminação. Apesar de não podermos afirmar que é o elemento mais importante da motivação intrínseca, podemos dizer que é o mais manipulável. Você não consegue convencer alguém a parar de se arrepender porque devia ter feito outro curso na universidade. Não é possível fazer alguém parar de pensar que está na carreira errada ou enxergar seu salário de uma forma mais positiva. Mas podemos fazê-lo sentir-se responsável por seu próprio trabalho, por suas escolhas e por seus resultados. As pessoas devem se sentir no controle de cada processo. Não devem agir como "peões" em um ambiente controlado.

Os psicólogos Edward L. Deci e Richard M. Ryan propuseram que um fator extrínseco, desde que apoie o senso de competência de uma pessoa sem minar-lhe a autodeterminação, pode contribuir para a motivação intrínseca. Aqui, encontramos o perigo do microgerenciamento. Quanto menos controle alguém sentir que possui sobre seu próprio trabalho (ou sua própria vida), pior para a sua motivação intrínseca.

O que isso nos diz sobre o dia a dia em um ambiente de trabalho? Quanto mais intrusivo for o gerenciamento de uma empresa, pior. Em um mundo ideal, o bom chefe deve apresentar à sua equipe as questões que devem ser trabalhadas e deixar seus funcionários livres para lidarem com isso da forma que acharem mais adequada. Quanto mais alguém sentir que controla o resultado de seu trabalho e as decisões que tomará até chegar a tal, melhor.

Assim, informações sobre como o indivíduo está se saindo podem ser úteis. Uma recompensa ou uma avaliação, vistas como informações sobre o desempenho e a qualidade de um trabalho — e não como instrumentos de coerção —, podem servir para aumentar o envolvimento de um indivíduo com uma tarefa.

Isso significa que, por exemplo, premiar o "funcionário do mês" pode até funcionar, mas apenas se todos os funcionários perceberem que as recompensas estão sendo dadas realmente àquele que melhor desempenhou suas funções durante o período julgado. Por outro lado, se notarem que há certa rotatividade no prêmio, para que se faça "justiça" a todos, aquela recompensa pode se tornar irrelevante ou até mesmo nociva. Se as regras são claras e justas, você tem alguma chance de conseguir algo; mas se premiar por sorteio, ou de acordo com critérios mal definidos, ou não relacionados ao desempenho real de seus funcionários, e não por mérito, ninguém o entenderá. Você estará, provavelmente, jogando dinheiro fora e minando toda a boa vontade de sua equipe.

Da mesma forma, avaliações críticas levam a uma diminuição da motivação intrínseca e da criatividade. Avaliações informativas, que reconhecem positivamente o trabalho criativo de cada um, contribuem para a criatividade.

Lembre-se de algumas avaliações pelas quais você já passou. De provas escolares a relatórios de desempenho no trabalho. Quantas o fizeram se sentir motivado? Quantas o deixaram com a sensação de que algo não estava certo, de que alguém ficara lhe devendo alguma explicação? Recompensas e punições são símbolos, e a relação de causa e efeito que nos leva até estas deve ser clara. Nesse caso, até o modo como se fala, ou uma expressão facial, pode mudar o significado de algo. Infelizmente, saber avaliar o trabalho dos outros é uma ciência (ou uma arte) que poucos dominam ou dispõem-se a aprender.

Isso tudo nos ensina que um gerente que apenas implementa alguma nova regra de recompensa, achando que aquilo irá estimular sua equipe, pode, na verdade, prejudicá-la. Não é uma recompensa ou uma avaliação específica que irá estimular fatores tão complicados e delicados como a motivação intrínseca e a criatividade, mas o modo como essas coisas são implantadas.

Uma recompensa, por si só, não diz nada. É preciso atribuir significado, não somente colocá-la nas mãos do laureado. Como vimos, até prêmios disputadíssimos, como o Nobel e o Oscar, causam problemas a alguns de seus ganhadores. Um grande reconhecimento pode fazer alguém crer que deve trabalhar somente para merecê-lo, e não por gostar de produzir. Isso pode travar o processo criativo.

Os psicólogos Christopher Peterson e Martin Seligman citam outros dois elementos facilitadores da motivação intrínseca: esta ocorre com mais frequência na vida de quem gosta do que está fazendo ou que acredita que sua tarefa ocupa uma posição central em seu próprio senso de identidade.

Recompensas extrínsecas que ajudem esses elementos podem ser positivas. Pagamentos e recursos recebidos por um serviço podem ser bons, se a pessoa os vir como um meio de conseguir realizar seu trabalho.

Naquela pesquisa realizada por Teresa Amabile com vários artistas, aqueles que receberam comissões demonstraram menor criatividade, menos aqueles que viram na comissão uma oportunidade de obter algum reconhecimento ou uma espécie de confirmação de sua competência.

Muitas vezes, gostar do que se faz está ligado a obstáculos e distrações externas que diminuem o nosso senso de satisfação, impedindo-nos de dedicar a uma tarefa toda a atenção que gostaríamos. Interrupções e intromissões invasivas e a necessidade de nos dedicarmos a atividades tidas como menos importantes ou ritualísticas — como reuniões que não chegam a lugar algum — podem diminuir nossa satisfação pessoal, não diminuindo nosso gosto por um trabalho, mas impedindo ou dificultando a sua realização.

Com tudo isso, podemos concluir que não se trata de um fator em si, mas do modo como é colocado e percebido por um criador. Se o ambiente faz com que um indivíduo se sinta intimidado ou desconfortável, ele pode subtraí-la. Se continuar se sentindo o dono do próprio destino, sua motivação sairá ganhando. Quanto mais um fator externo for visto como restrição a seu trabalho criativo, pior para a sua motivação.

Essas constatações são especialmente importantes na hora de analisarmos nosso ambiente de trabalho, onde passamos boa parte de nossas vidas. Empregados de empresas criativas tendem a acreditar que suas atividades são desafiadoras e que possuem significado, pois são estimulados por um ambiente que incentiva o debate, a troca de informações e o apoio entre os trabalhadores. Sentem-se seguros, o que propicia maior abertura às ideias alheias. Aliás, quando ocorrem divergências, é isso que se discute: ideias, e não pessoas.

OS GÊNIOS E OS VAGABUNDOS

A professora de Harvard Rosabeth Moss Kanter usou o mundo dos esportes para revelar uma dinâmica interessante: um mesmo tipo de controle pode ser visto e usado de várias formas diferentes.

Pense, por exemplo, em um time de futebol. Todos os técnicos lançam mão de recursos muito parecidos ao prepararem suas equipes para um jogo. Eles podem avaliar o saldo de gols de seu time e do adversário, as estatísticas e o desempenho de cada um dos jogadores e analisar alguns vídeos com as melhores jogadas das duas equipes. O que importa é o modo como tudo isso pode ser interpretado.

Esses elementos podem servir tanto para que um time perceba onde está errando e o que pode ser melhorado, adquirindo, assim, confiança para as próximas partidas, quanto para aumentar a sensação de incompetência ao confrontar-se com as próprias falhas. O mesmo elemento, seja uma imagem, um número ou qualquer outra coisa, pode aumentar a sua motivação intrínseca ou anulá-la completamente.

Imagine um time que vem de uma grande "maré de azar". Vamos chamá-lo de time Vermelho. Neste fim de semana, enfrentará seu maior rival. A mídia especializada prevê um massacre. Os comentaristas descrevem, em seus mínimos detalhes, a falta de ânimo dos jogadores vermelhos. Escrutinam todos os equívocos de seu técnico e falam até da deterioração do ambiente físico do clube, que já foi, um dia, considerado um centro de excelência para o treinamento de futebolistas.

O grande período sem vitórias fez as arquibancadas se esvaziarem. Os patrocinadores fugiram e a renda obtida com a venda de camisas, e de outros produtos relacionados ao clube, despencou. Tudo isso gerou problemas financeiros graves. Agora, todos sofrem com as goteiras no vestiário e os equipamentos velhos da sala de ginástica. A torcida já não é mais a mesma. Vemos por ali apenas uma meia dúzia de torcedores fiéis. Apaixonados, ainda se dão ao penoso trabalho de ir até o estádio acompanhar mais uma derrota de seu time do coração.

Imagine, agora, que esse não é o nosso time. Nosso time não é um time perdedor. É a grande revelação do campeonato. Por onde passa, o time Azul trucida seus oponentes, ganhando cada vez mais popularidade e simpatia do público. Seus jogos estão sempre lotados. As rendas são somadas à verba conseguida junto a dezenas de patrocinadores, ao dinheiro acumulado devido ao licenciamento de produtos ligados ao clube, o que permite à sua diretoria investir mais e mais no treinamento e no bem-estar dos funcionários.

Pensemos um pouco. Teoricamente, cada jogo é um jogo. Quando um time entra em campo, pouco lhe importa o resultado de sua última partida, ou até a sua posição na tabela do campeonato. Um jogo sempre começa no zero a zero, portanto, o resultado de uma partida não depende de nada além dos acontecimentos relativos a esta. Será?

Vamos ao time Azul. Esse time vem ganhando continuamente. Quando você está vencendo, entrar em campo significa "ir ao trabalho" como em um dia qualquer. E continuar ganhando. Você aparece, bate o ponto e continua fazendo o que estava fazendo ontem. Sobre isso, o comentário de Edwin Pope, um escritor de esportes que acompanhou a temporada vitoriosa dos Miami Dolphins em 1972, quando ganharam o campeonato de futebol americano sem sofrer nenhuma derrota, é revelador: "Era a falta de excitação que era tão interessante (...) Eles simplesmente continuavam indo ao trabalho e ganhando os jogos."

A MOTIVAÇÃO

É mais fácil investir recursos e confiar em algo que já está dando certo. Mais bem tratados, os vencedores recebem mais recursos (que, certamente, trarão mais estímulo e suporte à continuação de seu bom trabalho). Também conquistam a confiança de seus dirigentes. Seus erros são interpretados como referenciais: mostram o que deve ser melhorado para se obter um desempenho ainda melhor no futuro. Vencedores entram em campo motivados e confiantes em suas habilidades, sentimento que a torcida ajuda a manter elevado durante o jogo.

Para o time Vermelho, no entanto, a história é outra. Por melhores que sejam os seus atletas, são tidos como "perdedores". A diferença entre o time vencedor e o perdedor é que o perdedor precisa de conserto. Técnicos são demitidos, jogadores e esquemas táticos, alterados. A direção do clube, a mídia e todo mundo de alguma forma envolvido naquilo dão as suas opiniões, procuram justificativas, buscam soluções. A cada partida, uma expectativa enorme é jogada sobre os ombros dos jogadores. E eles entrarão em campo com ela.

A lógica é simples. Estamos ganhando? Vamos continuar com o bom trabalho. Perdendo? Vamos colocar esses vagabundos para trabalhar. Em casos assim, é comum que se procure por alguma "bala de prata". Balas de prata são soluções e mudanças rápidas que visam "consertar" algo que esteja quebrado.

Por isso, em times falidos e empresas decadentes, é normal vermos alguns membros de uma equipe dando de dedo uns nos outros, escolhendo quem deve ser culpado por alguma derrota. Substituições, tanto de pessoal quanto estratégicas, tendem a ser mais frequentes e menos calculadas; pretendem-se soluções mágicas, capazes de conter uma maré de azar. A falta de continuidade e de confiança em suas próprias habilidades entram em campo juntamente com o time. Enquanto o time Azul joga confiante e tranquilo, o Vermelho se debate, ansioso e preocupado.

Esses ciclos de sucesso e fracasso distorcem o modo como uma mesma informação é interpretada nas duas situações. Se o time que está ganhando vence a próxima partida, está simplesmente fazendo aquilo que sabe fazer. Recebe mais recursos e mais atenção e mantém a sua autoconfiança elevada.

Para o time que está perdendo, contudo, a recepção é diferente. Uma vitória pode simplesmente significar um eventual golpe de sorte. Alguém poderá sugerir, inclusive, que o time oponente, ao perder, não estava no seu melhor dia. "Foi uma zebra", dirão.

Esperamos que os vencedores continuem ganhando e que os perdedores continuem perdendo. Por isso, mesmo que o time Vermelho esteja prestes a reagir, terá que provar ao mundo que é realmente isso que está acontecendo. Só assim poderá colher os frutos de suas vitórias com propriedade. O vencedor se encontra em um ciclo de ascensão, o perdedor é sempre puxado para baixo. Da mesma forma, os ciclos em que entramos, às vezes, acabam se autoalimentando, para o bem ou para o mal.

Não que seja mais fácil para o time Azul continuar ganhando. Vencer, afinal, significa trabalhar pesado. Esse exemplo apenas demonstra duas dinâmicas em que um mesmo time ou até uma mesma pessoa pode se envolver. Quando se está ganhando, as condições externas se alinham para oferecer mais e melhores condições de vitória. Quando se está perdendo, essas mesmas condições podem dificultar tudo.

O número de gols marcados pelo time Azul pode ser usado como um índice importante no momento em que sua equipe técnica for estudar maneiras de melhorar o desempenho de seus atacantes. No Vermelho, analisar esse mesmo índice é quase uma forma de autopunição.

Para o Azul, esses números mostram que o trabalho duro compensa, e ainda oferecem pistas do que fazer para se continuar ganhando. Gols, efetuados ou perdidos, servem para isso: estabelecer novas táticas e planos de treinamento. Para o Vermelho, são um verdadeiro atestado de incompetência. A análise de seu saldo de gols os levará à busca de soluções desesperadas para o time. Criará um ambiente punitivo à sua volta, que servirá apenas para perpetuar o ciclo de derrotas.

Ambos os times utilizam o número de gols como forma de controlar seus resultados. A mesma forma de controle, no entanto, pode levá-los a dois resultados diferentes: ajuda a motivar os jogadores azuis e ajuda a derrubar os vermelhos. Observe, por exemplo, como os times vencedores agradecem o apoio dos fãs e da mídia, os perdedores reclamam da pressão exercida por eles.

Ganhar é bom. O sucesso faz com que vejamos as coisas sob uma luz positiva. Também nos dá aquela confiança tão necessária para que estabeleçamos objetivos audaciosos para nossas vidas. Faz o trabalho duro valer a pena.

Kanter diz que as pessoas que aprendem a ganhar e esperam vencer em suas iniciativas tendem a ser mais motivadas intrinsecamente.

E quanto aos perdedores?

A face mais negra de entrar em um ciclo de fracasso é o que Martin Seligman chamou de "incompetência aprendida". O pesquisador colocava um cachorro numa jaula e aplicava-lhe, repetidamente, um pequeno choque. O cachorro podia anular aquele sistema pulando sobre uma pequena barreira. Em pouco tempo, era isso que eles aprendiam a fazer. Ao receberem um choque, saltavam a barreira para desligá-lo.

Então, Seligman resolveu ver o que aconteceria se aqueles primeiros estímulos se tomassem incontroláveis, ou seja, se os choques continuassem, mesmo depois de os cachorros terem pulado a cerca.

Nessa segunda situação, os cães simplesmente desistiam de tentar o salto depois de algumas tentativas frustradas. Aprendiam que, não importava o que fizessem, continuariam sofrendo. Mesmo quando o sistema voltava a funcionar, a maioria dos cachorros continuava parada. Apesar de poderem evitar aquilo, resignavam-se ao sofrimento.

Mais tarde, Seligman refinou a sua teoria, dizendo que, em humanos, a grande questão é a seguinte: como as pessoas explicam o que ocorre com elas? Pensar que coisas ruins sempre vão acontecer, não importando o que você faça para evitá-las ("sou burro", "tenho azar"), provavelmente não é uma atitude motivadora. Mas esperar resultados positivos no futuro pode aumentar a sua motivação para continuar tentando. E persistindo.

A PERSISTÊNCIA PARA ENFRENTAR O MUNDO

Como vimos, o trabalho criativo é incerto, muitas vezes solitário e altamente absorvente. Uma inovação, por sua própria natureza, tem simplesmente tudo contra ela.

Com tudo que estudamos, é seguro dizer que o maior problema das pessoas em relação à criatividade não é a sua incapacidade de ter ideias. Vamos falar a verdade: a maioria de nós nunca dará início a uma grande revolução, mas conseguimos ter ideias aplicáveis em nosso dia a dia, ou úteis em nosso trabalho, em um ritmo razoável. O problema é revelá-las em voz alta, ou pior, ter coragem para executá-las.

Adversários, opositores, riscos e incertezas fazem parte do trabalho criativo. Dedicar-se a um trabalho criativo em qualquer área significa abrir mão de atividades com retornos mais garantidos e seguros. Naqueles períodos em que a dúvida e a incerteza reinam absolutas, o que é preciso para encarar o mundo de frente e continuar trabalhando?

Já percebemos que algumas pessoas se esforçam mais em suas tarefas do que outras. Um estudante presta mais atenção às aulas e procura participar de mais atividades extracurriculares do que um outro, mas ambos declaram possuir os mesmos objetivos de vida. Um profissional resolve suas questões rapidamente, enquanto outro vive procrastinando. Um professor sempre prepara suas aulas, diariamente, enquanto outro confia em velhos esquemas montados dez anos antes. Um empreendedor dedica-se completamente a seu negócio, suportando, como pode, um período de vacas magras, enquanto outro fecha as portas ao menor sinal de dificuldades. Devido à grande importância da persistência no trabalho criativo, é crucial tentarmos entender o seu mecanismo e de que maneira pode ser desenvolvido.

Peterson e Seligman definem persistência como a continuidade voluntária de uma ação voltada a um objetivo, apesar de todos os obstáculos, as dificuldades e o desencorajamento que nos surgem pelo caminho.

Se alguém o força a fazer algo, você não está persistindo. A persistência verdadeira também não ocorre se você está se divertindo o tempo todo ou recebendo recompensas imediatas para realizar alguma atividade. É preciso se esforçar por um longo período, esperando receber os frutos de seu trabalho apenas no futuro, para que alguém possa ser considerado persistente.

Eisenberger propôs a teoria da determinação aprendida. Ele sugere que a decisão de uma pessoa pela persistência vem de recompensas anteriores para esforços tanto baixos quanto altos. Alguém que aprende que seu esforço é recompensado tende a se esforçar no futuro. Peterson e Seligman citam vários estudos que já mostraram que expectativas por bons resultados, em geral, levam um indivíduo a persistir, enquanto que expectativas negativas

A MOTIVAÇÃO

o levam a desistir. Uma percepção de autoeficácia também aumenta o nosso poder de persistência. Crescimento ainda mais significativo, porém, pode ser observado quando um indivíduo passa por um fracasso inicial, mas considera a si próprio tão eficiente que volta a persistir em sua tarefa.

Pessoas que explicam os resultados de suas ações com base no modelo da incompetência aprendida têm mais dificuldade em persistir em algo após um evento negativo do que pessoas que atribuem os maus resultados a eventos mais passageiros e incontroláveis. Se você pensa que coisas ruins irão acontecer de qualquer jeito, é provável que não se sinta muito motivado a persistir numa tarefa complexa.

A mesma persistência que pode ajudar alguém a alcançar resultados em longo prazo também pode fazê-lo "insistir" em um erro por mais tempo do que deveria. A habilidade de saber quando persistir e quando desistir é tão importante quanto a nossa capacidade de seguir em frente.

Um fator fundamental nesse caso é a autoestima. Pessoas com autoestima mais elevada costumam persistir mais quando falham. Elas também são melhores em escolher quando vale a pena persistir ou desistir de uma tarefa. Assim, a autoestima pode servir como regulador para a persistência.

Pesquisas acerca do mecanismo da perseverança nos fornecem alguns indícios sobre o comportamento um tanto egocêntrico de muitas pessoas criativas. Como vimos nas pesquisas de Langer, sobre as crenças das pessoas acerca de sua própria inteligência, não gostamos de ter nossa autoestima ameaçada. Muitas vezes, decidimos se devemos ou não persistir em algo analisando qual opção nos trará menos danos a ela.

Os psicólogos Debi M. Starnes e Otto Zinser mostraram, em 1983, que as pessoas persistem mais quando são informadas de que o problema em que estão trabalhando é realmente difícil, do que quando ouvem que é, na verdade, fácil. Isso parece contraintuitivo, já que tarefas fáceis deveriam ser garantias de sucesso. O problema é que continuar falhando em algo fácil pode acabar conosco, ao passo que fracassar em tarefas que todos sabem que são difíceis não nos causa prejuízo algum. De fato, quando os pesquisadores Arthur Frankel e Melvin L. Snyder simplesmente diziam às pessoas que uma tarefa era extremamente difícil, eles as faziam persistir nela por muito mais tempo do que quando a definiam como moderadamente difícil.

Várias pesquisas mostraram que a persistência é algo que pode ser desenvolvido. Por exemplo: estudantes recompensados por resolverem problemas cognitivos difíceis escreviam melhores ensaios do que os estudantes recompensados por resolverem problemas fáceis. As pessoas também tendem a persistir mais quando se sentem pessoalmente responsáveis pela escolha da tarefa a que se dedicam, e quando possuem motivação intrínseca.

SAIA DO CAMINHO

As pesquisas sobre a relação existente entre a motivação e a criatividade nos trazem algumas boas notícias. A primeira delas: para aumentarmos a criatividade dos outros, basta pedirmos. As experiências em que os pesquisadores simplesmente pediam às pessoas que fossem "criativas" geravam resultados mais criativos do que os obtidos quando não se pedia nada. O fato de ser relativamente simples aumentar o número de respostas criativas de alguém revela a importância de se compreender a criatividade como fenômeno social, não apenas como algo exclusivo de indivíduos iluminados.

Mas muitos campos e ambientes tornam a atividade criativa mais complicada do que já é. Isso fica mais evidente no mundo empresarial, em que muitas organizações solicitam mais criatividade de seus funcionários, e até gastam tempo e dinheiro em treinamentos duvidosos. Tudo isso, na verdade, apenas para ignorar, ou até mesmo punir as verdadeiras ideias criativas, quando começam a aparecer.

Um belo exemplo é o caso do "paradoxo criativo".

Gordon Mackenzie chefiava a "oficina de humor" da Hallmark — um departamento que ele próprio criou, para escapar das rédeas tradicionais daquela empresa —, quando foi chamado ao escritório principal. Ele seria remanejado. Segundo Gordon, parecia-lhe que o chefe, um típico executivo de carreira, queria por perto um "advogado do diabo". No entanto, desconfiava que aquela mudança visava removê-lo da posição de liderança que conquistara na oficina. Seu estilo solto de gerenciar a equipe incomodava as visões mais convencionais.

Quando soube que seu novo cargo seria o de *aide-de-camp* (um termo francês para assistente do general ou assistente de campo), protestou. Aquilo soava militar e servil demais. Seu chefe respondeu-lhe que, se achava aquele título realmente tão ruim, poderia criar seu próprio nome para a posição. Foi quando Gordon teve a certeza de que não teria nada para fazer em seu novo cargo — já que não se importavam sequer com o seu título.

Mackenzie, então, resolveu que seria o "paradoxo" da empresa. Como trabalhavam na divisão criativa, seu chefe sugeriu que o termo mais correto deveria ser paradoxo criativo. Alguns dias depois, o informativo da empresa oficialmente anunciava a sua indicação para aquela posição. Como não se tratava de um título comum, todos iam perguntar a Gordon que cargo era aquele. Mas ele também não sabia.

Isso estava para mudar, no entanto. O paradoxo criativo da Hallmark conta que, um dia, uma funcionária se revelou frustrada com uma ideia que não conseguia colocar em prática. Alguém sugeriu que, para resolver a questão, ela procurasse o paradoxo criativo. E foi o que ela fez. Gordon diz que ela entrou em sua sala e lhe contou sua ideia. Ele a animou: "É uma ideia maravilhosa, acho que você deveria realizá-la." Ela agradeceu, saiu da sala e deixou Gordon com a impressão de ter conseguido um trabalho fácil demais.

A funcionária voltou à sua mesa e disse a seu chefe: "O paradoxo criativo achou minha ideia ótima e disse que deveríamos realizá-la."

Foi quando algo interessante ocorreu. A expressão "paradoxo criativo" não significava nada no contexto empresarial. Ninguém sabia dizer ao certo em que nível hierárquico Gordon se encontrava.

Uma empresa também é um ambiente político. Saber quanto poder e influência a pessoa com quem você está lidando tem à sua disposição é essencial para sobreviver numa organização. A maioria das pessoas, na dúvida, prefere não irritar alguém com mais influência nos altos níveis da empresa. É melhor concordar com os outros do que arriscar o pescoço desafiando um colega ligado aos altos escalões.

Assim, o chefe apoiou a ideia da funcionária, e logo a notícia se espalhou: "Se você tem uma ideia travada no sistema, fale com o paradoxo criativo."

No melhor estilo do misticismo criativo, Gordon pintou letras chinesas e frases estranhas nas paredes, tapou as janelas, acendeu velas e, por último, pendurou no teto uma cadeira enfeitada com asas de anjo e uma auréola, como se ele tivesse caído do céu diretamente na sua mesa.

Gordon diz que passou os últimos três anos, de uma carreira de 30, na Hallmark, falando às pessoas que suas ideias eram boas.

Só isso. As pessoas chegavam e já se sentiam intimidadas por aquele ambiente tão original. Gordon as mandava entrar, sentar e contar sua ideia. Depois de ouvi-las, ele dizia: "Boa ideia."Os funcionários agradeciam e iam embora.

Perceba que estamos falando da Hallmark, uma empresa conhecida por produzir cartões para presentes, atividade que depende da criatividade de seus empregados para continuar funcionando. A mesma organização que pede a seus funcionários que tenham ideias pode frustrá-los ao falhar na hora de torná-las realidade.

Observe também que Gordon incentivava todas as ideias. Segundo ele, qualquer funcionário das "trincheiras" que tenha uma ideia realmente nova tem tudo contra ele. A maioria das pessoas vai responder "não" às suas tentativas. Com isso, as ideias correm o risco de serem derrubadas antes mesmo de se desenvolverem. Para Mackenzie, pessoas apaixonadas por uma ideia precisam de muito pouco encorajamento. Apenas um "sim" no meio de um monte de "nãos" já pode lhes bastar.

A ENERGIA PARA AGIR

Veja se a seguinte cena não é familiar. Você está comprando algo, provavelmente algo caro. Você se senta para negociar com o vendedor e ele começa a lhe fazer uma infinidade de perguntas. Você as responde, uma a uma, mas as perguntas continuam vindo, uma atrás da outra. Em pouco tempo, tudo o que você quer é acabar com aquele sofrimento e sair correndo dali, não?

Pois o que acontece quando, finalmente, você tem que responder as perguntas realmente importantes? Como você pretende pagar? Quais condições você aceita? Isso sem falar da fatídica hora de negociar o preço final do produto. O problema é que, ao chegar a essas questões, provavelmente você já estará tão

A MOTIVAÇÃO

cansado de responder às tantas outras que lhe foram feitas, que sua capacidade de pensar bem sobre assuntos importantes já estará comprometida.

Muitos vendedores e negociantes experientes sabem intuitivamente o que o pesquisador e psicólogo norte-americano Roy F. Baumeister demonstrou ser uma verdade: tomar decisões cansa.

Em suas experiências, Baumeister dirigia às pessoas várias questões aparentemente inúteis. Qual sua cor preferida? Você prefere camisetas verdes ou vermelhas? Meias verdes ou azuis? Velas com cheiro de chocolate ou de baunilha? Em seguida, pedia aos mesmos indivíduos que realizassem alguma tarefa de autocontrole.

Também pedia que as pessoas controlassem seus pensamentos e suas emoções. Ou que resistissem por algum tempo à tentação de comer alguns biscoitos de chocolate postos ao seu alcance. Depois, pedia que elas tentassem montar um quebra-cabeça.

Comparando os resultados obtidos por essas pessoas com outros, colhidos junto a pessoas que tinham realizado as mesmas tarefas, mas sem exercer nenhum tipo de esforço mental anterior, Baumeister descobriu que mesmo pequenas tarefas ou escolhas podem esgotar nossas energias mentais. Em outras palavras, olhar para um prato de biscoitos controlando-se para não comê-los pode fazer alguém desistir mais rápido de montar um quebra-cabeça.

O autocontrole e a capacidade de fazer escolhas e tomar decisões parecem vir de uma mesma fonte limitada. Na verdade, intuitivamente sabemos disso. É muito comum usarmos o termo "força de vontade". Pois, aqui, nós o usaremos sempre que nos referirmos àquelas atividades que dependem de nossa vontade.

É útil visualizá-la como um músculo mental. Assim como um músculo, quando muito acionado, nossa força de vontade também se esgota e precisa de descanso. E é exatamente assim que acontece. É como quando tentamos forçar um músculo já cansado: nossa capacidade de autocontrole e tomar decisões diminui com o uso.

A razão que faz as pessoas desistirem prematuramente de alguma tarefa ou falharem na hora de se autorregular pode ser simplesmente o esgotamento de seus recursos internos. Encontramos sinais disso quando alguém está estressado. Nesse caso, suas energias são usadas para descobrir e lidar com qualquer que seja a causa desse estresse. Como resultado, o autocontrole dessa pessoa se quebra em outras áreas. Elas voltam a fumar, passam a comer ou a beber demais. Podem até se tornar agressivas e nervosas, podem passar a fazer as coisas impulsivamente.

Mas nem tudo está perdido. Baumeister mostrou que essa nossa fonte de energia também pode ser exercitada como um músculo. Pessoas que realizaram pequenos exercícios de autocontrole por alguns dias — como tentar manter a coluna reta — mostraram, em resultados de laboratório, melhorias que as que não se exercitaram não conseguiram apresentar. Assim como numa academia, você não deve começar a tomar decisões extenuando toda a sua capacidade, mas se habituando a elas com o tempo. Essa capacidade também pode ser aumentada por meio de emoções positivas.

Outra estratégia que funciona é limitar de antemão nossas decisões. O difícil em coisas como fazer um regime, economizar ou trabalhar solitariamente em um projeto próprio é que o foco constante numa mesma atividade esgota nossa força de vontade. Você está de regime, vai a um restaurante e lê o cardápio inteiro. Você sabe que deveria escolher uma salada, mas gasta tempo e energia avaliando todos os pratos disponíveis.

O professor da New York University, Peter Gollwitzer, sugeriu que é mais fácil nos controlarmos definindo previamente nossas intenções. Você pode fazer um trato consigo mesmo antes de chegar ao restaurante: "Quando estiver lá, só vou pedir uma salada." Limitando sua decisão, você economizará sua energia. Uma estratégia assim geralmente é feita sob condicionais: você define de antemão uma ação a tomar para cada situação que viver. Por exemplo: "Se sentir vontade de fumar, vou andar um pouco."

Esse conselho está de acordo com uma estratégia bastante efetiva, sugerida por Baumeister: a da criação de hábitos. Isso é importante. Principalmente ao falarmos de criatividade. É comum ouvirmos gente que nos aconselha a "quebrar nossos hábitos", fazer as coisas sempre de um modo diferente. Na realidade, o hábito evita que você gaste preciosos recursos tendo que decidir o que fazer a cada minuto que passa.

Imagine alguém que trabalhe sem hábito nenhum. A todo momento, ele precisa parar e pensar em qual será a sua próxima atividade. E isso lhe toma tempo e energia. Quando você desenvolve um hábito de trabalho, para de

A MOTIVAÇÃO

pensar no *que* fazer e passa a pensar em *como* fazê-lo. Para de se desgastar tomando decisões supérfluas e pode se focar no que realmente importa.

E essa é a importância do hábito no trabalho criativo. Gostamos de imaginar as pessoas criativas levando uma vida romântica. Nós as vemos livres para fazer o que quiserem a cada momento do dia e da noite, mas a realidade é bem diferente. Nossa energia mental é algo precioso demais para ser desperdiçado.

A grande maioria das pessoas que atingiram altos níveis de criatividade estrutura toda a sua vida em volta do seu trabalho. Muitos trabalham em horas pouco usuais, carregam cadernos consigo para onde quer que vão e apresentam dificuldades para se "desligarem" de seus projetos atuais. O trabalho criativo exige tanto de nós que podemos dizer que ele não é algo que se faz em oito horas diárias. Mas também não é algo tão caótico e desordenado quanto parece. Muitos indivíduos criativos possuem agendas organizadas e acompanham passo a passo o desenvolvimento de seus projetos. Muitos estabelecem metas e horários em que se concentrar.

Perder-se pelo labirinto significa demorar mais para chegar a uma saída. Ao lermos pesquisas sobre pessoas altamente criativas, notamos nelas um grande senso de urgência, uma vontade de alongarem cada minuto disponível para poderem se dedicar ainda mais a seus objetivos. O historiador norte-americano John Hope Franklin resume isso melhor: "Eu também digo 'Graças a Deus, hoje é sexta-feira', porque, então, terei dois dias de trabalho ininterruptos em casa."

É claro que estamos falando de casos de pessoas altamente produtivas, e nem todos querem chegar a esse mesmo nível de comprometimento. Você pode adaptar esse comportamento à sua realidade, estabelecendo de antemão os períodos durante os quais irá se entregar de corpo e alma a algo, procurando diminuir o número de decisões que precisará tomar enquanto se engaja em alguma atividade.

Se a criatividade exige grandes comprometimentos, podemos levantar outra questão. Será que essas pessoas não apresentam alguns problemas em sua vida "pessoal" causados pelas longas horas dedicadas ao trabalho em seus domínios?

Esse foi um dos pontos que Csikszentmihalyi tentou esclarecer numa de suas pesquisas. Pelo "senso comum", seria natural, entre os indivíduos criativos, encontrar pessoas infelizes, casamentos despedaçados e vidas desperdiçadas por trabalhadores obcecados.

Na verdade, a grande maioria dos entrevistados por Csikszentmihalyi apresentava casamentos monogâmicos e estáveis. Até listavam a vida familiar entre suas maiores realizações. Quando perguntados sobre o que lhes teria permitido chegar aonde chegaram, muitos respondiam que a ajuda de seus cônjuges lhes fora fundamental ao sucesso. Seus parceiros eram como barreiras para as intromissões do dia a dia. Muitos criadores, mulheres inclusive, se mostravam gratos por terem quem cuidasse de seus problemas cotidianos e criasse suas famílias. Isso lhes permitia dedicarem-se mais ao trabalho.

É claro que atingir resultado criativo em qualquer área pode ser uma experiência altamente envolvente, cansativa e estressante para uma pessoa. E isso pode se refletir em seus relacionamentos íntimos. A pesquisa encontrou casamentos marcados por esse problema, mas revelou, em geral, um grande senso de responsabilidade e de gratidão entre os entrevistados. John Reed, na época presidente do Citibank, divorciou-se aos 27 anos de casado, mas chegou a ficar um ano inteiro afastado do trabalho. Decidiu sair para cuidar de seus filhos enquanto sua esposa estava hospitalizada.

EXPERIÊNCIA MÁXIMA

Para boa parte das pessoas, o seu domínio de atuação é apenas uma forma de ganhar a vida. Esta se divide entre a "vida profissional" e a "vida pessoal". Procuramos passar o mínimo de tempo na primeira, enquanto tentamos juntar o máximo de dinheiro possível para passarmos mais tempo na segunda. Alguns indivíduos, porém — e as pessoas criativas geralmente estão entre eles —, continuariam fazendo exatamente o que fazem, mesmo que não precisassem do dinheiro que o trabalho lhes garante. Eles o fariam apenas pela diversão que produzir lhes proporciona.

Já encontramos Csikszentmihalyi diversas vezes neste livro, mas o foco de seu trabalho gira em torno do que ele chama de "psicologia da experiência máxima". O pesquisador chama de *Flow* (ou "Fluxo") àquele momento em

A MOTIVAÇÃO

que nossas ações estão sob nosso total controle, quando nos sentimos mestres de nossos destinos. Esses instantes são acompanhados de uma sensação de alegria e exaltação, e tendem a ser lembrados como momentos especiais, ideais, únicos.

É quando o velejador sente o vento batendo em sua face; quando o mar e a sua embarcação parecem fluir em conjunto com ele. É quando o pintor percebe que as cores em sua tela começam a dar forma a algo novo, algo quase vivo e que chega a surpreender seu próprio criador. É quando um executivo consegue fechar aquele negócio tão desejado, e decide, enfim, que toda a sua carreira valeu a pena. Trata-se da experiência máxima. Vivenciá-la independe do domínio em que escolhemos agir. Pode ser difícil descrevê-la, mas todos nos lembramos de um ou dois desses momentos em nossas vidas.

Costumamos associar felicidade aos momentos "tranquilos" de nossas vidas. Aqueles em que as condições à nossa volta nos são favoráveis, em que não temos preocupações nem problemas para resolver. Muitos sonham com o momento de jogar tudo para cima, de tirar férias e deitarem-se numa rede, à sombra de alguma palmeira.

Essa ideia de felicidade não poderia estar mais equivocada. Quando examinamos aqueles que consideramos os melhores momentos de nossas vidas mais de perto, percebemos que não ocorrem na passividade. Surgem quando forçamos ao máximo nossas capacidades físicas e mentais, concentrando-as em um esforço consciente para atingir algum objetivo que valha a pena.

A contradição com o repouso, aqui, é total. Nossos melhores momentos não são necessariamente os mais agradáveis. Um atleta pode ter sentido dores extremas durante uma competição; pode ter sofrido tonturas incríveis e até achado que não chegaria lá. Mesmo assim, pode considerar aquela a sua melhor prova. Um executivo pode ter passado a noite insone, angustiado, antes de uma apresentação importante, revendo mentalmente detalhe por detalhe de suas conclusões. Apesar de suas dúvidas e de sua ansiedade, aquele pode vir a ser um dos pontos altos de sua carreira.

Isso sem falar dos momentos em que estamos próximos do fundo do poço. Csikszentmihalyi conta sobre prisioneiros de guerra que diziam lembrar-se, com grande riqueza de detalhes, de curtos momentos de suas vidas que as faziam parecer valer a pena. Isso acontecia quando dividiam um pedaço de pão com um amigo, quando escutavam algo que lhes soasse familiar, quando olhavam para algo simples como uma árvore ou até quando tinham algum pensamento diferente — uma epifania, por exemplo. São situações que podem nos levar à experiência máxima. Quais são, então, as condições para que esse estado mental ocorra? A maioria das experiências máximas acontece quando uma pessoa está concentrada em alguma atividade. Esta, no entanto, deve apresentar um nível de desafio adequado a essa pessoa. Se você não possui as habilidades necessárias para realizá-la, ela não lhe causará nenhuma reação. A visão de uma montanha pode não lhe dizer coisa alguma, mas provocará arrepios na nuca de um alpinista. Uma atividade só é desafiadora se esticar ao máximo nossas habilidades, sem, contudo, tornar-se impossível. Só conseguimos nos divertir em situações competitivas quando nosso oponente possui habilidades semelhantes às nossas. Se forem muito superiores, seremos massacrados, não importa o que façamos. Se forem muito inferiores, qual é a graça?

Nossa sorte é que, como espécie, fomos especialmente criativos ao elaborarmos atividades que nos causam esse tipo de sensação. Na criação ou no consumo da literatura ou de qualquer outra forma de arte, de esporte ou de jogo, e até no dia a dia profissional. Um trabalho fácil demais nos chateia. Dá-nos a sensação de perda de tempo. Um difícil demais, porém, pode nos causar grandes problemas, como o estresse excessivo. E podemos falhar ao realizá-lo.

Mas que sensação é essa, afinal? Muitos profissionais descrevem esse fenômeno como o momento em que suas atividades parecem fluir. Um momento em que a aplicação de habilidades, o contexto, a tarefa e o indivíduo parecem estar alinhados, fluindo naturalmente.

O Fluxo se caracteriza por uma perda momentânea do sentido do eu. Quando estamos numa festa, conversando com alguém ou até mesmo andando na rua, estamos monitorando, constantemente, a própria representação que possuímos de nós mesmos. Se você está passeando por uma calçada do centro da cidade e, de repente, todos começam a olhá-lo de um jeito estranho, provavelmente ficará preocupado. E tentará descobrir o que há de errado com você. Quando estamos completamente envolvidos em algo, é possível esquecer por um tempo de quem somos (ou achamos que somos). Não estamos falando de nenhum conceito abstrato ou psicodélico. Um alpinista, um músico ou qualquer outra pessoa, em Fluxo, pode adquirir a mais perfeita consciência de onde estão cada um dos músculos de seu corpo no espaço. Não perdemos a consciência: apenas estamos tão concentrados que abrimos mão, temporariamente, do conceito que temos de nós mesmos. Isso pode ser algo estranho e extremamente agradável.

Esquecer quem somos nos dá a chance de expandir o conceito que temos de nós mesmos. É o marinheiro que sente que o barco, o oceano e ele fazem parte de um mesmo sistema; é o músico que diz entrar em harmonia com a sua própria melodia; é o escritor que afirma que as palavras fluíram de sua mente para a página; ou o cirurgião que garante que sua equipe se comportou como uma entidade única, coesa, durante uma operação complicada. Muitas vezes, alguns dos termos usados para descrever o Fluxo parecem conferir uma aura poética ao acontecimento, mas todos eles nos passam uma ideia concreta de unidade, entre um indivíduo e os elementos do sistema à sua volta.

Estamos falando de um processo que nos envolveu tanto e nos consumiu tanta energia que chegamos a dispensar nossa própria percepção de quem somos. Estamos falando de uma atividade que nos forçou a usar nossas habilidades ao máximo. Essas experiências também podem nos levar a resultados antes considerados inatingíveis. E isso pode mexer até com nosso senso de identidade. Frequentemente, ao emergirmos dessas experiências e examinarmos o ocorrido, conseguimos reavaliar o conceito que temos de nós mesmos. Nosso eu foi enriquecido pelas novas habilidades e realizações alcançadas durante o Fluxo. E já não é mais o mesmo de antes.

Com tudo isso, agora nos é possível ter uma ideia da importância da motivação para o bom funcionamento de nossa criatividade. Ela nos leva a um aprendizado mais profundo em relação às tarefas que precisamos realizar. Aumenta nossas habilidades criativas dentro de um domínio. Por sua vez, isso tudo nos proporciona maior motivação intrínseca. Não falamos em "experiência máxima" por acaso. Alguém que a experimentou uma vez dificilmente abandonará a atividade que a provocou. A motivação e a criatividade são elementos cíclicos: a motivação gera a criatividade, e a criatividade gera a motivação.

Imagine alguém que começa a ter sucesso em algo. Ele pode usar os seus bons resultados para experimentar novos desafios. Alguém que nunca tentou, ou que falhou e desistiu, não terá muito para mostrar a ninguém, enquanto que uma pessoa motivada, bem-sucedida, terá cada vez mais chances de deixar belos resultados por onde passa.

O lado perverso disso é que, no mundo, existem certas recompensas e condições que até facilitam a vida das pessoas criativas. Mas esses recursos são raros. Estão disponíveis a pouca gente.

Há quem diga que esse é um dos grandes divisores de águas da criatividade. Não é segredo que os grandes mestres da Renascença comandavam grandes estúdios e diversos assistentes, que trabalhavam em suas obras. Os grandes cientistas também possuem laboratórios e equipes à sua disposição; os grandes empresários, bons profissionais. Essas pessoas possuem melhores e mais contatos e, muitas vezes, mais recursos. Tudo isso agiliza o trabalho criativo. Toda essa atividade nos causa a impressão de que esses indivíduos produzem em quantidades sobre-humanas, mas não porque sejam melhores que os outros. É porque não estão mais sozinhos. Um velho ditado já nos dizia que dinheiro gera dinheiro. Bem, um sucesso passado ao menos aumenta as chances de um sucesso futuro.

OS RICOS FICAM MAIS RICOS

"Porque a todo o que tem se lhe dará, e terá em abundância; mas ao que não tem, até o que tem lhe será tirado." Essa frase, retirada do Evangelho de São Mateus, foi utilizada pelo sociólogo norte-americano Robert K. Merton para descrever um padrão que ele percebia repetir-se em relação ao reconhecimento de alguns trabalhos científicos.

Em dois artigos, escritos com um intervalo de vinte anos entre eles, Merton afirmou que o Efeito Mateus seria responsável pela vantagem cumulativa que o reconhecimento traz a uma pessoa. Em outras palavras, os ricos ficam mais ricos, e os pobres ficam mais pobres. Por exemplo: digamos que um ganhador do Prêmio Nobel assine um artigo com alguns coautores. Quem você acha que levará o crédito pelo trabalho? Merton fala que é comum os ganhadores do Nobel terem certo receio de assinar trabalhos em parceria com alunos e pesquisadores iniciantes. A simples menção do nome do cientista

A MOTIVAÇÃO

famoso obscurece os outros envolvidos. A boa qualidade do trabalho pode ser plenamente atribuída ao mentor, o que atrapalharia o início da carreira dos outros. Potenciais empregadores podem imaginar se aqueles jovens saberiam "se virar sozinhos". A qualidade do trabalho publicado, assim, é vista como reflexo do brilho do cientista famoso.

Além de reputar a alguém o crédito pelo trabalho de suas equipes, a eminência traz outras vantagens. Com ela, é muito mais fácil conseguir recursos, como dinheiro e tempo, para se fazer uma pesquisa. Os melhores alunos irão querer se associar aos nomes mais conhecidos de sua área, esperando que isso lhes traga maior prestígio na carreira futura. De fato, muitos profissionais se gabam de ter estudado ou trabalhado com grandes cientistas ou autores — como vimos que acontecia, no campo da matemática, com Paul Erdos. É comum ouvirmos que fulano estudou com tal pessoa ou trabalhou com não sei que estrela de sua área. Realmente, ter os melhores profissionais e recursos à sua disposição fortalece a capacidade de um cientista de continuar criando.

Mas há um outro lado nessa história. Nossa sociedade costuma favorecer aqueles que demonstram certa precocidade. Se dois alunos têm desempenhos parecidos, mas são de idades diferentes, o mais jovem parecerá melhor aos olhos dos outros. Assim, aquele que levar menos tempo para fazer render seus primeiros trabalhos receberá as melhores oportunidades. Será aceito nas melhores universidades e trabalhará com os melhores professores. O estudante ou o jovem que demorar um pouco mais para demonstrar seu potencial acabará experimentando o efeito contrário. Precisará se virar com menos recursos. É comum irem parar em cursos e faculdades de menor prestígio. Receberão menos oportunidades no início de suas carreiras, o que pode prejudicar-lhes toda a vida profissional.

Isso também acontece com as instituições. As mais conhecidas atraem os melhores recursos humanos, os alunos e professores mais capazes. Isso perpetua e aumenta ainda mais a boa fama desses estabelecimentos.

Os cientistas e escritores mais conhecidos também são os mais lidos. Se, por um lado, a assinatura de um ganhador do Nobel em um artigo pode ofuscar os outros autores, isso aumenta em muito a probabilidade de que o artigo seja lido. A explicação para tal é bastante simples: com o crescimento e a democratização dos meios de divulgação do conhecimento, é cada vez mais difícil alguém conseguir ler tudo que é publicado sobre uma área. Logo, os autores mais conhecidos atraem mais atenção. E quanto mais leitores um artigo tiver, maior é a probabilidade de ele ser citado em trabalhos de outros cientistas, no futuro.

O Efeito Mateus é usado como metáfora desse processo nas mais diferentes áreas. Na empresarial, quanto mais lucro tem uma organização, mais pode investir em recursos, como novas contratações, treinamento de pessoal e estrutura física. Pode repensar até o grau dos recursos que mantém disponíveis para bancar "aventuras" mais arriscadas. Pode criar novos produtos e tentar conquistar novos mercados.

Perceba que todos esses são fatores que podem aumentar a produtividade de uma pessoa ou de uma empresa. Como vimos, quanto mais produtivo você for, maiores as suas chances de sucesso. As pessoas mais produtivas não são necessariamente mais inteligentes que as outras. Nem possuem qualquer outra qualificação superior, só delas. Já vimos, com a regra das chances iguais, que isso não os faz acertar mais.

Vamos voltar ao mundo dos esportes: imagine um time de futebol da última divisão que começa a ganhar vários jogos, consecutivamente. Conforme vai vencendo, colhe os frutos daquelas vitórias. Reforma o seu velho estádio, adquire equipamentos de última geração para o treinamento de seus atletas e contrata os melhores profissionais para monitorar os avanços. Aquele clube também pode presenciar um aumento no número de seus torcedores. Os jogos, lotados, motivam os atletas e trazem mais recursos ao time, no formato de receitas e patrocínios. Logo, o clube começará a receber novos talentos naturalmente, atraídos pela boa perspectiva de trabalharem em uma empresa desse nível. As vantagens se acumulam, para todos, facilitando, também para todos, o progresso futuro.

Outro exemplo interessante é o da indústria do entretenimento. Todos sabem que artistas famosos vendem. Se você está produzindo um filme, uma peça de teatro ou qualquer outra coisa, sabe que colocar nomes conhecidos em sua produção aumentará as chances de atrair um bom público para ela. Assim, um artista que já participou de vários filmes tem mais chances de ganhar um bom papel em uma nova produção. O grande problema do ator iniciante é que ele precisa de bons papéis para se tornar conhecido.

A MOTIVAÇÃO

A história de descoberta dessa dinâmica vale a pena ser contada. Nascido em 1848, Vilfredo Pareto, diretor de uma empresa italiana de manipulação de ferro, casado com uma condessa russa, perdeu fortunas especulando no mercado de metais de Londres. Foi forçado a abandonar o seu emprego. Logo depois, a esposa o trocou por um jovem servo. Pareto teve que recomeçar do zero. Decidiu trabalhar seriamente com economia já aos 40 anos. Iniciou a carreira como o maior dos liberais, e morreu apreciando as ideias socialistas. O que causou essa mudança?

Pareto resolveu estudar a distribuição da riqueza e do poder na sociedade. Analisou uma grande quantidade de dados, de diferentes países, e os resultados a que chegou foram, no mínimo, interessantes.

Em um gráfico, toda vez que ele colocava determinado nível de renda em um eixo, e o número de pessoas pertencentes a esse nível no outro, não percebia ali a tal pirâmide social de que tanto se fala até hoje. O gráfico era bastante largo na sua base, mas afinava bruscamente em sua parte superior. A renda não decrescia elegantemente de uma classe para outra. Havia um pequeno número de indivíduos muito bem colocados no topo do gráfico e uma grande massa de pessoas formando a sua base. Algumas ainda se agarravam onde podiam na tentativa de permanecer entre aqueles dois pontos. De acordo com a fórmula de Pareto, a probabilidade de você ganhar US$1 bilhão se já tem US$500 milhões é a mesma de fazer US$1 milhão se já tem US$500 mil. E assim por diante. Dinheiro gera dinheiro. Segundo sua conclusão mais famosa, 20% da população da Itália detinha 80% dos recursos do país, relação que, mais tarde, acabou generalizada e estendida a diversas outras áreas.

Apesar de estudos posteriores mostrarem que os dados do italiano parecem não ser totalmente válidos, em especial quando levamos em consideração a economia de outras épocas e sociedades, o pensamento de Pareto sobre o poder multiplicativo e a influência do dinheiro causou grande impacto.

Sua metáfora foi utilizada até em relação ao conhecimento. Quanto mais conhecimento, melhor uso você fará dele — e ainda mais conhecimento poderá adquirir. Na criatividade, quanto mais ideias possuímos, maior é a nossa probabilidade de conseguir associar duas delas. Quanto mais ideias você tem, mais ideias terá.

Podemos agora visualizar a dinâmica da motivação no processo criativo. Quanto maior a motivação de alguém, mais produtiva essa pessoa poderá se tornar. Quanto maior a sua produtividade, mais chances terá de ser bem-sucedida. Por sua vez, o seu sucesso poderá abrir-lhe novas portas, o que a tornará cada vez mais motivada e, consequentemente, produtiva.

Na figura a seguir, vemos como se dá a alimentação entre estes três elementos — motivação, produtividade e sucesso. A motivação nos leva à produtividade, que nos leva ao sucesso, que pode nos levar a mais motivação. Esse processo se perpetua, tornando cada vez maior o ciclo de sucesso criativo em que uma pessoa porventura se encontre.

Por outro lado, é fácil ver como isso pode se inverter. Pouca motivação é igual a pouca produção, o que diminui as nossas chances de sucesso, diminuindo ainda mais a nossa motivação.

DAVI PODE VENCER GOLIAS?

E agora? Temos que nos contentar com nossa posição atual neste mundo? Seremos obrigados a apenas assistir, passivamente, ao avanço dos outros, a acompanhar o sucesso daqueles que começaram mais cedo do que nós ou que tiveram mais chances do que a maioria de seus colegas? É possível entrar

A MOTIVAÇÃO

mais tarde em um campo e ainda ter esperanças de vencer dentro dele? Ou devemos nos conformar com o fato de que alguns receberão grande parte dos recursos, dos meios e dos incentivos, enquanto uma maioria esquecida passará a vida brigando, na periferia, pelas sobras dessa gente?

Para responder a essas questões, precisamos pedir ajuda ao físico francês Albert-Lászlo Barabási. No ano 2000, durante apresentação de um dos fundadores do Google, Barabási se perguntou por que, afinal, aquele site de buscas teria conseguido desbancar toda a sua concorrência de maneira tão rápida e eficaz. Se os grandes tendem a ficar maiores, como é possível que, volta e meia, escutemos histórias similares à de Davi e Golias?

Barabási chama esse efeito de "novo garoto do quarteirão". Imagine uma criança que tenha se mudado para uma nova região da cidade. Cada menino daquela vizinhança já possui determinado número de amigos. Mas, se apenas aqueles que já possuem amigos pudessem fazer amizades novas, as crianças recém-chegadas estariam fadadas à solidão. Como sabemos, até por experiência própria, não é isso o que acontece.

Cada indivíduo é ajudado ou limitado por suas habilidades e características próprias, e cada criança possui uma habilidade particular de estabelecer novos relacionamentos. Assim, mesmo que, em determinada rua, já existam várias crianças cheias de amigos, extremamente populares, isso não impede uma nova criança, socialmente habilidosa, de se mudar para lá e tornar-se também popular.

De modo semelhante, ao ingressar em um mercado onde já atuam diversos jogadores estabilizados e experientes, um novo participante pode ter uma chance de conquistar boa posição.

O Google trabalha com esse mesmo conceito. Antes dele, quando fazíamos uma busca na internet, precisávamos checar uma grande lista em ordem alfabética. Como em um catálogo telefônico. O problema é que a internet já era, então, extremamente vasta, e nossas buscas nos levavam a milhares e milhares de sites desconhecidos. Não tínhamos informação alguma sobre a qualidade de nenhum deles. Muitas vezes, passávamos horas vasculhando essas listas de resposta, examinando cada endereço, letra por letra, até encontrarmos o que buscávamos.

Isso mudou. Quando você faz uma busca no Google, as respostas que lhe são fornecidas surgem organizadas a partir do número de indicações que recebem de outras páginas, ou seja, se a sua página recebe várias visitas, ela sobe na lista de resultados de uma busca qualquer, aparecendo acima de opções menos populares. O Google mede a popularidade de um site da mesma forma que uma criança o faz: pelo seu número de amigos. É muito mais provável que um site útil para milhares de pessoas seja útil para você também. O Google, portanto, facilitou a vida de seus usuários, reduzindo o tempo que lhes tomavam suas buscas e aumentando a própria popularidade. Por isso, deixou para trás vários outros sites concorrentes, já estabelecidos, mas com menor capacidade de "fazer amigos" — no caso, arregimentar usuários.

O que esse exemplo nos mostra é que, em um ambiente competitivo complexo, cada elemento possui adequação própria. É a sua habilidade de fazer novos amigos numa vizinhança em relação a essa mesma habilidade nos outros. É a habilidade de uma empresa de atrair e manter os clientes de outras. É a habilidade especial de um jovem ator, que o faz ser mais lembrado do que outros artistas iniciantes. É o conteúdo de uma página de internet, que nos faz retomar a ela diariamente, ignorando várias outras. O conceito de Barabási nos ensina que a adequação de um elemento pode ser diferente para cada situação.

Até então, pessoas, empresas e páginas atraíam novos recursos a partir da quantidade de recursos que já possuíam. Mas a ideia proposta por Barabási reconhece que, na maioria dos sistemas complexos, cada um de seus elementos mantém características únicas e pode usá-las a seu favor na hora de competir com membros mais antigos.

Vivendo a vida criativa

✓ Preste atenção a seu ambiente. Há algo que o desvia? Que o faz perder a concentração? Livre-se dos sons intermitentes e de outras interrupções. Muitas pessoas criativas arranjam lugares onde possam trabalhar em paz. De bares a escritórios alternativos. Se for preciso, arranje um.

✓ Procure livrar sua mente de distrações. Faça exercícios, dê uma volta, veja um filme, tudo que possa ajudá-lo a esquecer preocupações exteriores antes de começar um trabalho ou resolver um problema.

✓ Recorde-se de sua fonte de energia mental. Você se lembra daquele seu projeto que está parado há não sei quanto tempo? Muitas pessoas se rendem à procrastinação por tentarem fazer tudo o que querem de uma só vez. Isso é um erro. Se nossa vontade depende de uma fonte de energia similar a um músculo, comece a exercitá-la de leve. De início, trabalhe — no que quer que seja —, durante períodos mais curtos, que não lhe exijam muito tempo e energia. Aos poucos, você será capaz de aumentar a dose.

✓ Organize seu trabalho: não gaste energia decidindo o que fazer, mas fazendo o que deve ser feito. Estabeleça horários ou períodos específicos para o seu trabalho.

✓ Dinheiro e outras recompensas são ótimos, mas se passarmos a vê-los como fins em si mesmos, o processo criativo poderá ser prejudicado.

✓ Se você é responsável por estimular a criatividade de alguém, a melhor coisa a fazer é atrapalhá-lo o mínimo possível. Retire as distrações de seu caminho e lhe ofereça informações úteis a um bom desempenho na tarefa que lhe coube. Ameaças, restrições e tentativas de "pagar" por mais criatividade, muitas vezes, provocam efeito inverso ao esperado

Capítulo 4

Os Outros

VÁRIAS CABEÇAS

Como você já sabe, a criatividade é um fenômeno social. Em nenhum momento, isso fica tão evidente como quando alguns indivíduos se reúnem com o objetivo de tentar produzir algo criativo. Cientistas trabalham em conjunto, possuem assistentes e colegas com quem trocam ideias. Empresários e artistas mantêm equipes e associados. Em todas as áreas, encontraremos pessoas unidas na esperança de que várias cabeças pensem melhor do que uma.

Mesmo que a noção do criador solitário povoe nossa imaginação, temos que reconhecer que nossos domínios estão se tornando cada vez mais amplos e complexos. Com isso, também se torna mais difícil encontrarmos a solução para todos os nossos problemas na mente de um só indivíduo.

O famoso ideal do "homem do renascimento", capaz de realizar grandes obras de engenharia e de arquitetura, estudar medicina por conta própria e, nas horas livres, pintar retratos e praticar suas habilidades em vários instrumentos musicais, é uma criatura cada vez mais rara. Talvez já esteja até extinta.

Nossos domínios exigem muitos anos de treinamento para, deles, apreendermos somente uma pequena parte. Além disso, a maioria das pessoas já considera suficientemente complicado manter-se a par de todas as inovações introduzidas em suas próprias áreas de atuação. Infelizmente, não vivemos o suficiente para aprendermos tanto quanto gostaríamos.

Confira o número de livros e artigos científicos assinados por mais de uma pessoa publicados ultimamente. Há uma imensidão de títulos, autores e coautores. Como nossos problemas estão se tornando cada vez mais complexos, precisamos reunir a experiência de diversos especialistas para tentar resolver cada um deles. Para isso, é bom aprendermos a trabalhar em grupo. Que tal começarmos pela técnica mais popular?

BRAINSTORMING

Digamos que você seja o diretor de marketing de uma cadeia de restaurantes e que seu principal concorrente tenha acabado de lançar uma brilhante campanha publicitária. As vendas da sua empresa já vinham declinando há algum tempo e, ao que tudo indica, as coisas tendem a piorar. É necessário reagir. Você decide que precisa de algo novo, de uma ideia avassaladora, que atraia mais clientes para a sua empresa. O que você faz? Pede que cada pessoa de seu departamento tente criá-las, por conta própria, ou convoca todo mundo para uma sessão de *brainstorming*?

A maioria das pessoas, sem nem pensar no assunto, optaria pela sessão de *brainstorming*. E, assim, todos gastariam horas pensando coletivamente em alguma solução para o problema. Várias cabeças, afinal, pensam melhor do que uma. Certo?

Talvez. Vamos examinar essa história desde o começo.

Professores hindus faziam *brainstorming* em grupos religiosos há mais de quatrocentos anos. Walt Disney encorajava seus artistas a usarem essa técnica já em 1920, mas, formalmente, tudo começou com o livro *Imaginação Aplicada*, lançado em 1957 pelo publicitário norte-americano Alex Osborn. Para ele, em linhas gerais, uma pessoa é capaz de desenvolver um número duas vezes maior de ideias ao trabalhar com o *brainstorming* do que sozinha. É claro que uma proposta dessas, bastante ousada, atraiu muita gente e acabou se difundindo rapidamente.

O *brainstorming,* ou tempestade cerebral, é uma técnica de resolução de problemas em grupo. Seus princípios são bastante simples: as pessoas envolvidas devem produzir e expor o máximo de ideias possível — mesmo que sejam completamente absurdas — reutilizar e adaptar as propostas de seus colegas, e, pelo menos naquele momento, evitar julgar qualquer uma delas. As sessões, portanto, serviriam para aumentar a fluência das soluções que um grupo desenvolve. Sua eficiência será avaliada apenas posteriormente. Mas isso funciona?

É relativamente simples avaliar se, sozinhas, as pessoas são mais ou menos efetivas na geração de ideias do que quando inseridas em um grupo. Basta pedir que uma turma imagine, por exemplo, quais seriam as vantagens e as desvantagens de se ter um dedão a mais em cada mão. Em seguida, é só comparar o número de respostas dadas por esse grupo com a soma das respostas de uma mesma quantidade de pessoas a quem se tenha solicitado que pensassem na mesma hipótese, mas que trabalhassem separadamente (excluindo-se, dessa soma, possíveis respostas repetidas). Paul B. Paulus e Mary Dzindolet fizeram exatamente isso com grupos de quatro pessoas, trabalhando em sessões de 25 minutos. Os grupos que trabalhavam juntos geravam, em média, 45 ideias. Os que trabalhavam separadamente, 77.

Em meu livro *Administração para Profissionais liberais,* recomendei que se evitasse a famosa técnica do *brainstorming.* A pesquisa de Paulus e Dzindolet é apenas um dos exemplos que a põem em xeque. A grande maioria das pesquisas que tentaram examinar a proposta de Osborn mostra que indivíduos, ao agirem sozinhos, são mais produtivos. Isso levou boa parte dos pesquisadores a sugerirem que a ideia de tentar fazer algo criativo em grupo fosse simplesmente abandonada.

A informação acima pode incomodar muita gente. Se é assim, por que será que esse método ainda é o mais conhecido e o mais utilizado por tanta gente? Bem, essa questão tem duas faces. A primeira: mesmo que, na maioria das vezes, o *brainstorming* não funcione, as pessoas gostam de acreditar em sua eficácia. A segunda: a criação em grupo, sob as condições certas, pode realmente ser mais efetiva do que o trabalho individual.

O problema é que, como muitas coisas relacionadas ao *brainstorming* podem atrapalhar o processo criativo, o tiro pode sair pela culatra.

A popularidade do *brainstorming* tem várias razões. Uma delas é que procurar ideias em grupo é mais divertido do que fazê-lo sozinho. Vamos falar a verdade: gostamos de participar dessas sessões. Não é segredo que a maioria das pessoas prefere trabalhar em grupo, e não individualmente. Pensando assim, o *brainstorming* pode ser popular por permitir que saiamos de nossos cubículos e salinhas e passemos uma tarde divertida com os nossos colegas, tendo ideias em conjunto.

Mas nem tudo é diversão. No mundo real, estamos atrás de resultados. Aqui, a coisa fica mais interessante. Além de divertido, o *brainstorming* nos dá a impressão de que somos eficientes. Quando participamos de um deles, é fácil confundirmos as nossas ideias com as dos outros. Em pesquisas realizadas pelo psicólogo Wolfgang Stroebe, demonstrou-se que, depois de uma sessão de *brainstorming,* as pessoas costumam dizer que as ideias propostas pelos outros também já lhes tinham ocorrido. Quando trabalhamos sozinho, o resultado de nosso trabalho é claro. Quando trabalhamos em grupo, é mais difícil avaliarmos a participação de cada um de nós. Podemos até forjar uma impressão positiva e exagerada a respeito dela. Isso nos satisfaz, mais do que quando trabalhamos por conta própria.

Seguindo essa mesma linha, Paulus afirma que, quando trabalhamos em grupo, comparamos nosso desempenho ao de nossos colegas. Ao fazer isso, geralmente percebemos que somos todos relativamente parecidos. Isso também nos traz alguma satisfação, valorizando nosso próprio trabalho. Alguém que trabalha sozinho tem mais dificuldade para saber como está se saindo em suas tarefas. E essa incerteza pode lhe trazer um grande descontentamento. O curioso é que muitas pessoas ficam mais satisfeitas com suas próprias performances quando trabalham em grupo do que quando trabalham sozinhas — mesmo que tenham gerado mais ideias individualmente. Na verdade, essa crença é tão irreal que Stroebe a chamou de "ilusão da efetividade do grupo".

É fácil perceber por que parecemos funcionar melhor em grupo. O número de ideias de um grupo é maior do que o de uma única pessoa. E como conta-

OS OUTROS

mos apenas com nossa própria percepção de mundo, achamos que "rendemos mais" na companhia dos outros. Para o entendimento disso, o professor da Universidade de Amsterdã Bernard A. Nijstad contribuiu com mais uma questão. Quando estamos em grupo, sempre podemos contar com outras pessoas para preencher eventuais vazios incômodos. No início, uma sessão pode ser animada e divertida, até as ideias iniciais se esgotarem, é claro.

Ficar sentado em silêncio, em um horário que você definiu que seria utilizado para "ter ideias", pode ser bem desconfortável. Em números absolutos, mais ideias são concebidas numa sessão grupal do que numa individual. Logo, as lacunas tendem a ser mais raras nos grupos de trabalho.

Vamos reexaminar a pesquisa de Paulus e Dzindolet. Se, trabalhando separadamente, quatro pessoas geram um total de 77 ideias, a sua média individual é de 19 (contra um total de 45 e uma média individual de 11 das que trabalharam em grupo). Quem está no grupo presencia 45 ideias aparecerem, enquanto quem trabalha sozinho acompanha apenas as 19 que conseguiu criar. Assim, aquele tempo em que "nada está acontecendo" aumenta muito quando alguém passa a trabalhar sozinho. O *brainstorming* diminui esse desconforto, por passar a impressão de que mais coisas estão sendo feitas.

O que isso significa? Será que a solução é cada um trabalhar por conta própria e ponto final?

Nem tanto. Se trabalharmos apenas sozinhos, estaremos limitando nossas soluções à nossa matéria-prima. Se buscamos novas ideias e soluções, faz sentido tentarmos fazer isso aumentando a matéria-prima disponível em determinado processo criativo, acrescentando a ele mais cabeças pensantes. O problema é como fazer isso.

Voltemos ao exemplo com que abrimos este capítulo.

Você está trabalhando numa rede de restaurantes. Um belo dia, seu chefe lhe pede que proponha ideias para atrair mais clientes. A primeira associação que você faz é com a propaganda. Está habituado a gerar novas ideias nessa área: anúncios para jornais e revistas locais, *outdoors,* panfletos. Campanhas de todo o tipo. Depois de um tempo, continuar criando novas ideias ligadas à publicidade começa a ficar mais difícil. Você já pensou em tantas... Tem que mudar de foco. Conclui, então, que poderia atrair a clientela melhorando o ambiente do restaurante. Você pensa em comprar cadeiras mais confortáveis, aprimorar a sua iluminação e redecorar a sala de espera. Até que essas ideias também se esgotam. E você precisa pensar em outra coisa. Em possíveis mudanças no cardápio, em promoções, no treinamento dos garçons e no modo como os clientes são tratados. Isso até você ficar totalmente sem ideias ou sem tempo.

Já vimos que, quando uma ideia é trabalhada, ela pode acionar vários conceitos associados. E o mais provável é que acione aqueles com os quais possui ligações mais fortes. Ligações mais fracas e distantes são raras. Podemos ver isso acontecendo no exemplo anterior. Nele, você passou por sucessivos "trens de pensamento". Cada conceito ativa o seguinte, tratando de um dos domínios relacionados ao seu problema (publicidade, ambiente etc.). Quando um grupo de conceitos se esgota, você ativa seus conhecimentos em domínios novos, colocando nos trilhos, outro desses trens.

Algo muito parecido ocorre quando trabalhamos em grupo. As pessoas ouvem as opiniões umas das outras e se revezam para expressarem as suas aos outros. Teoricamente, essa dinâmica pode contribuir para o processo associativo da geração de ideias, mas também pode prejudicá-lo.

Vamos voltar ao nosso exemplo. Digamos que agora, em vez de propor ideias por conta própria, você esteja numa sala, com mais alguém. De novo, você começa propondo ideias na área da propaganda. Você e seu colega se alternam na concepção de novas ideias publicitárias, até que o ritmo da dupla começa, naturalmente, a diminuir. Nesse ponto, você muda de domínio. E um novo trem de pensamento dá início a sua viagem, cruzando toda uma nova área do conhecimento. Digamos que, como da outra vez, você comece a propor mudanças no ambiente do estabelecimento. Seu colega "morde a isca", e vocês conversam sobre cadeiras e decoração. De repente, ao ouvi-lo falar da sala de espera, seu colega propõe: "E se fizéssemos algo para reduzir o tempo que cada cliente passa no restaurante sem fazer nada?". A partir daí, enumera uma série de ideias que podem vir a minimizar a espera por uma mesa ou a espera pela comida na casa, agilizando todo o atendimento e permitindo ao restaurante servir mais clientes por hora.

Trabalhando sozinho, nesse momento você já estaria pensando em ideias para o cardápio. Vamos dizer que seu colega se adiantou um pouco ao seu pensamento, e que propôs mudanças no conceito "tempo" antes que você pudesse pensar nisso.

Tempo é algo em que você não pensaria sozinho. Essa é a maior esperança dos proponentes do *brainstorming*. Se a criatividade depende da combinação de ideias diferentes, que, por sua vez, dependem da quantidade e da disponibilidade de nossa matéria-prima, um modo simples e direto de aumentar a efetividade de um processo criativo seria aumentar o número de suas combinações possíveis. A ideia é colocar mais gente no negócio, de preferência, procurando alguma diversidade. O próprio Alex Osbom disse que permitir que um participante do *brainstorming* misture ideias alheias às suas próprias seria uma das grandes vantagens de seu método.

Mas, espere: o que aconteceu com aquelas suas ideias sobre o cardápio? É justamente aqui que o outro lado dessa técnica mostra os seus defeitos. Sua empresa pode lucrar com todas aquelas ideias de seu colega, sobre o tempo de espera dos clientes, mas também pode perder alguma coisa sem as suas ideias sobre o cardápio.

Pode ser que você tenha esquecido do cardápio para seguir melhor o fluxo de seu colega. Pode ser que ambos tenham desistido daquela sessão de *brainstorming,* ao decidirem que já tinham coisas demais para fazer a partir daquela reunião, antes que você conseguisse sugerir "cardápio". Pode ser que o tempo reservado para aquele exercício tenha se esgotado, ou que você simplesmente tenha achado que não valia mais a pena falar sobre cardápios ou coisa parecida. De qualquer forma, as ideias sobre o cardápio se perderam.

E mais: numa sessão em grupo, o tema "cardápio" talvez nunca tivesse lhe passado pela cabeça.

Uma situação como essa pode ser ainda pior. Digamos que você já esteja com o "cardápio" na cabeça quando seu colega entra com o "tempo de espera", e começa, rapidamente, a propor e registrar algumas de suas ideias sobre o assunto. Você precisa, então, concentrar-se para não esquecer suas ideias sobre o cardápio, enquanto espera ele acabar de falar. Ao mesmo tempo, precisa ouvir o que ele está falando para saber quando será a *sua vez* de falar.

Nesse momento, você está fazendo um verdadeiro malabarismo mental para não esquecer suas ideias originais, prestar atenção ao que seu amigo diz e saber a hora adequada de dar sua opinião. Assim, o que você *não* está tentando fazer é *ter ideias*. Com isso, não temos mais duas pessoas em um *brainstorming*. Sem querer, ou sequer perceber, você parou de se dedicar ao objetivo daquele encontro e passou a se ocupar com os aspectos sociais da reunião. E é esse um dos maiores problemas dessa técnica.

Quanto mais pessoas, mais matéria-prima. O trabalho em grupo, teoricamente, pode aumentar o potencial de se conseguir maior número de variações sobre um tema, mas, na vida real, quando há outras pessoas à nossa volta, é preciso prestar atenção ao que elas estão fazendo, por isso, trabalhar em grupo tem um custo, e é melhor trabalhar individualmente quando esse custo é maior que o seu ganho.

Existem maneiras de se tentar extrair somente a parte boa de um *brainstorming*. O segredo é impedir que os processos individuais sejam interrompidos pelo processo do grupo, permitindo que se alimentem dele sempre que for preciso.

Como você já deve ter imaginado, um fator relevante é o número de pessoas envolvidas em cada sessão. Se uma pessoa já foi capaz de atrapalhar a sua linha de raciocínio em nosso exemplo anterior, imagine várias. Quanto mais pessoas houver na sala, mais aumenta o nível de ruído no ambiente e o tempo de espera até chegar a sua vez de falar. Isso pode prejudicar o desempenho do grupo, mas, entre duas pessoas, as interrupções não são tão frequentes. Ao que parece, é bom trabalhar em duplas, a produtividade parece ganhar com isso.

Às vezes, no entanto, precisamos de mais gente. É quando tratamos de problemas maiores e mais complexos, cuja resolução exige diversidade maior de experiências e conhecimentos.

Se você vai trabalhar em um grupo, a primeira coisa a fazer é prestar atenção à forma como serão escolhidos seus integrantes. Se seu objetivo é aumentar a matéria-prima utilizada no processo, montar um grupo de pessoas que pensam de maneira parecida, que se recusam ou têm medo de compartilhar informações, não fará muito bem ao trabalho.

Essa conclusão parece evidente, mas percebemos sua importância *quando observamos nossa própria tendência de nos juntar a pessoas que* se parecem conosco ou que pensam como a gente e de *evitar aquelas* que discordam abertamente de nossas opiniões. Para manter relacionamentos pessoais, escolhemos aqueles com quem mais nos identificamos. E é natural que queiramos trabalhar com pessoas de quem gostemos, mas isso nem sempre é o melhor para a criatividade.

Jerry Hirshberg, da Nissan, fazia questão de ir atrás do que chamava de "abrasão criativa" em sua equipe. Para integrá-la, não recrutava apenas os alunos das melhores escolas de design, como faziam muitos de seus concorrentes, mas procurava indivíduos com histórias de vida, carreiras e culturas diferentes. Essa é uma prática que, com certeza, pode gerar muito atrito dentro de uma empresa e até acabar com muita da tranquilidade do seu dia a dia. Mas é exatamente desse conflito que vem a sua força. Estamos acostumados a considerar o atrito e a divergência de opiniões como coisas ruins, mas não precisa ser assim. É possível aprender a lidar com eles.

Na empresa de Jerry, por exemplo, os funcionários eram encorajados a deixar seus trabalhos sobre suas mesas, à vista dos outros. Todos que passassem por eles podiam lê-los e até mesmo enchê-los de anotações. Tinham a liberdade de sugerir complementos ou soluções diferentes para cada um. À medida que toda uma equipe passa a reconhecer as vantagens da divergência de opiniões em seu próprio ambiente de trabalho, o atrito começa a ser utilizado, por ela, de forma positiva, mais valorizada. Hirshberg conta que, certa vez, orgulhoso ao apresentar à equipe, no pátio da empresa, o novo protótipo da Nissan, uma de suas secretárias olhou para o produto e disse: "Está uma porcaria." É preciso dizer que os responsáveis voltaram à prancheta e corrigiram as falhas apontadas por ela?

Compare isso com as práticas comuns de administração. A caricatura do chefe cuja palavra é o consenso final infelizmente ainda é bastante comum. Nos trabalhos em equipe, a voz dissidente numa reunião é rapidamente marcada como "teimosa", e acaba sendo ignorada por isso. Aquela pessoa que, em um grupo de marketing, não tem a mesma formação que os seus colegas, recebe, pejorativamente, o apelido de "o engenheiro" ou algo parecido e, assim, tudo que ele diz é diminuído pelo fato de "não ser um de nós". Na maioria das vezes, o atrito é abafado e visto como algo contraprodutivo. Mas não é. Se quisermos aproveitar todas as possibilidades que a discussão em grupo nos abre, é bom aprendermos a montar grupos diversos e saber lidar com eles.

Mas ainda nos resta uma questão. Como fazer para realmente nos beneficiarmos da diversidade e chegarmos a um resultado melhor do que quando trabalhamos sozinhos?

Pesquisas mostram que o melhor a fazer é alternar a sessão de geração de ideias em grupo com períodos individuais. Ao permitir que as pessoas trabalhem sozinhas, antes de apresentarem suas soluções ao grupo, você as deixa desenvolver suas ideias, aprofundando-se no problema. Ao permitir que pensem sozinhas após uma sessão de *brainstorming,* faz com que avaliem criticamente não apenas as suas ideias, mas também as dos outros, e procurem novas soluções. Dessa forma, os resultados finais tendem a ser mais bem desenvolvidos e elaborados. Essa dinâmica parece funcionar bem mais do que quando apenas colocamos um grupo de pessoas numa sala e lhe damos um problema para resolver.

O simples fato de permitir aos participantes do grupo que mantenham notas pessoais para que possam, conforme desejem, entrar na discussão ou trabalhar em suas próprias ideias, também é eficiente.

Um desdobramento interessante pode ser notado nos grupos que utilizam ferramentas de comunicação em rede para facilitar o processo criativo. Alguns indivíduos agrupados, por exemplo, podem usar computadores para manter duas listas: uma com suas próprias ideias; e outra, com aquelas que julgam relevantes o bastante para serem comentadas com os colegas. Alguns sistemas podem até permitir que dois ou mais participantes se comuniquem entre si. Numa reunião normal isso seria impraticável, devido ao ruído e à confusão que causaria no ambiente, mas tudo pode ser mediado por uma rede de computadores. Programas simples de comunicação pessoal ajudariam a diminuir o barulho e as distrações na sala, aumentando a troca de informações entre todos. Contudo, deve-se tomar cuidado com o nível de conforto dos participantes da discussão. O trabalho de digitar em um teclado pode atrapalhar o desempenho de muita gente.

Você também pode partir para o **brainstorming** inteiramente escrito. Numa folha de papel, cada indivíduo escreve uma ideia e a passa ao próximo. Este lê o que já foi sugerido e, com base nisso, tenta gerar uma ideia nova. Alguns grupos podem trabalhar inteiramente a distância, por meio da internet.

O *brainstorming* ainda é um tanto controverso. E há quem diga que nenhuma dessas técnicas tenha um desempenho superior ao de vários indivíduos trabalhando cada um por conta própria. O problema é que, no mundo real, há vários fatores difíceis de serem repetidos em um laboratório. Será que uma sessão de *brainstorming* não seria apenas um fórum seguro, em que funcionários normalmente silenciados por seus chefes se sentiriam à vontade para expor suas ideias? Ou será que eles têm medo dessas sessões, por temerem punições no caso de discordarem de algumas das ideias de seus superiores? E quanto à qualidade das soluções apresentadas numa reunião desse tipo? É provável que o *brainstorming*, ao externar os pontos de vista de tanta gente, seja mais um filtro eficaz de boas ideias do que um método adequado para gerá-las.

Seja como for, há organizações que ouvem seus funcionários e os deixam em posição confortável para discordarem uns dos outros, partilharem informações e mudarem de opinião quando bem entenderem. Organizações que lhes fornecem ferramentas e meios para que trabalhem em conjunto e que conseguem chegar a altos níveis de produção criativa, ao que parece, estão no caminho certo. O exemplo a seguir é o de uma organização especial, que vem crescendo nos últimos anos, e com a qual todos deveríamos aprender alguma coisa.

E O MELHOR GERENTE É... NENHUM GERENTE?

Organizações existem para maximizar o uso de recursos. É isso que aprendemos nos cursos de administração.

Deixe-me explicar melhor. Você já parou para pensar no porquê de existirem empresas? Não seria possível, por exemplo, que cada um trabalhasse por conta própria, contribuísse com algo para o mercado e recebesse o que deseja? Dizemos que o mercado é ágil, que nos fornece as regras para a participação de cada um, mas dizer isso, falar em destruição criativa e logo depois ver empresas que sobrevivem por um tempo considerável, muitas vezes por gerações consecutivas, não seria uma contradição? Se o mercado por si só é tão eficiente, por que, afinal, precisamos de organizações, chefes e cartões de ponto?

O economista norte-americano Ronald Coase, ganhador de um prêmio Nobel, começou a responder essa questão em 1937. O problema é o que ele chamava de custo do mecanismo do preço (que nós, modernamente, chamamos de *custo de transação*). Sempre que precisa procurar algo no mercado, uma empresa (ou pessoa) arca com um custo, quando o custo dessa transação é maior que o custo de usar os seus recursos internos, vale a pena para a empresa produzir ou contratar alguém, em vez de comprar no mercado o que deseja.

Para ficar mais claro, examinaremos três tipos de custos de transação que uma empresa encontra:

O primeiro é o *custo de busca*. Ir ao mercado, procurar, encontrar e negociar para obter tudo de que você precisa são atividades que lhe consomem tempo e dinheiro. O papel dos intermediários, por exemplo, é reunir produtos confiáveis em um só lugar. É por isso que compramos nossos mantimentos em um supermercado, em vez de sairmos por aí conversando com vários produtores, separadamente. Seria mais caro para nós agirmos dessa maneira. Intermediários diminuem uma parte do custo da transação, guardando parte da diferença para si e repassando o restante a seus clientes.

Uma empresa pode diminuir esse custo de busca ao fazer contratos com fornecedores específicos, ao contratar pessoas para funções específicas e ao comprar ou produzir internamente parte do que precisa para operar. Consumidores diminuem custos de busca tornando-se fiéis a uma empresa ou a uma marca.

Imagine ter que negociar o preço e as condições de uma transação toda vez que quiser comprar alguma coisa. No mundo empresarial isso é ainda pior. Cada transação precisaria de um contrato diferente. É o *custo de contrato* (ou *custo de negociação*). Uma empresa que possua sua rede de distribuição evita o custo de realizar novas negociações toda vez que quiser lançar um produto.

Por último, temos o *custo de coordenação*. É o custo com o qual precisamos arcar para coordenar recursos e processos. Uma empresa precisa coordenar suas diversas atividades. Coase já dizia que inovações, como o telefone e o telégrafo, faziam baixar consideravelmente esse tipo de custo, permitindo que empresas se espalhassem e conseguissem se coordenar a distâncias cada vez maiores.

Essas observações levaram o economista a criar o que chamamos de "lei de Coase": uma empresa tende a se expandir até o custo de organizar uma transação dentro da empresa se tomar igual aos custos de realizar a mesma transação fora dela, no mercado.

Ou seja, uma empresa deverá fazer internamente tudo que consegue realizar a um menor custo do que se fosse ao mercado. Como nenhuma empresa é infinitamente eficiente, chegará um ponto em que será melhor comprar fora o que precisa. O mesmo vale para indivíduos que trabalham sozinhos, que preferirão continuar assim a se juntar a uma organização, enquanto os custos de transação o favorecerem.

Se Coase já falava no que um telégrafo podia fazer, imagine o que as redes modernas de comunicação podem fazer com muitos custos de transação tradicionais. O que dizer do custo de busca hoje em dia, quando posso instalar em meu computador um programa que me permita procurar qualquer coisa na internet sem nem precisar fechar o arquivo em que escrevo esse texto?

Mas não vou ficar babando sobre as maravilhas da tecnologia. Quero focar em outro efeito colateral dos nossos tempos. A diminuição expressiva dos custos de transação gerou algumas "aberrações", que estão começando a questionar o modelo de empresas e organizações como as conhecemos. O interessante é que essa modificação, com raízes no campo da economia, está permitindo que essas novas organizações sobressaiam justamente na área tema deste livro: a criatividade.

Em outubro de 2006, Chad Hurley, Steve Chen e Jawed Karim provavelmente estavam entre as pessoas mais felizes do mundo.

Para entender de onde veio tanta alegria, imagine que, um belo dia, você e dois conhecidos resolvem abrir uma empresa. Em menos de dois anos, vocês recebem uma proposta, e vendem o negócio por nada menos que US$1,65 bilhão. Some-se a isso o fato de que vocês ainda não chegaram aos 30 anos, a empresa compradora se chama Google e a que você criou é vista como a mais nova revolução da internet.

Realmente, Hurley, Chen e Karim tinham motivos de sobra para estarem felizes. Em fevereiro de 2005, eles haviam fundado o YouTube, um site cujo objetivo era permitir que seus usuários compartilhassem vídeos.

O que é impressionante nessa história, além da rapidez com que os três jovens se tornaram milionários, é que o sucesso do YouTube depende unicamente da participação contínua de seus usuários. O único serviço que a empresa oferece é a capacidade de pessoas como você e eu enviarmos quaisquer vídeos que desejarmos às suas páginas, entretendo, com isso, milhões de outras pessoas — como você e eu.

Partindo dessa simples premissa, no pouco mais de um ano que o site permaneceu aberto ao público (o seu período de testes durou até o segundo semestre de 2005), a experiência tornou-se um dos destinos mais populares da internet. O YouTube não nos fornece conteúdo como uma empresa de mídia qualquer; apenas nos fornece os meios para que possamos produzir e consumir mídia como bem entendermos.

Como filosofia de negócio, fornecer meios para que façamos, com eles, o que bem entendermos, não é algo completamente novo. Em Londres, por volta de 1688, o café de Edward Lloyd costumava ser frequentado por marinheiros e mercadores. Em pouco tempo, esses clientes começaram a negociar seguros marítimos e a trocar informações sobre suas atividades naquele estabelecimento. Diz a lenda que o próprio Lloyd incentivava essa prática. Sempre fazia circular, por lá, as últimas novidades sobre a marinha mercantil inglesa. Numa época de notícias escassas, o café de Lloyd se tornou parada obrigatória a todos aqueles que trabalhavam com comércio ou seguros marítimos, chegando até a servir de ponto de leilões de navios. Será que a estratégia funcionou?

Bem, digamos que, se você for até Londres hoje e quiser experimentar um café no estabelecimento de Lloyd, provavelmente será barrado na porta. A instituição parou de vender a bebida em 1771. Mas, se quiser arranjar um seguro para qualquer coisa, provavelmente estará no lugar certo.

A diferença, atualmente, é a facilidade com que as pessoas podem se encontrar. Se o café de Lloyd fez sucesso ao fornecer aos londrinos um local adequado onde se encontrar e discutir questões marítimas, o YouTube fez algo parecido em escala global. Nele, os seus usuários se encontram e discutem os vídeos que assistem.

Lloyd não estava sozinho. Durante mais de cem anos, os corretores de valores de Londres se espalharam pelos cafés da cidade, só resolvendo se organizar numa bolsa quando esses estabelecimentos começaram a perder sua popularidade para o nascente costume de tomar chá. Ainda hoje, podemos considerar a bolsa de valores um simples ponto de encontro entre pessoas que querem comprar e vender algo.

Da mesma forma, as organizações desenvolvem seus meios de conseguir que as coisas sejam feitas. Existe uma hierarquia, que define o que cada pessoa deve fazer, que aponta quem decide o que e até quem decide quem vai decidir e fazer o quê. As pessoas ganham um incentivo financeiro, uma perspectiva de carreira e até reconhecimento social pelo que fazem. Tudo precisa ser organizado — horários, funções e procedimentos — para garantir que o que precisa ser feito será feito realmente. E, assim, tudo sempre pareceu funcionar.

Compare qualquer empresa ou organização com uma comunidade na internet. Nas comunidades, os custos de busca são baixos e as pessoas fazem o que querem porque querem, e não porque alguém as mandou fazer. Como há voluntários e informações suficientes, esses grupos são auto-organizados. As pessoas participam deles pela oportunidade de participar, contribuindo com o que podem ou desejam. Pode haver uma lista de "coisas para se fazer", mas as pessoas também podem participar simplesmente construindo algo sobre as contribuições das outras.

Sob o ponto de vista das áreas de administração e economia, há algo ainda mais chocante. Na maioria dos casos, o benefício que as pessoas tiram de trabalhos assim é apenas a satisfação de participar deles. Não há salários ou outros benefícios financeiros.

Várias outras iniciativas utilizaram princípios muito parecidos, conseguindo sucessos respeitáveis. Como não precisam arcar com muitos dos custos de transação — como uma empresa tradicional precisa fazer —, basta um grupo se organizar em torno de um interesse comum para que resultados interessantes comecem a aparecer.

Mas voltemos às organizações tradicionais. Numa empresa, um gerente procura sempre adequar as tarefas às habilidades de seus comandados. Mais cedo ou mais tarde, por falta de opções, ele acabará tendo que passar uma tarefa a alguém que não se sente atraído por esta. Mesmo que esse não fosse o caso, é praticamente impossível que uma pessoa conheça outra tão bem a ponto de sempre determinar tarefas ideais para ela.

Observe o que esse novo tipo de organização faz com os custos de transação. As pessoas procuram projetos ou comunidades de seu interesse. O custo para fazer isso, uma vez que você já está na internet e sabe utilizar seus recursos, é bastante baixo. Como as atividades são autoselecionadas, não há muitos custos nesse ponto também. Mais importante ainda: cada pessoa é livre para fazer o que bem entender.

Vários outros fenômenos na internet se baseiam na colaboração entre indivíduos "iguais". A Wikipédia, por exemplo, é uma enciclopédia digital que vem sendo compilada inteiramente por meio da colaboração de seus usuários na rede. Qualquer pessoa pode participar. Escrevendo, criticando e sugerindo melhorias em relação ao trabalho dos outros, ou simplesmente acessando o website e consumindo a informação que está disponível a todos.

Os programas de troca de arquivos, atual pesadelo da indústria de entretenimento mundial, funcionam ao permitir que várias pessoas disponibilizem seus arquivos de música, por exemplo, a outros usuários da rede, sabendo que, em troca, permitirão o mesmo.

Os jogos virtuais, outro fenômeno em franco crescimento, também funcionam a partir do mesmo princípio. Antigamente, os jogos forneciam narrativas completas. O fabricante apresentava uma história que o indivíduo aprimorava com a participação de seu personagem. Cada vez mais pessoas, no entanto, estão optando por jogos que se passem em "mundos virtuais". Neles, cada um participa como bem entende.

Toda a comunidade, e não o fabricante do jogo, é responsável por criar urna narrativa que a entretenha. Um participante pode ser um grande herói, um vilão terrível ou um simples vendedor de bebidas do bar da esquina. Assim, suas ações e escolhas no jogo podem influenciar outras pessoas e até as suas vidas no mundo real. O que começou como uma brincadeira já virou coisa séria. Vários jogos já desenvolvem uma animada economia própria. Seus participantes produzem, trocam, compram e vendem de tudo, pagando com dinheiro de verdade por terrenos, objetos e personagens que só existem virtualmente.

Com tudo isso, ninguém fica preso a uma função de que não goste, aquém ou além de suas habilidades e de sua disposição. Ninguém fica dependendo da autorização de outra pessoa para fazer algo que o deixe feliz. Todos podem correr atrás de projetos do seu interesse, cada vez mais desafiadores — seja um novo problema no Linux, ou um novo desafio no seu jogo — por conta própria. Você é habilidoso em alguma área ou possui mais tempo para se dedicar a ela? Pegue projetos mais longos e difíceis, como organizar uma nova seção da Wikipédia. Menos tempo ou habilidade? Comece com algo mais simples, como navegar por algumas páginas da enciclopédia, apontando possíveis erros de informação. Colabore.

O fenômeno da colaboração online, verificado em jogos, sites de leilão, listas de discussão e projetos de software livre, está se espalhando tão rapidamente que alguns analistas já lhe deram o nome de Web 2.0, sinalizando uma mudança na própria forma como a internet se desenvolve e é utilizada.

A organização livre dessas comunidades se encaixa perfeitamente com tudo o que já sabemos sobre a criatividade. O fato de muitas delas terem se tornado produtivas nos diz muito sobre o valor de permitir que as pessoas exerçam sua criatividade livremente, e também nos mostra por que muitas empresas tradicionais estão preocupadas com isso.

É melhor aprender com elas. Montar um wiki, por exemplo, é algo bastante fácil. Permite que sua empresa comece a desenvolver memória organizacional, construída a partir dos fragmentos de experiências e conhecimentos disponíveis. Algumas empresas têm adotado ferramentas de produção colaborativa inspiradas em programas como o Linux. Já há, também, algumas tentativas de se trabalhar com ambientes virtuais similares aos dos jogos de computador interativos. O objetivo disso tudo é aumentar a interatividade entre os funcionários.

Também há quem monte "bolsas de ideias", inspiradas nas bolsas de valores reais, em que os funcionários de uma empresa compram ideias e produtos "quentes" e são remunerados pelo sucesso de suas escolhas. Assim, a administração pode se utilizar das previsões de seu mercado interno para perceber que produtos e ideias são considerados "quentes" ou "ruins", baseando-se no conhecimento agregado de todo o seu pessoal. Se seu novo produto está em baixa na bolsa de valores interna, pode começar a se questionar: "O que meus funcionários sabem, que eu não sei?"

Essas ideias, apesar de promissoras, ainda precisam mostrar que podem se estabelecer e conquistar seu espaço no mundo. Ao que tudo indica, ficaremos cada vez mais habituados a esse tipo de coisa. E viva a liberdade de informação!

PODER AOS CRIATIVOS?

Vamos a uma questão clássica do gerenciamento de equipes: quanto da criatividade de um grupo depende da genialidade de seus membros, e quanto depende da sua gerência?

As pesquisas mostram que o estilo de gerenciamento reflete entre 30% e 60% da produção criativa de uma equipe. Podemos dizer, então, que cerca de metade de um resultado, quando falamos de criatividade em grupo, vem do modo como se lida com as pessoas envolvidas em um processo. Isso nos leva a uma prática muito difundida entre as empresas que buscam ser criativas: a promoção de indivíduos criativos a posições de chefia, na esperança de que essas pessoas saibam o que funciona.

Infelizmente, não é tão simples. As pesquisas do professor sueco Göran Ekvall mostraram que pessoas criativas em posições de liderança não são necessariamente aquelas que mais saberão conduzir os outros à criatividade. Um líder altamente criativo pode aumentar demais o nível de estresse e de frustração em um ambiente de trabalho, trazendo danos à motivação de seus subordinados.

Líderes que estimulam a criatividade não precisam ser especialmente criativos. Um bom líder é aquele que cria condições de trabalho que estimulem os efeitos da motivação intrínseca em seu pessoal. Ao mesmo tempo em que faz isso, ainda deve cuidar para que as ferramentas de controle organizacional funcionem de forma positiva.

Isso quer dizer que esses líderes, em geral, são bastante voltados às pessoas. Dão muita atenção ao relacionamento da equipe e estão sempre abertos a mudanças. Gerentes que alcançam o sucesso em ambientes criativos procuram encorajar o compartilhamento de ideias e valorizar o debate livre. Evitam se tornar controladores demais, buscam equilíbrio entre a cooperação e a competição entre os seus subordinados e aceitam o fracasso e o risco como partes necessárias ao trabalho criativo. Uma coisa é ser criativo. Outra é cuidar do ambiente para que os outros o sejam.

A IMPORTÂNCIA DOS PRAZOS

A visão que temos das pessoas criativas está ligada à da iluminação espontânea. Não podemos nos forçar a ter uma boa ideia. Mesmo as pessoas criativas precisam esperar até que suas ideias estejam prontas. Se lhes faltar inspiração, nada lhes resta a não ser esperar pela volta da musa.

A professora de recursos humanos e comportamento organizacional Connie Gersick, da Universidade da Califórnia, passou algum tempo estudando a influência dos prazos na criatividade. Analisando vários grupos de trabalho, encontrou um padrão interessante. Ao pedir às pessoas que, em grupo, realizassem uma atividade criativa, ela percebeu que, durante a primeira metade do tempo estabelecido, elas pareciam divagar. Ao esgotar-se metade do tempo, era comum alguém dizer algo como: "Ei, o tempo está acabando". Nessa segunda fase, os grupos partiam, de modo mais pragmático, para a criação do produto final solicitado.

Para aquele primeiro período, não existia um padrão definido de comportamento. Certos grupos pareciam parados, enquanto alguns de seus membros pensavam em soluções, outros discutiam dezenas de ideias, e outros ainda pareciam apenas divagar. Não importava o que ocorresse: naquela primeira etapa do trabalho, as pessoas pareciam estar se preparando para a tarefa de criar alguma coisa.

O aviso de transição também não apresentou um padrão. Podia ocorrer um pouco antes ou um pouco depois de transcorrida a primeira metade do tempo. Podia ser pessimista ("Já gastamos metade do nosso tempo") ou otimista ("Ainda temos metade do nosso tempo"). As pessoas, então, percebiam que era tempo de partir para a ação. Na segunda etapa do processo, o problema era finalmente resolvido.

Isso não quer dizer que você deva forçar ao máximo suas metas pessoais. O período de incubação de suas ideias é extremamente importante. É nele que você entenderá melhor os problemas que lhe foram propostos. A vantagem de se impor uma data-limite é que, com ela, você se força a sair de uma etapa de divagação e partir, enfim, para a ação criativa.

A ideia de que a criatividade não pode ou não deve ser apressada é errônea. Como vimos, é um caminho muito melhor do que ficar esperando por soluções perfeitas. Muitas ideias não saem do papel exatamente por isso. Fixar datas para concretizar projetos pode ser uma estratégia muito valiosa. Pode fazê-la alcançar resultados reais, palpáveis, mas tenha cuidado para não ser ganancioso demais. Se você criar prazos inalcançáveis, isso só lhe causará angústia e mal-estar.

Vivendo a vida criativa

✓ Como a função do *brainstorming* é gerar ideias, pode ser que a solução escolhida para um problema não seja a melhor que determinado grupo tenha logrado criar — mas a "menos ruim" de todas. Melhor seria expor a questão a ser discutida com certa antecedência, permitindo que cada participante tenha tempo para trabalhar nela sozinho e redigir suas ideias. Isso permitiria que o processo criativo ocorresse com cada indivíduo separadamente. Ao final, todos apresentariam resultados mais elaborados. Esse tempo também serviria para que as pessoas se preparassem para expor melhor suas ideias e aceitar, sem dramas, as críticas alheias.

Capítulo 5

Conclusão

MONTANDO O QUEBRA-CABEÇA

Quem nunca ouviu falar em Steve Jobs, o fundador da Apple? Graças ao sucesso do iPod, iPhone e outras criações, Jobs atingiu fama mundial. Hoje, anos após sua morte, Steve Jobs é visto como um dos grandes nomes da área de Tecnologia.

Jobs ficou famoso com a Apple, mas a história de sua Criatividade não para por aí. Você sabia, por exemplo, que Jobs também é um dos fundadores da Pixar, estúdio que criou Toy Story, Procurando Nemo e um monte de outros sucessos de animação?

Steve Jobs foi adotado. Sua mãe biológica, uma estudante sem condições de criá-lo, queria vê-lo numa família que pudesse lhe bancar os estudos. Por isso, ainda grávida, fez um acordo com um casal que lhe pareceu promissor. Quando Jobs nasceu, no entanto, houve uma reviravolta. Inesperadamente, o tal casal mudou de ideia e alegou preferir uma menina. O bebê acabou ofe-recido a outros pais, que não tinham diploma superior. A mãe biológica de Steve só o entregou aos novos candidatos depois de arrancar deles a promessa de que o fariam chegar ao College (curso superior que, nos Estados Unidos, vem logo após o ensino médio e que precede uma especialização).

Aos 17 anos, Steve Jobs se matriculou em um College bastante caro. Seus pais se sacrificavam para pagar as despesas de sua educação. Como muitos jovens dessa idade, Steve ainda não sabia o que queria da vida, e decidiu não gastar as economias de seus pais à toa. Largou o curso após seis meses, mas continuou frequentando as aulas por mais um ano e meio. Nesse tempo, liberado das matérias obrigatórias, assistia somente aos cursos de seu interesse, enquanto morava de favor com alguns amigos e recolhia garrafas para descolar algum dinheiro.

Em um de seus discursos, Jobs contou que o Reed College oferecia um dos melhores cursos de caligrafia do país, e ele decidiu ver do que isso se tratava. Lá, aprendeu sobre fontes, sobre o espaçamento entre as letras de uma composição, sobre o que seria uma boa tipografia, mas, apesar de ter gostado muito das aulas, nunca achou que teriam alguma utilidade prática em sua vida.

Somente dez anos depois, quando sua empresa já criava o primeiro computador Macintosh, Jobs conseguiu conectar suas aulas de caligrafia a seu novo projeto. O Macintosh foi o primeiro computador a se preocupar com questões tipográficas. Nas palavras do próprio Jobs, como o Windows copiou o Macintosh, se ele não tivesse largado o curso formal e aprendido caligrafia, é provável que, até hoje, ninguém tivesse se ocupado da tipografia para os computadores pessoais.

Jobs dizia que você não pode ligar dois pontos olhando para frente. Quando fez caligrafia, não tinha ideia de que, algum dia, aquilo revolucionaria o mundo da informática, mas foi o que aconteceu. Para ele, você só consegue ligar dois pontos olhando para trás.

E é exatamente aqui que encontramos a diferença entre o Batman e o Super-Homem, entre os seres míticos e suas grandes criações e o trabalho diário de um simples mortal. Vemos o trabalho pronto, e como desconhecemos tudo que o precedeu, interpretamos o processo criativo de trás para frente.

Olhamos para o resultado limpinho, no ponto final de um processo que pode ser muito confuso e trabalhoso, e supomos que a pessoa que estamos olhando deve ter alguma habilidade fora do comum. Esquecemo-nos de olhar

CONCLUSÃO

para todo o processo pelo qual a pessoa passou para, finalmente, chegar àquele resultado.

Voltemos a Steve Jobs. Ele não fez um curso de caligrafia achando que isso seria muito útil em sua vida no futuro. Não decidiu de um dia para o outro que ia fazer computadores agradáveis de se olhar. O processo é invertido. Quando começou a pensar em computadores, a matéria-prima já estava à sua disposição. Ele simplesmente pescou essa ideia e a combinou com seu trabalho atual.

Mas é só isso? Bem, no começo do livro combinamos de tentar acabar com o mito da criatividade.

Sim, apresentamos aqui uma nova visão do trabalho criativo. Nada de lâmpadas sobre a cabeça de alguém. Nada de xamãs andando sobre o fogo. Eu sei que a ausência desses elementos pode até frustrar uns e outros, mas deixe-me tentar animá-lo com uma outra história.

Ela aconteceu quando comecei minhas aulas de mandarim. Lá estava eu, tentando pronunciar, sem sucesso, meia dúzia de palavras. Tentava e tentava pronunciá-las corretamente. E nada. O professor as proferia, em alto e bom som, eu tentava repeti-las, sofrivelmente, e ele balançava a cabeça para os lados.

Após algum sofrimento, finalmente ele desabafou: "Vocês (ocidentais) tentam demais. Sempre tentam fazer o melhor. Tentam ser os melhores. Vocês se esforçam demais. Pare de tentar falar chinês. Não *tente falar* chinês. *Fale* chinês."

E finalmente consegui pronunciar aquelas palavras (tratava-se de um grandioso "Minhas roupas são bonitas"). Mas confesso que saí de lá com a sensação de ter vivido uma experiência levemente surreal. Aquilo me pareceu, com o perdão da expressão, um pouco "oriental" demais.

Anos mais tarde, pensando sobre como resumir o comportamento criativo para este livro — e ainda engatinhando no mandarim —, a imagem daquela aula me veio à cabeça.

"Não tente, faça."

Sim, eu aceito o risco de ser considerado filosófico demais, mas, depois de toda essa nossa viagem, é isso que tenho a dizer a você sobre a criatividade. Criatividade não é algo que tentamos. Criatividade é algo que fazemos.

ÚLTIMA PROPOSTA

Segundo o psicólogo norte-americano Neal Roese, quanto mais surpreendente ou impressionante algo nos parecer, mais seremos levados a acreditar que deve haver " algo a mais" responsável por aquele resultado.

Acontecimentos mundanos vêm e vão sem que nossa consciência sequer os perceba direito. Ouvimos dizer que uma pessoa morreu de ataque cardíaco, e nos satisfazemos em saber que uma dieta ruim e o hábito de fumar podem ter contribuído para a sua morte. Ouvimos dizer que mil pessoas do mesmo bairro morreram de ataque cardíaco e precisamos de uma explicação melhor. Seria um novo vírus? Um estranho atentado terrorista? O fruto de alguma experiência diabólica? Nossas mentes continuam trabalhando, buscando explicações tão grandes quanto os fatos que nos são apresentados.

É difícil aceitar que alguns acontecimentos grandiosos não são necessariamente precedidos de causas grandiosas. Você tromba com um desconhecido na rua, pede desculpas e cada um segue seu caminho. Você tromba com um desconhecido na rua, troca olhares com ele, depois telefones. Acaba passando a vida com essa pessoa, e começa a acreditar que aquele encontro, igual a milhares de outros que você teve, pode ser creditado ao "destino".

Então, encontramos pela frente cientistas, pintores, artistas e empresários cujos feitos nos parecem tão impressionantes que, para explicá-los, precisamos de "algo mais". Essas pessoas não podem ser como nós. Assim, surgem as musas, os caprichos, o talento, a predeterminação genética e tudo mais. Tudo aquilo que passamos a chamar de "mito da criatividade".

E é esta a grande mensagem deste livro. O maior segredo da criatividade, o mais bem guardado de todos, é que não há segredo algum. Há trabalho e dedicação, tentativa e erro. E alguns acertos.

Nossa primeira reação, ao constatarmos isso, pode ser de tristeza e até de decepção, afinal, aonde foi parar o romantismo desta história? E aquela imagem do artista boêmio, do cientista louco, dos grandes gênios da humanidade atacados por "surtos" criativos, tomados por espíritos de outro mundo (suas musas, talvez?)? Como fica tudo isso?

Proponho a você uma troca: abandonamos essa visão romântica, mas ganhamos o conhecimento do que é preciso para chegar lá, no mundo real. As pesquisas mais recentes sobre a criatividade permitem a todos nós que nos libertemos daquela noção preconcebida de que "não somos criativos"; fazem com que paremos de nos comparar aos "grandes nomes" disso e daquilo. A criatividade é um fenômeno social aberto a todos. Não é preciso nenhuma característica especial para entrar nesse clube, apenas disposição.

Lembre-se de que, ao entrar em um labirinto, você encontrará encruzilhadas, armadilhas, becos sem saída, longos corredores que parecem levá-lo a lugar algum. O trabalho criativo exige esforço contínuo de sua parte e exige tempo para fazer com que esse esforço valha a pena. Tudo isso pode parecer ruim quando olhamos de dentro. Muita gente desiste logo que esbarra em um primeiro erro, numa primeira dúvida, mas você só saberá se algo pode dar certo ao tentar torná-lo real.

Lembre-se, também, de que a maioria das empresas irá quebrar. A maior parte das iniciativas vai dar errado. A maior parte das ideias de alguém não irá levá-lo a lugar algum. Se sempre funcionassem, não haveria inovações no mundo. Uma novidade mexe com o *status quo*. Precisa ser a coisa certa, precisa estar no lugar certo, na hora certa e da forma certa, com as pessoas e os recursos certos.

Muitas vezes, uma ideia boa simplesmente leva azar e passa despercebida pelo público em geral. Imagine, por exemplo, um restaurante novo. Pode até se tratar de um excelente estabelecimento, mas, por algum motivo qualquer, ele demora a "pegar". Seu proprietário, no prejuízo, desiste de tudo e fecha as portas após seis meses de funcionamento. Se ele tivesse sido mais paciente, se esperasse o ponto se desenvolver, pode ser que, em um ano, aquele se tornasse o restaurante mais movimentado de seu bairro. Pode ser que, naquela mesma região, um grande concorrente seu quebrasse, o que faria com que sua clientela procurasse um novo local para almoçar. Pode ser que a situação econômica do país melhorasse um pouco no semestre seguinte, e mais pessoas passassem a comer fora. Também pode ser que a situação econômica piorasse, obrigando mais pessoas a almoçar longe de casa e perto do trabalho.

Existem mais variáveis envolvidas na coisa, não apenas a atuação do dono, o "criador" do restaurante. Dentro de toda essa confusão, cada indivíduo ou organização é apenas mais uma peça em um enorme quebra-cabeça. O melhor que se pode fazer é tentar lidar com esse caos da melhor maneira possível.

Há fatores que controlamos e que estão a nosso alcance, mas isso não nos garante nada. Por isso, mesmo agindo como manda o figurino, temos muita chance de nos dar mal.

A maioria das histórias de sucesso é precedida por vários fracassos. Neste livro, vimos que o maior indicador para o sucesso de alguém ou de um produto é o número de erros gerados durante o processo criativo referente a ele.

Então, qual é a melhor coisa a fazer ao fracassar? Aprender com a experiência. Acumular toda a matéria-prima possível, e quando tudo der errado, lembre-se daquela famosa frase de Winston Churchill: "Nunca ceda. Nunca ceda. Nunca, nunca, nunca, nunca."

É muito comum encontrarmos a felicidade associada à criatividade. A criatividade leva à felicidade, a felicidade leva à criatividade, ou qualquer outra mistura desses termos é dita e repetida por xamãs das mais variadas áreas.

Bem, esqueça isso. Realizar uma atividade criativa não irá deixá-lo mais feliz, pelo menos não no sentido usual da palavra. Se você se arrasta da cama pela manhã, se já acorda de mau humor, desejando que o dia acabe logo, são grandes as chances de que continue se sentindo assim mesmo depois de ler este livro.

O trabalho criativo, por si só, não trará felicidade ao seu dia a dia. Tampouco é preciso ser feliz para ser criativo. A felicidade pode, sim, ser um elemento motivador da criatividade, mas outras emoções também podem cumprir esse papel. A raiva e a ambição, por exemplo, são dois dos maiores motivadores da espécie humana, gostemos ou não.

Csikszentmihalyi chamou "pessimismo ensolarado" àquela característica que as pessoas criativas demonstram de serem realistas e pessimistas na medida certa. Sabem que, muitas vezes, as tarefas que escolheram para si são enormes. Conhecem os riscos envolvidos. Adaptando o que disse o filósofo alemão Friedrich Nietzsche, elas olham para o abismo, o abismo olha de volta para elas e, mesmo assim, continuam acreditando que conseguirão realizar o que desejam.

Rosabeth Moss Kanter até decretou uma "lei de Kanter": "No meio de um processo, tudo pode parecer um fracasso." Finais felizes resultam de muita persistência e dedicação. Problemas acontecem. Ao se aventurar pelo labirinto, inevitavelmente você encontrará alguns becos sem saída. No mundo real,

CONCLUSÃO

nossas agendas atrasam, as pessoas se cansam, nossos projetos falham e os críticos nos atacam. Na base de toda a vitória estão as incertezas, os altos e baixos do caminho que pode nos levar a ela. Lembre-se: confiança é aquele doce lugar entre o desespero e o otimismo extremo.

O que mais podemos aprender com nossos exemplos? Se eu precisasse resumir este livro em uma única palavra, tenho uma favorita: comprometimento.

Pobres e ricos, jovens e velhos, homens e mulheres. Cientistas, artistas e empresários. É extremamente difícil, senão impossível, definir um grupo de características compartilhadas por todas as pessoas criativas, mas é extremamente complicado achar um indivíduo, um grupo ou uma empresa criativa que não disponha de um profundo senso de comprometimento.

Mas você pode se perguntar: "Comprometimento com o quê?" Basicamente consigo mesmo e, por extensão, com seu trabalho e com tudo que julgar importante.

Aos 26 anos, Richard Feynman se casou com sua namorada de infância. Arlene, sua mulher, morreu poucos anos depois, de tuberculose. Ao se casar com ela, Feynman sabia da doença, e muitas pessoas próximas a ele tentaram convencê-lo a não fazer aquilo. Diziam que ele não precisava se sentir obrigado a se casar com ela, mas ele seguiu em frente mesmo assim; não por se sentir obrigado, mas por querer casar com Arlene.

O croata Nikola Tesla — que tornou possível o uso da corrente alternada na eletricidade do dia a dia — chegou a trabalhar como engenheiro elétrico para a empresa de Thomas Edison. Após ser passado para trás por ele, pediu demissão. Tesla, um dos maiores nomes da física elétrica, passou quase um ano trabalhando como pedreiro. Ele podia ter conseguido qualquer outro emprego como engenheiro, mas só voltou a trabalhar com eletricidade quando teve a chance de viabilizar suas ideias, que se mostraram melhores que as de Edison.

Estamos acostumados a pensar na palavra "criatividade" como algo que se *tem*. O próprio modo como a usamos nos passa esse entendimento: "Fulano é criativo, beltrano não." No entanto, como vimos, criatividade não é algo que que se tem. Nascemos assim, fomos abençoados ou atingidos por um gnomo divino. Não, nada disso. Na melhor das hipóteses, ela é algo que se *faz*. O que *temos* simplesmente é outra coisa. Temos nariz grande, temos pouco cabelo ou temos olhos verdes. O que *fazemos* é algo diferente.

Fazer algo exige dedicação, esforço e comprometimento. Significa abrir mão de prazeres e desejos imediatos, como de nossas horas de lazer, sono, conforto e tranquilidade.

Felizmente, já inventamos uma palavra para isso: trabalho.

Estamos acostumados a falar de trabalho. Sabemos que, no trabalho, não devemos ficar parados, esperando as coisas caírem do céu. Isso envolve acordar cedo e dormir tarde, obedecer a uma rotina — mesmo quando isso é a última coisa que desejamos fazer — e, não raro, forçar-se a sair da inércia para produzir seja lá o que for. Quando alguém nos fala sobre trabalho, é nessas coisas que pensamos.

E daí vem a minha última proposta: passemos a falar sobre "trabalho criativo", um termo que usei diversas vezes durante este livro. Dizer "trabalho criativo", em vez de "criatividade", nos passa uma ideia mais adequada do significado desse fenômeno. Sabemos o que é o trabalho. E agora sabemos um pouco melhor o que é a criatividade. Juntando os dois, podemos concluir algo: o trabalho criativo envolve levar nossos esforços pessoais à fronteira de um ou mais domínios.

Não há segredo. Não há super-homens. Nem russos dançantes fantasiados de rena. É verdade que muitas ideias já ocorreram a pessoas criativas durante seus momentos de descontração, mas foram precedidas de uma grande dedicação, da imersão de seus pensamentos em algo. Ideias não surgem do nada; vêm de nossas experiências prévias e precisam delas para se encaixar em alguma coisa. Podemos ver algumas dessas peças surgirem repentinamente à nossa frente, mas nunca vemos o quebra-cabeça inteiro.

Hugh Macleod desenha seus cartões no metrô, a caminho do trabalho, e em bares, logo após o expediente. Robert Irwin se trancou em seu estúdio durante meses até se dar por satisfeito com o que queria extrair de sua obra. Richard Garfield passou anos fracassando, tentando criar um jogo inovador, antes de desenvolver o seu bem-sucedido *Magic*. Um nome para um novo produto pode lhe surgir de um estalo, mas você só saberá se ele é uma boa escolha após peneirá-lo dentre outras milhares de opções. A boa solução de hoje pode ter sido aquela jogada fora no passado.

Se você quiser irritar uma pessoa que considera criativa, fale a ela de seu "talento", de sua "inspiração", da "bênção" que recebeu ou algo parecido. Ao dizer isso, você rouba dela toda a sua incerteza, a sua dedicação e o seu esforço. Você se esquece de todas as horas de sono de que ela abriu mão. Você transforma todo o seu trabalho criativo numa desculpa qualquer.

Ela sabe que a criatividade não é algo que se tem. É algo que se faz. Agora, você também sabe.

Vivendo a vida criativa

✓ Se após ler este livro, você continuar pensando que não há nada que possa fazer para produzir um trabalho criativo, lembre-se de uma coisa: não é culpa sua, é minha. Não é você que não é criativo. Este livro é que é ruim. Agora, faça a nós dois um favor: jogue o livro no lixo e vá fazer algo útil; mas não vale jogá-lo fora e se sentar em frente à televisão. Faça algo que aumente suas habilidades em alguma área. Estude um assunto de seu interesse. Trabalhe naquela ideia que você teve, mas que nunca tentou realizar de verdade. Se estiver sem paciência para tudo isso, ao menos levante-se e vá ao cinema.

Epílogo

Quinta-feira, 2 de março de 2006.

Um dia após a Quarta-feira de Cinzas. Este ano, no entanto, passei longe do Carnaval. Estava em um país vizinho. Estou encalhado em meu trabalho já há alguns meses. Resolvi entrar em um labirinto e, por mais que tente, não consigo sair dele.

Café, livros espalhados por onde passo e a solidão de enfrentar o processador de textos cheio de letrinhas e frases confusas. Resolvi aproveitar o feriado para seguir um de meus próprios conselhos e buscar novas experiências. Parar um pouco para respirar.

Eu precisava de um intervalo. Precisava viajar. Ver coisas novas. Haveria coisa melhor a fazer do que visitar uma das maiores obras criativas do mundo?

Há menos de 48 horas, eu estava sentado no trem que partia de Machu Picchu. Essa cidade inca escapou da destruição espanhola e até hoje assombra seus visitantes, seja pela grandiosidade e pela perfeição de suas construções, seja pela beleza de sua localização geográfica. Machu Picchu ainda é um mistério. O que era, na verdade? Como foi construída? Por quê? Quem escolheu aquele local? O que aconteceu a seus habitantes? Essas são apenas algumas das perguntas que os estudiosos se fazem sobre a cidade, e ninguém chega a uma resposta absoluta.

De fato, boa parte do Peru é um mistério. Espalham-se pelo país várias ruínas da civilização inca e das tribos que a precederam. Machu Picchu é apenas a mais famosa.

Fecho os olhos e estou de novo no trem. Um grupo de passageiros está discutindo: "Não é possível que um monte de índios tenha feito tudo aquilo sozinho." Alguém pergunta: "Como é que sabiam tanto de astronomia? E de construção?" Outro quer saber mais: "Como construíram cidades inteiras em cima dessas montanhas?"

Não longe dali, perto de Lima, estão as famosas linhas de Nazca. "Como é possível um simples índio saber que seus desenhos poderiam ser vistos de uma grande altura?"

"Seriam sinais para extraterrestres? Teriam sido feitos por eles?" "Esses povos foram ajudados por seres superiores? Atingidos por uma iluminação súbita de tecnologia e conhecimento que os permitiu chegar aonde chegaram?"

"Afinal, eram os deuses astronautas?"

Meus colegas de viagem, assombrados, concluem que sim. Como seria possível construir tudo aquilo a partir de tão pouco? Há outra saída para essa questão, senão o fantástico, o mitológico?

Lembro que a resposta me veio à cabeça naturalmente, enquanto eu admirava a vista pela janela do trem. Como seria possível?

"Uma pedra de cada vez. Só isso: Uma de cada vez." Estou cansado. Vou dormir.

Referências Bibliográficas

AMABILE, T.M. *Creativity in Context* Boulder, Colorado: Westview Press, 1996. ARGYRIS, C. *Maus Conselhos: uma armadilha gerencial.* Porto Alegre: Bookman, 2005.

ATTALI, J. *Os judeus, o dinheiro e o mundo.* São Paulo: Futura, 2003.

BANKLER, Y. Coase's Penguin, or Linux: and the Nature of the Firm. *Yale Law Journal,* V.112, 2002.

BARABÁSI, A.-L. *Linked: The New Science of Networks.* Cambridge, Massachussetts: Perseus Publishing, 2002.

BAUMEISTER, R.F. The Psychology of Irrationality: Why People Make Foolish, Self-Defeating Choices. In: L Brocas &J.D. Carrilo (Org.). *The psychology of economic decisions.* Oxford, Oxford University Press, 2003. p. 3-16.

BAUMEISTER, R.F.;GAILLIOT, M. T.;DEWALL, C. N.; OATEN, M. Self-Regulation and Personality: How Interventions Increase Regulatory Success, and How Depletion Moderates the Effects of Trairs on Behavior. *Journal of Personality,* no prelo.

BEINHOCKER, E.D. *The Origin Of Wealth.* Boston, Massachusetts: Harvard Business School, 2006.

BERNSTEIN, M.;GARNIER, H.; ROOT-BERNSTEIN, R.S. Correlations Between Avocations, Scientific Style Work Habits, and Professional Impact of Scientists. *Creativity Research Journal,* V. 8, n. 2, p. 115, 1995.

BURKE, P. *Uma História Social do Conhecimento. De Gutemberg a Diderot.* Rio de Janeiro: Jorge Zahar Editor, 2003.

BURT, R.S. Structural Holes and Good Ideas, *American Journal of Sociology, 2003.* CAMPBELL, J. *O Herói de Mil Faces.* São Paulo: Cultrix/Pensamento, 1949.

CARROLL, L. *Alice: edição comentada.* Rio de Janeiro: Jorge Zahar Editor, 2002.

CARSEN, J. *Five Easy Steps to a Best Seller.* 27 de março de 2006.

CLARK, R.W. *Einstein: the Life and Times.* London: Hodder & Stoughton, 1979.

COASE, R.H. *The Nature of the Firm.* Disponível em: http://www.cerna.ensmp. hlEnseignement/CoursEcolndus/SupportsdeCours/COASE,Pdf 1937.

COASE, R.H. The Problem of Social Cost. *Journal of Law and Economics,* n. Outubro, 1960.

COMMITTE ON THE JUDICIARY HOUSE OF REPRESENTATIVES. *Home Recording of Copyrighted Works.* Disponível em: http://cryptome.orglhrc-w-hear.htm, 1982.

CSIKSZENTMIHALYI, M. *Flow: the psychology of optimal experience.* New York: Harper & Row, 1990.

CSIKSZENTMIHALYI, M,*Creativity: flow and the psychology of discovery and invention.* New York: Harper Perennial, 1996.

DACEY, JS., LENNON, K.H. *Understanding Creativity: The interplay of biological, psychological, and social factors.* San Francisco: Jossey-Bass, 1998.

DARWIN, C. *A Origem das Espécies.* Rio de Janeiro: Ediouro, 2004.

DE BONO, E. *Novas Estratégias de Pensamento.* São Paulo: Nobel, 2000.

DECI, E.L,RYAN, R.M. *Intrinsic Motivation and Self-determination in Human Behavior.* New York: Plenum, 1985.

DENNIS, AR., WILLIAMS, M.L. Electronic Brainstorming: Theory, Research, and Future Directions. In: P.B. Paulus & B.A Nijstad (Org.). *Group Creativity: Innovation Through Collaboration.* New York, Oxford University Press, 2003. p. 160-178.

DENNIS, W. Variations in productivity among creative workers. *Scientific Monthly,* V. 80, n. April, p. 277-278, 1955.

DIMOND, S.,BEAUMONT, G.J. Experimental studies of the hemisphere function in the human brain. In: S. Dimond & G. [. Beaumont (Org.). *Hemisphere function in the human brain.* New York, Halsted, 1974. p. 48-88.

REFERÊNCIAS BIBLIOGRÁFICAS

DUFF, W. *An Essay on Original Genius*. London: Edward & Charles Dilly, 1767.

DWECK, C.S. *Mindset: The New Psychology of Success* New York: Random House, 2006.

DWECK, C.S. Beliefs That Make Smart People Dumb. In: R.J. Sternberg (Org.). *Why Smart People Can Be So Stupid*. New Haven, Yale University Press, 2002. p. 24-41.

EKVALL, G. Creative Climate. In: M. Runco & S. Pritzker (Org.). *Encyclopedia of Creativity*, New York, Academic Press, 1999. p. 403-412.

ERICSSON, K.A The Search for General Abilities and Basic Capacities: Theoretical Implications from the Mofifiability and Complexity of Mechanisms Mediating Expert Performance. In: RJ Sternberg & E.L. Grigorenko (Org.). *The Psychology of Abilities. Competencies, and Expertise.* Cambridge, Cambridge University Press, 2003. p. 93-125.

FEYNMAN, R. The Dignified Professor. In: F. Barron, A Montuori & A Barron (Org.).

Creators on Creating: Awakening and Cultivating the Imaginative Mind. New York, Tarcher/Penguin, 1997. p. 63-67.

FEYNMAN, R.P. *O senhor está brincando, Sr. Feynman!: as estranhas aventuras de um físico excêntrico.* Rio de Janeiro: Elsevier, 2006.

FLORIDA, R. *The Rise of the Creative Class: and How It's Transforming Work, Leisure and Everyday Life.* Basic Books, 2002.

FOSTER, R, KAPLAN, S. *Destruição Criativa: Por que empresas feitas para durar não são bem-sucedidas.* Rio de Janeiro: Campus, 2002.

FRANKEL, A *Wordcraft: the art of turning little words into big business.* New York, New York: Crown, 2004.

FRANKEL, A, SNYDER, M.L. Poor Performance Following Unsolvable Problems: Learned helplessness or egotism? *Journal of Personality and Social Psychology,* v. 36, p. 1415-1423, 1978.

FREUD, S. Leonardo Da Vinci e uma lembrança de sua infância. In: (Org.). *Freud, Obras psicológicas completas.* Rio de Janeiro, Imago, 1976.

FREUD, S. *A Interpretação dos Sonhos.* Rio de Janeiro: Imago, 2001.

GALIN, D. Implications for psychiatry of left and right cerebral specializations: a neurophysiological context for unconscious processes. *Archives of General Psychiatry*, v. 31,p. 572-583,1974.

GARDNER, H. *Mentes que Criam: uma anatomia da criatividade observada através das vidas de Freud, Einstein, Picasso, Stravinsky, Eliot, Graham e Gandhi.* Porto Alegre: Artes Médicas, 1996.

GARDNER, H. Creators: multiple intelligences. In: K.H. Plenninger & V.R. Shubik (Org.). *The Origins of Creativity.* Oxford, Oxford University Press, 2001. p. 117-144.

GERSICK, C.J.G. Everything New Under the Gun: Creativity and Deadlines. In:

C.M. Ford & D .A. Gioia (Org.). *Creative Action in Organizations: Ivory Tower Visions and Real World Voices.* Thousand Oaks, California, Sage Publications, 1995. p. 142-148.

GHISELIN, B. *The Creative Process: reflections on invention in the arts and sciences.* Berkeley & Los Angeles: University of California Press, 1985.

GILOT, F. Apainter's perspective. In: K. H. Plenninger &V. R. Shubik (Org.). *The Origins of Creativity.* Oxford, Oxford University Press, 2001. p. 163-176.

GLEICK, J. *Caos: A Criação de uma Nova Ciência.* Rio de Janeiro: Campus, 1990. GOLLWITZER, P. Goal Achievement: The role of intentions. In: W. Stroebe & M.

Hewstone (Org.). *European Review of Social Psychology.* Chichester, Inglaterra, Wiley, 1993. p. 141-185.

GRUBER, H.E WALLACE, D.B. The Case Study Method and Evolving Systems Approach for Understanding Unique Creative People at Work. In: R.J. Sternberg (Org.). *Handbook of Creativity.* Cambridge, Cambridge University Press, 1999. p. 93-115.

GUR, R.REYHER, J. Enhancement of creativity via free-imagery and hypnosis. *Journal of Clinical Hypnosis*, v. 18, p. 237-249, 1976.

HADAS, M. The Greek Paradigm of Self Control. In: R. Klausner (Org.). *The Quest for Self Control.* New York, Free Press, 1965.

HAYES, J.R. *The Complete Problem Solver.* Hillsdale, New Jersey: Erlbaum, 1989. HENNESSEY, B.A Intrinsic Motivation, Affect and Creativity. In:

REFERÊNCIAS BIBLIOGRÁFICAS

S. W. Russ (Org.). *Affect, Creative Experience and Psychological Adjustment.* Ann Harbor, MA, Brunner/Mazel, 1999. p. 77-90.

HIRSHBERG, J. *The Creative Priority.* New York: Harper Business, 1998.

HO, D.THE TIME 100. *Alexander Flemming.* Disponível em: http://www.time.com/time/time1OO/scientistlprofile/fleming.html, 1999.

HOLT, D.B. *How Brands Become Icons: the principles of cultural branding.* Boston, MA: Harvard Business School Press, 2004.

HOPE, K.D. Split Brains and Psychoanalysis. *Psychoanalytic Quarterly,* v. 46, p. 220-224,1977.

HOWE, M.J.A. Prodigies and Creativity. In: R. J. Sternberg [Org.]. *Handbook of Creativity.* Cambridge, UK, Cambridge University Press, 1999. p. 431-448.

HUTCHINSON, E.D. *How to Think Creatively.* New York: Abington-Cokesbury Press, 1959.

HYMAN, R. Why and When Are Smart People Stupid? In: R. J. Sternberg (Org), *Why Smart People Can Be So Stupid.* New Haven, Yale University Press, 2002. p. 1-23.

JASMUHEEN IELLEN GREVE). *Living on Light.* KOHA Publishing, 1997.

JINFO. ORG. *The Jewish Contribution* to *World Civilization.* Disponível 2006.

JOBS, S. *Commencement address: You've got to find what you love.* Disponível em: http://news-service.staniord.edu/newsI2005/june15/jobs-061505, 2005.

JOHANSSON, F. *The Medici Effect: Breakthrough Insights at the Intersection of Ideas, Concepts & Cultures.* Boston, Massachusetts: Harvard Business Review Press, 2004.

JUNG, c.G. *O Desenvolvimento da Personalidade.* Rio de Janeiro: Editora Vozes, 1992.

KALTSOUNIS, B. Effect of sound on creative performance. *Psychological Reports,* v. 34,p. 653-65 ~ 1972.

KANTER, R.M. *Confidence: How Winning Streaks & Losing Streaks Begin & End.* New York: Crown Business, 2004.

KOESTLER, A. *The Act of Creation.* New York: Macmillan, 1964.

KRIS, E. *Psychoanalytic explorations in art.* New York: International Universities Press, 1952.

KUHN, T.S. *A Estrutura das Revoluções Científicas.* São Paulo: Perspectiva, 2003.

MACH, E. On the part played by accident in invention and discovery. *Monist,* v. 6, p. 161-175, 1896.

MACKENZIE, G. *Orbiting the Giant Hairball: a corporate fool's guide* to surviving with grace. Viking Penguin, 1998.

MACLEOD, H. *How To Be Creative.* Disponível em: http://www.changethis-com/6.HowToBeCreative, 2004.

MANDELBROT, B. The Fractal Universe. ln: K. H. Plenninger &V. R. Shubik (Org.). *The Origins of Creativity.* Oxford, Oxford University Press, 2001. p. 191-212.

MANDELBROT, B. HUDSON, R.L. *The (Mis)Behavior of Markets: a Fractal View of Risk, Ruin and Reward.* New York: Basic Books, 2004.

MARTINDALE, C. Biological Bases of Creativity. In: R. J. Sternberg (Org.). *Handbook of Creativity.* Cambridge, Cambridge University Press, 1999. p. 137-152.

MCKEE, R. *Story: Substance Structure, Style and the Principles of Screenwriting.* NY, NewYork: ReganBooks, 1997.

MEDNICK, S.A. The associative basis for the creative process *Psychological Review,* v. 69, p. 200-232, 1962.

MENDELSOHN, G. Associative and attentional processes in creative performance. *Journal of Abnormal and Social Psychology,* v. 68, p. 431-436, 1976.

MERTON, R.K. The Matthew Effect in Science: The reward and communication systems of science are considered. *Science,* v. 159, n. 3810, p. 56-63, 1968.

MERTON, R.K The Matthew Effect in Science, II: Cumulative Advantage and the Symbolism of Intellectual Property. *ISIS,* v. 79, p. 606-623, 1988.

MICHALKO, M. *Cracking Creativity: The secrets of creative genius.* Berkeley, California: Ten Speed Press, 2001.

MILGRAM, R.; HONG, E. Creative Thinking and Creative Performance in Adolescents as Predictors of Creative Attainrnents in Adults: A Follow-up Study After 18 Years. In: R. Subotnik & K. Arnold (Org.). *Beyond Terman: Longitudinal Studies in Contemporary Gifted Education.* Norwood, NJ, Ablex, 1993.

MLODINOW, L. O *Arco-íris de Feynman: o encontro de* um *jovem cientista com um dos maiores gênios de nosso tempo.* Rio de Janeiro: Sextante, 2005.

REFERÊNCIAS BIBLIOGRÁFICAS

MOGLEN, E. Anarchism Triumphant: Free Software and the Death of Copyright. *First Monday,* n. Agosto, 1999.

MOLDOVEANU, M.; LANGER, E. When "Stupid" is Smarter Than We Are: Mindlessness and the Attribution of Stupidity. In: R.J. Sternberg (Org.). *Why Smart People Can Be So Stupid.* New Haven, Yale University Press, 2002.

MULLIS, K. The Screwdriver. In: F. Barron, A. Montuori &A. Barron (Org.). *Creators on Creating: Awakening and cultivating the imaginative mind.* New York, Tarcher/Penguin, 1997. p. 68-73.

NIJSTAD, B.A; DIEHL, M.; STROEBE, W. Cognitive Stimulation and Interference in Idea-Generating Groups. In: P. B. Paulus &B. A. Nijstad (Org) *Group Creativity: Innovation through collaboration.* New York, Oxford University Press, 2003. p. 137-159.

OGILVY, D. *David Ogilvy: uma autobiografia.* São Paulo: Makron Books, 1998.

OGILVY, D. How to Manage an Advertising Agency. In: F. Barron, A. Montuori & A.

Barron (Org.). *Creators on Creating: Awakening and Cultivating the Imaginative Mind.* NewYork, Tarcher/Penguin, 1997. p. 173-177.

OLDENBURG, R. *The Great Good Place: Cafés, Coffee Shops, Bookstores, Bats, Hair Salons and Other Hangouts at the Heart of a Community.* New York: Marlowe & Company, 1999.

OSBORN, A. *Applied Imagination: The principles and procedures of Creative Thinking.* NewYork: Charles Scribner is Sons, 1953.

PALADE, G.E. Tides of Genius. In: K.H. Plenninger & V.R. Shubik (Org.). *The Origins of Creativity.* Oxford, Oxford University Press, 2001. p. 145-158.

PAULUS, P.B.; BROWN, V.R. Enhancing Ideational Creativity in Groups: Lessons from Research on Brainstorming. In: P. B. Paulus & B. A. Nijstad (Org.). . *Group Creativity: Innovation through collaboration.* New York, Oxford University Press, 2003. p. 110-136.

PAULUS, P.B.; DZINDOLET, M.T. Social Influence processes in group brainstorming. *Journal of Personality and Social Psychology,* v. 64, p. 575-586, 1993.

PAULUS, P.B.; DZINDOLET, M.T.; POLETES, G.; CAMACHO, L.M. Perceptions of Performance in Group Brainstorming: The Illusion of Group Productivity. *Personality and Social Psychology Bulletin,* v. 19, n. 76-89, 1993.

PENDERGRAST, M. *Uncommon Grounds: The History of Coffee and How It Transformed Our World.* New York: Basic Books, 1999 .

. PENROSE, E. *The Theory of the Growth of the Firm.* Segunda Edição. Oxford: Basil Blackwell, 1980.

PETERSON, C., SELlGMAN, M.P. *Character Strengths and Virtues: a handbook and classification.* Washigton & New York: American Psychological Association & Oxford University Press, 2004.

PINK, D.H. *A Revolução do Lado Direito do Cérebro: as seis novas aptidões indispensáveis a realização profissional e pessoal.* Rio de Janeiro: Elsevier, 2005.

PINKER, S. *Como a Mente Funciona.* 2ª e. São Paulo: Companhia das Letras, 1998.

POINCARÉ, H. Mathematical Creation. In: B. Ghiselin (Org.). *The Creative Process: reflections on invention in the arts and sciences.* Berkeley & Los Angeles, University of California Press, 1985. p. 22-3l.

RAYMOND, E.S. *The Cathedral and the Bazaar.* Disponível em: http://www.catb.orgl-esr/writings/cathedral-bazaarlcathedral-bazaar/, 2000.

ROESE, N. *If Only: How to tum regret into opportunity.* New York: Broadway Books, 2005.

ROOT-BERNSTEIN, R.; ROOT-BERNSTEIN, M. *Sparks of Genius: the 13 thinking tools of the world most creative people.* New York: Mariner Books, 2001.

ROOT-BERNSTEIN, R.; ROOT-BERNSTEIN, M. Artistic Scientists and Scientific Artists: The Link Between Polymathy and Creativity. In: R. J. Sternberg, E. L. Grigorenko & J. L. Singer (Org.). *Creativity: From Potential to Realization.* Washington DC, American Psychological Association, 2004. p. 103-126.

SCHICKEL, R. Watch the Skies! Science Fiction, the 1950s and Us 2005.

SCHUMPETER, J.A *Teoria do Desenvolvimento Econômico: Uma investigação Sobre Lucros, Capital, Crédito, Juros e o Ciclo Econômico.* São Paulo: Nova Cultura, 1985.

SCHWARZENEGGER, A *Arnold: The Education of a Bodybuilder.* New York: Simon & Schuster, 1993.

SCHWARZENEGGER, A e Hall, D. K. *Arnold: The Education of a bodybuilder.* New York: Simon & Schuster, 1977.

SELIGMAN, M.P. *Felicidade Autêntica: Usando a nova psicologia positiva para a realização permanente*. Rio de Janeiro: Objetiva, 2004.

SHEKERJIAN, D. *Uncommon Genius: how great ideas are born*. New York: Penguin Books, 1991.

SHILLER, R.J. *Irrational Exuberance*. Princeton, New Jersey: Princeton University Press, 2005.

SIMONTON, D.K. *A Origem do Gênio*. Rio de Janeiro: Editora Record, 2002.

SIMONTON, D.K. *Creativity in Science: Chance, Logic, Genius and Zeitgeist*. Cambridge: Cambridge University Press, 2004.

SORKIN, AR. Dot-Com Boom Echoed in Deal to Buy YouTube. *The New York Times*, 10 de outubro 2006. Disponível em: http://www.nytimes.com/2006/10/10/technology/10deal.html.

STARNES, D.M.; ZINSER, O. The effect of problem difficulty, locus of control, and sex on task persistence. *Journal of General Psychology*, v. 108, p. 249-255, 1983.

STAW, B.M. Wh yNo One Really Wants Creativity. In: C.M. Ford &D.A. Gioia (Org.).

Creative Action in Organizations: Ivory Tower Visions eV Real World Voices. Thousand Oaks, California, Sage Publications, 1995. p. 161-166.

STENT, G.S. Meaning in Art and Science. In: K.H. Plenninger & V.R. Shubik (Org.). *The Origins of Creativity*. Oxford, Oxford University Press, 2001. p. 31-42.

STERNBERG, R.J.; LUBART, T.1. *Defying the Crowd: Cultivating Creativity in a Culture of Conformity*. New York: the Free Press, 1995.

STRAVINSKY,1. Poetics of Music. In: F. Barron, A. Montuori &A. Barron (Org.). *Creators on Creating: Awakening and Cultivating the Imaginative Mind*. New York, Tarcher/Penguin, 1997. p. 189-194.

STROGA TZ, S. *Sync: The emerging Science of Spontaneous Order*. New York: Hyperion Books, 2003.

SUROWIECKI, J. *The Wisdom of Crowds*. Doubleday, 2004.

TCHAIKOVSKY, P.1. Composing a Symphony. In: F. Barron, A. Montuori &A. Barron(Org.). *Creators on Creating: Awakening and Cultivating the Imaginative Mind*. NewYork, Tarcher/Penguin, 1997. p. 180-183.

VASARI, G. *The Life of Leonardo Da Vinci*. NewYork: Longmans Greenand Co., 1903.

VASARI, G. *Lives of the Most Eminent Painters, Sculptors, and Architects*. New York: The Modern Library, 1959.

WATTS, D.J. *Six degrees: The science of connected age*. NewYork: W.W. Norton & Company, 2003.

WECKOWICZ, T.E.; FEDORA, O.; MASON, J.; RADSTAAK, D.; BAY, K.; YONGE, K. Effect of marijuana on divergent and convergent production cognitive tests. *Journal of Abnormal Psychology,* v. 84, n. 386-398, 1975.

WEICK, K.E. *The Social Psychology of Organizing*. McGraw-Hill, 1979.

WEICK, K.E.; SUTCLIFFE, K.M. *Managing the Unexpected: Assuring high performance in an age of complexity*. San Francisco: Jossey-Bass, 2001.

WEISBERG, R.W. *Creativity: Understanding Innovation in Problem Solving, Science, Invention and the Arts*. New Jersey: Wiley, 2006.

WEISBERG, R.W. Training Creativity in the Corporation: The View From the Psychological Laboratory. In: C.M. Ford & D.A. Gioia (Org.). *Creative Action in Organizations: Ivory Tower Visions eV Real World Voices*. Thousand Oaks, California, Sage Publications, 1995. p. 131-136.

WEISBERG, R.W. Creativity and Knowledge: A Challenge to Theories. In: R.J. Sternberg (Org.). *Handbook of Creativity*. Cambridge, Cambridge University Press, 1999. p. 226-250.

WHITE, M. *Rivalidades Produtivas: disputas e brigas que impulsionaram a ciência e tecnologia*. Rio de Janeiro: Record, 2003.

WOLFE, T.C. *The Story of a Novel*. New York: Scribner, 1936.

ZAPP A, F. All About the Music. In: F. Barron, A. Montuori & A. Barron (Org.). *Creators on Creating: Awakening and Cultivating the Imaginative Mind*. New York, Tarcher/Penguin, 1997. p. 195-197.

ZUGMAN, F. *Administração para Profissionais liberais*. Rio de Janeiro: Elsevier, 2005.

CONHEÇA OUTROS LIVROS DA ALTA BOOKS

Negócios - Nacionais - Comunicação - Guias de Viagem - Interesse Geral - Informática - Idiomas

Todas as imagens são meramente ilustrativas.

SEJA AUTOR DA ALTA BOOKS!

Envie a sua proposta para: autoria@altabooks.com.br

Visite também nosso site e nossas redes sociais para conhecer lançamentos e futuras publicações!

www.altabooks.com.br

f/altabooks · /altabooks · /alta_books

ALTA BOOKS
EDITORA

Rua Álvaro Seixas, 165
Engenho Novo - Rio de Janeiro
Tels.: (21) 2201-2089 / 8898
E-mail: rotaplanrio@gmail.com